I0305685

www.ingramcontent.com/pod-product-compliance
Lightning Source LLC
Chambersburg PA
CBHW030826230426
43667CB00008B/1392
9781777886059

-----------------------------انتشارات آسمانا-----------------------------

زنان کُرد در بطن تضاد تاریخی فمینیسم و ناسیونالیسم

شهرزاد مجاب

نشر آسمانا، تورنتو، کانادا

۱۴۰۲/۲۰۲۳

زنان کُرد در بطن تضاد تاریخی فمینیسم و ناسیونالیسم

نویسنده: شهرزاد مجاب

ناشر: آسمانا، تورنتو، کانادا

طرح جلد: میثم علی‌پور

عکس : شهرزاد ارشدی

گیسوی بافته‌ی رزمنده‌ی کُرد

کوهستان قندیل، کردستان، پاییز ۲۰۱۵

صفحه‌آرا: ایلیا اشرف

نوبت چاپ: اول، ۲۰۲۳/۱۴۰۲

شماره آی‌اس‌بی‌ان: ۹۷۸۱۷۷۷۸۸۶۰۵۹

حق چاپ برای ناشر محفوظ است.

زنان کُرد در بطن تضاد تاریخی فمینیسم و ناسیونالیسم

شهرزاد مجاب

برای مبارزین خیزش
ژن، ژیان، ئازادی
زن، زندگی، آزادی

فهرست

خیزش ژن، ژیان، ئازادی: جدال فکریِ نوین در عرصه‌ی جنسیت، ملیت و طبقه............۹

فصل اول

زنان کُردستان در درازنای تاریخ..۲۸

فصل دوم

زندگی زنان کُرد در پنج سرزمین همسایه..۴۸

فصل سوم

تجربه‌ی زنان کُرد در جمهوری کُردستان ۱۹۴۶..................................۷۸

فصل چهارم

زنان کُرد در منطقه‌ی نسل‌کُشی و جنسیت‌کُشی..............................۱۱۲

فصل پنجم

زنان کُرد در چرخه‌ی بی‌پایان ویرانی/بازسازی.................................۱۶۰

فصل ششم

زنان کُرد در عرصه‌ی مبارزات فمینیستی فراملی...............................۱۸۸

معرفی و اثرشناسی نویسنده ۲۱۲

مفاهیم کلیدی...۲۱۸

خیزش ژن، ژیان، ئازادی: جدال فکری نوین در عرصه جنسیت، ملیت و طبقه

کُرد نیستم. متولد شیراز هستم و در جنبش دانشجوئی خارج از کشور (کنفدراسیون احیاء)[1] انترناسیونالیسم را آموختم و از هر گونه تعلقات ملی و هویتی گذر کردم. با آغاز جنبش مقاومت کُردها علیه یورش نظامی دولتِ نوپای اسلامی در سال ۱۳۵۸ برای اولین بار پا به خطه‌ی کُردستان گذاشتم. در کوه و در دوران مقاومت شجاعانه مردم سنندج در جنگ ۲۴ روزه (۴ تا ۲۸ اردیبهشت ۱۳۵۹) در کنار رفیق زندگیم، امیر حسن‌پور، به اهمیت بارز انترناسیونالیسم پی بردم : به معنی این‌که 'انترناسیونالیسم است نژاد انسان‌ها'، که به‌طور مشخص در ایران شامل موارد آتی بود: مقابله با شوونیسم فارس-مرکز گرا؛ به رسمیت شناختن حق تعیین سرنوشت ملت‌های تحت ستم تا سر حد جدائی؛ شناخت از ارتباط در هم تنیده‌ی ستم ملی با سلطه‌ی سرمایه‌داری-امپریالیستی؛ و درک از مسئله ملی به عنوان بخشی لاینفک از انقلاب سوسیالیستی.[2] این آموخته‌ها را به کلاس درس و پژوهش‌هایم آوردم و از آن در عرصه‌ی پشتیبانی و همبستگی با جنبش‌های برابری‌طلب و آزادی‌خواه از فلسطین تا روژئاوا، زنان، زندانیان سیاسی، مردم بومی کانادا، سیاهان و کوئیر استفاده کردم. از علم و دانش مارکسیسم فمینیسم برای درک صحیح از روابط پیچیده‌ی اجتماعیِ برخاسته از ساختار جهانی‌شده‌ی سرمایه‌داری-امپریالیستی یاری گرفتم.[3] این مجموعه‌ی نظری و سیاسی به من کمک کرد

---

[1] 'احیا' اشاره به کنفدراسیون محصلین و دانشجویان ایرانی در آمریکا (برای احیای سازمان واحد دانشجوئی) دارد. این نام گذاری بعد از انشعابات در کنفدراسیون بین سال های ۱۳۵۲-۱۳۵۶ شکل گرفت و بیانگر تمایل سیاسی برای سازماندهی واحد و سراسری در کنفدراسیون بود.

[2] بنگرید به :حسن‌پور، ا. (۱۳۹۶). *بر فراز موج نوین کمونیسم*. رم: انتشارات حزب کمونیست ایران (مارکسیست لنینیست مائوئیست).

[3] در مورد این پروسه رجوع کنید به:
Mojab, S. (2021). "Feminism, gender and power in Kurdish Studies," *Kurdish Studies Journal*, vol. 9, no. 1, pp. 97-111.

تا از گرایشات تقلیل‌گرایانه‌ی ملی، جنسیتی و فرهنگی به هویت و نادیده انگاشتنِ روابطِ اجتماعی به طورِ عام و روابطِ طبقاتی به طورِ خاص درباره‌ی ناسیونالیسم و فمینیسم، دوری کنم.

با این پشتوانه‌ی نظری و سیاسی به استقبال خیزش انقلابی ژینا، با شعارِ زندگی‌بخشِ سرشار از امیدش، رفتم. شعار 'ژن، ژیان، ئازادی' را اولین بار عبدالله اوجالان، رهبر "حزب کارگران کُردستان" (پ.ک.ک.)، که از سال ۱۹۹۹ در زندان ترکیه است، فرموله کرد. اما محتوایی به این شعار داد که در آن گرایش "طبیعت‌گرایی" و "ذات‌گرایی" در مورد زن، بدن زن، مادری، تاریخ پیدایش جوامع و مشخصا جوامع کُرد مشاهده می‌شود. اوجلان جنسیت، نقش و جایگاه زن در جامعه و تاریخ را یک ساخته‌ی اجتماعی-تاریخی برخاسته از روابط اقتصادی-اجتماعی-فرهنگی- طبقاتی ندید.[۴] اما زنان پژوهشگر و فعالان سیاسی کُرد و غیر کُرد تلاش کرده‌اند که به نقد این دیدگاه بپردازند و آن را گسترش دهند.[۵] شعار 'ژن، ژیان، ئازادی'/ 'زن، زندگی، آزادی' گرچه به وضوح چنین محتوایی ندارد، اما در ذهنیت اکثریت زنان، جوانان، روشنفکران و کنشگران سیاسی کُرد و غیر کُرد، بیان خواستِ برابری زن و مرد و برابری جنسیتی و ملی، آزادی سیاسی و اندیشه، سکولاریسم، و رفاه اجتماعی است. الگوی کلیه‌ی این مطالبات همان چیزی است که از اواسط قرن بیستم در غرب و مشخصا در اروپا در زمینه‌ی برابری‌ها و آزادی‌های سیاسی و رفاه اقتصادی، در چارچوب لیبرال-دموکراسی سرمایه‌داری برقرار بوده است. اما آن شرایط هرگز به کشورهای تحت سلطۀ سرمایه‌داری-امپریالیسم منتقل نشد و اصولا غیر قابل انتقال است. در نتیجه، باید از این دیدگاه گذر کرد و خیزش ژینا ظرفیت آن را دارد و می‌تواند فراتر از لیبرال-دموکراسی رفته و تبدیل به جنبشی برای یک انقلاب واقعی بشود، تا بتواند ستم‌های جنسیتی، ملی، طبقاتی، فقر، بی‌حقوقی سیاسی و سرکوب اندیشه را ریشه‌کن کند. تبدیل شدن به جنبشی برای انقلاب در درجه‌ی اول بسته به آن است که زنان و جوانان و در نهایت میلیون‌ها نفر از مردم به مختصاتِ سیاسی، اجتماعی و اقتصادیِ جامعه‌ی عادلانه‌تر و بنیادا متفاوت آگاه بشوند. این خیزش بیان پتانسیل انقلاب و فرصت‌های انقلابی‌ست. اما هنوز با انقلاب فاصله زیادی دارد! انقلاب یا تغییر بنیادین زمانی رخ می‌دهد که کل ساختار سیاسی، اقتصادی و فرهنگی، و نه فقط دولتی که آن را در هر مقطع مدیریت، تولید و باز تولید می‌کند، سرنگون شده و قدرت سیاسی با سیستمی بنیادا متفاوت جایگزین آن بشود. در این زمینه خیزش ژینا تحول سیاسی، اجتماعی و فرهنگی مهمی را رقم زده است؛ اما هنوز راه درازی در پیش است. اکثریتِ کسانی که در این جنبش به پا خواسته‌اند هنوز به مختصات سیاسی، اجتماعی و اقتصادی جامعۀ عادلانه‌تر و

---

[۴] رجوع کنید به فصل "ژنولوژی: زن اثیری و الهه ی مادری در جهان اوجالان" در کتاب *نقد جهان اوجالان* نوشته صلاح قاضی زاده با همکاری امید بهرنگ. ۱۳۹۵، آلمان، انتشارات حزب کمونیست ایران (م.ل.م)، صفحات: ۱۹۴-۲۲۷.

[۵] بنگرید به:

Çaglayan, H. (2019). *Women in the Kurdish movement: Mothers, comrades, goddesses*. Palgrave Macmillan. Dirik, D. (2022). *The Kurdish women's movement: History, theory, practice*. Pluto.

بنیادا متفاوت آگاه نیستند. و این بزرگ‌ترین خطر است که ناکامی سال ۱۳۵۷ و شکست جنبش‌های "بهار عربی" مثل مصر را به یاد می‌آورد.

خیزش انقلابی ژینا به واقع بی‌همتا است. در تاریخ صد ساله‌ی مبارزات زنان در ایران، و در کل خاورمیانه و شمال آفریقا، طغیان یا شورش گسترده‌ی زنان که مخالفت با حجاب اجباری محوراصلی آن باشد نداشته‌ایم.[6] یعنی شورش فراگیری که ضدیت با حجاب اجباری جرقه‌ی آن را زده باشد. به درستی گفته می‌شود که این خیزش سپهر سیاسی ایران را متحول کرده است و به چنان نقطه‌ی عطف تاریخی تبدیل شده که از این به بعد می‌نویسیم، "ایرانِ قبل" و "ایرانِ بعد" از قتلِ دولتیِ ژینا-مهسا امینی. این خیزش با جرقه‌ی شورش علیه حجاب اجباری و حکومت مرد/پدرسالارتئوکراتیک شروع شد اما کلیه‌ی گسل‌های مهم جامعه را مانند سرکوب اقلیت‌های ملی، مذهبی، طبقاتی، جنسیتی، گرایش‌های جنسی، فقر، بیکاری، مشکلات محیط زیستی و سرکوب آزادی اندیشه و قلم را فعال کرد. این خروش بیانگر ماهیت ساختاری یک رژیم تئوکراتیک با شالوده‌ی سرمایه‌داری است و نشانه‌ی آن است که همه‌ی ستم‌های جامعه (جنسیتی، ملی، مذهبی و آزادی) با استثمار (شکاف طبقاتی، فقر و بیکاری) درهم‌تنیده و از پایه به هم متصل‌اند. این درهم‌تنیدگی ستم و استثمار است که روابط اجتماعی، سیاسی و فرهنگی جامعه را سازمان داده و سیستم دینمدار دولتی این روابط را بر اساس شریعت اسلام قانونمند و جامعه را امنیتی کرده است. این در هم تنیدگی پیچیده را نمی‌توان با مفهوم اینترسکشنالیتی، که مورد توجه بعضی از فمینیست‌های کُرد است، توضیح داد. اینترسکشنالیتی یکی از مفاهیم کلیدی فمینیستی است که برای تبیین چندگانگی تفاوت‌های برساخته‌ی اجتماعی به کار می‌رود. با آنکه این اصطلاح برآمده از کنشگری فمینسیت‌های سیاه در دهه ۱۹۷۰ است؛ اما به مسئله‌ای اشاره دارد که دهه‌ها در خط مقدم مبارزات جهانی فمینیستی بوده است؛ اینکه چگونه باید سازمان زندگی انسان را براساس نژاد، جنسیت، جنسی، ملیت، طبقه و موارد دیگر درک کنیم، و پروژه‌های سیاسی ما چطور به تعدد این عوامل در واقعیت زندگی پاسخ می‌دهند؟ مفهوم اینترسکشنالیتی یکی از پاسخ‌هایی است که می‌توان به این پرسش داد، اما من معتقدم جداکردن روابط اجتماعی از هم، از طریق منطق فرهنگی و هویتی که نژاد، ملیت و جنسیت را از سرمایه‌داری و طبقه مجزا می‌کند، ممکن نیست. مشکل هستی‌شناسانه‌ی (epistemological) اینترسکشنالیتی فراتر از مسئله‌ی فقدان تحلیل طبقاتی است و در اساس چندپارگی هستی‌شناسانه است؛ یعنی گسستن حوزه‌های تجربه‌ی انسانی از هستی، همچون بخش‌ها و قطعه‌های تکه‌تکه شده و مجزا. این نگرش به شدت در تضاد با واقعیت است. به همین دلیل، با افزودن صرف طبقه به ماتریس‌های هویت، نه به فمینیست‌های مارکسیست کمک می‌شود که به یک تحلیل پایه‌ای ادغام شده‌تر که بیان واقعیت عینی است دست یابند و نه فمینیست‌های غیرمارکسیست را قادر می‌سازد

[6]Mojab, S. (2022). "Women and revolution in the Middle East," in Suad Joseph and Zeina Zaatari (eds). *Handbook on Women in the Middle East*. New York: Routledge, pp. 197-211.

که روابط اجتماعی گوناگون و پیوستگی عمیق آن‌ها را به‌طور علمی درک کرده و مقاومت علیه آنها را بر پایه‌ای واقعی به یک‌دیگر پیوند زنند. تمایزات اجتماعی که بر اساس نژاد، جنسیت، ملیت، زبان، مذهب و موارد دیگر شکل گرفته‌اند بخشی از عملکرد استثمار هستند. در عرصه‌ی سیاسی اینترسکشنالیتی می‌تواند به جای ایجاد اتحاد گسترده، رقابتی از نوع رقابت کالائی میان ستم‌های مختلف دامن زند که تا حدی زیادی هم چنین شده است.

به‌علاوه، نیاز داریم آشکارا از شیءوارگی طبقه نیز بپرهیزیم. طبقه نه مقوله‌ی دیگری از هویت و نه صورتی از سوژه‌گی جدا شده از تمایزات اجتماعی است. طبقه از طریق کارکرد روابط تولیدی استثماری شکل می‌گیرد اما برای بازتولیدش متکی بر روابط اجتماعی ستم نژادی، جنسیتی، جنسی، ملی و غیره است. کلیه‌ی این روابط بخشی از یک سیستم‌اند؛ توانائی تولید و باز تولید خود و سیستم را دارند و امروز به لحاظ تاریخی بخشی از ساختار جهانی‌شده‌ی ساختار سرمایه‌داری-امپریالیستی هستند.

خیزش انقلابی ژینا بخشی از یک فریاد جهانی علیه وضع خفقان‌آوری است که این سیستم جهانی سرمایه‌داری-امپریالیستی به وجود آورده و در سراسر جهان زنان اولین قربانیان آن هستند. کنترل بدن و جنسیت زن، پاسخِ ایدئولوژیک نیروهای قدرتمند سرمایه‌داری برای حفظ انسجامِ اجتماعیِ تحت کنترل سرمایه شده است. این خیزش، پارامترهای سیاسی را نه فقط در ایران که در خاورمیانه و جهان به طور جدی تغییر داد. اما بدون حرکت آگاهانه‌ی میلیون‌ها نفر، هیچ انقلابی در کار نخواهد بود. انقلاب یک مبارزه همه‌ی جانبه و سازمان‌یافته‌ی میلیون‌ها انسان آگاه، با هدف استقرار دولت سوسیالیستی است.

این کتاب حاصل ده‌ها سال تحقیق و نگارش در زمینه‌ی مقاومت و مبارزه‌ی زنان کُرد در کل خاورمیانه و دیاسپورا هست. جرقه‌های خیزش انقلابی ژینا و اهمیت روشن شدن این حریق در کُردستان را می‌توان در مرور تاریخی، نظری و سیاسی که در این کتاب مطرح شده یافت. تمام فصل‌ها در اصل به انگلیسی نوشته شده بودند. در ترجمه، تدوین، بازنویسی و ویراستاری از همکاری و همفکری دوستان و رفقا بهره برده‌ام. نامشان محفوظ می‌ماند تا زمان برچیده شدن بساط استبداد جمهوری اسلامی و سانسور اندیشه و قلم.

مرور کوتاه در بخش زیر از مطالعات زنان کُرد برگرفته از مقدمه‌ی اثر مشترک من و امیر حسن‌پور با عنوان *زنان کُردستان: مطالعه‌ای تاریخی و کتاب‌شناختی*[۷] است که به زبان انگلیسی منتشر شده است. کتاب حاضر حاصل گزینش ۸ نوشتار مستقل (یک کتاب، یک مقاله و ۶ فصل کتاب) است که در

[7] Mojab, S. and Amir Hassanpour. *Women of Kurdistan: A Historical and Bibliographical Study*. London: Transnational Press, 367 pages.

زنان کُرد در بطن تضاد تاریخی فمینیسم و ناسیونالیسم ۱۳

قالب اثری واحد تدوین شده‌اند. در همین راستا، بخش‌هایی از متون اولیه که طی دو دهه‌ی گذشته نگاشته شده‌اند، به منظور منسجم و یکدست شدن متن و پرهیز از تکرار، حذف یا جابه‌جا شده و برخی سرفصل‌ها به فراخور صورت‌بندی کار تغییر کرده‌اند. بخش مفاهیم بنیادین که در پایان کتاب آمده، می‌تواند خوانندگان را با کلید واژهای تئوریکِ به‌کار گرفته شده در این کتاب بهتر آشنا کند.

مروری بر مطالعات زنان کُرد

چند نکته تاریخی-تئوریک

پیش از پرداختن به مروری کوتاه از مطالعات زنان کُرد، ذکر چند نکته تاریخی-تئوریک ضروری است. همان‌طور که در بالا به آن اشاره کردم، مارکسیسم فمینیسم زمینه‌ی تئوریک پژوهش‌های من در مطالعات زنان کُرد است. برای پیشبرد پاسخ‌های مارکسیست فمینیستی به استعمار، ناسیونالیسم، امپریالیسم، مرد/پدرسالاری سرمایه‌داری، دولت-ملت مدرن، و درک روشن‌تراز رابطه‌ی ستم و استثمار تنیده در روابط ملیتی، جنسیتی و طبقاتی، به بازخوانی متون اصلی مارکس با تکیه بر روش ماتریالیسم تاریخی دیالکتیکی پرداختم.[۸] نتیجه‌ی اولیه‌ی این تلاش‌های فکری در دو کتاب ارائه شد که هر دو در سال ۲۰۰۱ منتشر شدند. کتاب اول *زنانِ یک ملتِ بی‌دولت: کُردها*[۹] و کتاب دوم *مالکیت و نزاکت: نقش جنسیت و طبقه در امپریالیسم و ناسیونالیسم* است که با همکاری هیمانی بنرجی و جودیت وایتهد ویرایش کردم. در این کتاب، ما از منظر مارکسیست فمینیسم به نقد مطالعات "زیردست"،[۱۰] "پسا استعماری" و "فرهنگی" پرداختیم و استدلال کردیم:

به نظر ما، روابط بین جنسیت، ناسیونالیسم و قوانین (کُدهای) اخلاقی به اندازه‌ی کافی

---

[۸] برای شرح بیشتر این پروسه، بنگرید به:
Mojab, S. (2021). "Feminism, gender and power in Kurdish Studies," Kurdish Studies Journal, vol. 9, no. 1, pp. 97-111.

[۹] کتاب *زنانِ یک ملتِ بی‌دولت: کُردها* اولین و تنها مجموعه‌ی پژوهشی در مورد زنان کُرد به زبان انگلیسی است. به مناسبت بیست‌وپنجمین سال نشر این کتاب، در سال ۲۰۲۴ مجموعه دیگری به‌نام *زنان کُرد در لابه‌لای تاریخ، فرهنگ و مقاومت* به چاپ خواهد رسید. برای اطلاعات بیشتر بنگرید به:
Mojab, S. (2024, forthcoming) (ed.). *Kurdish Women Through History, Culture, and Resistance*. Costa Mesa, California: MAZDA Publishers; Mojab, S (ed.) (2001). *Women of a Non-State Nation: The Kurds* (ed.). Costa Mesa, California: MAZDA Publishers; and Bannerji, H. and S. Mojab, and J. Whitehead (eds.) (2001). *Of Property and Propriety: The Role of Gender and Class in Imperialism and Nationalism*. Toronto: University of Toronto Press.

[10] subaltern studies

تجزیه و تحلیل نشده است. عمده‌ی ادبیات موجود در مورد جنسیت و ناسیونالیسم از دیدگاه پساساختگرایی و پسااستعماری نوشته شده است. در آن‌ها روابط اجتماعی محو می‌شود و ملی‌گرایی صرفا به عنوان یک نبرد فرهنگی بین 'خود' و 'دیگران'، و بین 'استعمارگران' و 'استعمارشدگان' دیده می‌شود. بنابراین این ادبیات نتوانسته است زمینه‌های اساسی و مهمِ روابط اجتماعی که ماهیت سیاسی جنبش‌های ناسیونالیست ضد استعماری را تعیین می‌کنند، در نظر بگیرد. (Bannerji, H. and S. Mojab, and J. Whitehead. 2001, p.3)

برای بررسی بیشتر برخی از این ایده‌ها، به ویژه در حوزه‌ی تولید دانش در مورد زنان کُرد، "شبکه بین‌المللی مطالعات زنان کُرد" را به راه انداختم.[۱۱] در صفحه‌ی نخست جزوه‌ی معرفی این شبکه نوشتم هدف از این ابتکار "پاسخی به نیاز رو به رشد برای باز کردن فضایی برای زنان کُرد در بحث‌های بین‌المللی در مورد حقوق و مطالعات زنان و ترویج عدالت جنسیتی در میان کُردها در دیاسپورا و خاورمیانه" است. خود شبکه به یک زمینه‌ی مورد مناقشه‌ی تولید دانش تبدیل شد. تنش و نگرانی‌های کلیدی بین کنشگران و پژوهشگران، حول سیاست تولید دانش و روابط پیچیده‌ی قدرت و همچنین سوالات هویتی-سیاسی از قبیل 'چه کسی' و 'برای چه کسی' از کُردها صحبت می‌کند بود.[۱۲] این دیدگاه‌ها خود برخاسته از تغییرات نظری کلیدی در محیط روشنفکری فمینیستی در دهه‌های ۱۹۸۰ بود. مطالعات زنان در خاورمیانه و شمال افریقا (MENA) در پاسخ به انقلاب ۱۳۵۷ در ایران و ظهور اسلام‌گرایی در پاکستان و افغانستان در دهه‌ی ۱۹۸۰ افزایش یافت.[۱۳] موضوعات خاصی در این زمینه غالب بود مانند اسلام و سکولاریسم، مدرنیته و سنت‌گرایی و بدن زنان، جنسیت، و عاملیت زنانه.[۱۴] اگر چه زنان کُرد شواهد تجربی زیادی برای هشدار دادن به محققان فمینیست غربی، ترکی، ایرانی، و عرب در مورد رویکرد اسلام-محور داشتند؛ با این وجود، از یک طرف آن‌ها نتوانستند این تجارب را تئوریزه کنند و از طرف دیگر کل این تجارب در نوشته‌های

---

[۱۱] این شبکه پس از چند سالی که فعالیت نداشت، از سال ۲۰۲۱ فعالیت خود را در فضای مجازی با برپائی جلسات سخنرانی، کنفرانس و رونمائی کتاب از سر گرفته. نام این شبکه هم به "شبکه مطالعات جنسیتی زنان کُرد" (Kurdish Gender Studies Network) تغییر کرده است. برای شرح بیشتر فعالیت‌های این شبکه نگاه کنید به:

Mojab, S. (2021). "Feminism, gender and power in Kurdish Studies," Kurdish Studies Journal, vol. 9, no. 1, pp. 97-111.

[12] Mojab, S. (2000a). Educational Voyaging In A Globalizing Planet: The Conference Of The Rich, The Poor, And The Oppressed. *Atlantis*, 24(2), 124-34.

[13] Mojab, S. (2022). "Women and revolution in the Middle East," in Suad Joseph and Zeina Zaatari (eds). *Handbook on Women in the Middle East*. New York: Routledge, pp. 197-211.

[14] subjectivity/agency

فمینیستی و تاریخ‌نگاری کُرد و کُردستان نادیده گرفته شد. در نتیجه شرکت و تلاش زنان کُرد، هر چند محدود، در مبارزه‌ی مسلحانه و تلاش برای ایجاد یک دولت سکولار سوسیالیستی در منطقه به کلی محو شد. رویکردهای فمینیستی پساساختاری، و نسبیت‌گرائی فرهنگی مبتنی بر هویت حق امکان مطالعه در زمینه‌ی یک تحلیل فمینیستی فرا منطقه‌ای/فراملی از مشارکت زنان در جنبش‌های ملی رهائی‌بخش و رادیکال در اواخر دهه ۱۹۷۰ تا اوایل دهه ۱۹۸۰ از فلسطین، عمان تا یمن و کُردستان را کاهش داد. فرهنگی کردن، یا به معنی دقیق‌تر اسلامی کردنِ هویتِ زنان خاورمیانه در مفهومی به عنوان 'تقوا'ی اسلام[۱۵] به عنوان یک حقیقت جهانشمول و البته در چارچوب خاورمیانه مورد استفاده قرار گرفت. این رویکرد مورد استقبال مردسالاری دینمدار و ناسیونالیسم سکولار نیز قرار گرفت.

ابزارهای تحلیلی هژمونیک ۳۰ سال گذشته، با محوریت فرهنگ (به‌ویژه اسلام)، هویت، 'صدا' و 'بدن' و غیره، تجربه زنان را از تاریخ شکل‌گیری اجتماعی و روابط قدرت در ساختار پدر/مرد سالاری و سرمایه داری-امپریالیستی منفک کرده است. این ابزارهای تحلیلی به ما در تجزیه و تحلیل شرایط پیچیده‌ی زندگی زنان در خاورمیانه و به‌ویژه زنان کُرد یاری نرسانده‌اند. بنابراین، از دید من نظریه‌پردازی روابط جنسیتی به طور کلی، و تجربه‌ی زنان کُرد به طور خاص، باید درک دیالکتیکی-ماتریالیستی و تاریخی گسترده‌ای از روابط اجتماعی را بیان کند که در آن پدرسالاری، ملی‌گرایی، سرمایه‌داری، استعمار، و امپریالیسم همگون زندگی زنان را شکل می‌دهد، هرچند متفاوت هم هستند. این درک دیالکتیکی ما را قادر می‌سازد تا ارتباط درهم‌تنیده‌ی اِشغال امپریالیستی، جنگ، افزایش خشونت علیه زنان و گسترش پروژه‌های 'توانمندسازی' زنان، رشد سازمان‌های غیر دولتی (ان‌جی‌او)، گسترش فقر، فحشا، و درعین حال ظهور جنبش‌های زنان کُرد به عنوان یک نیروی با پتانسیل انقلابی را درست تجزیه و تحلیل کنیم.

مطالب این کتاب زندگی و مبارزه‌ی زنان کُرد را در قرن بیستم پوشش می‌دهد. در دو دهه‌ی اول قرن بیست‌ویکم با 'فوران/جوشش' تولیدِ دانش در مورد زنانِ کُرد و مبارزاتِ چشم‌گیر و الهام‌بخش آن‌ها مواجه شده‌ایم. کتاب‌ها و مقالات مهمی با اتکا به پژوهش‌های دست اول با روش‌های تحقیقی علمی تولید شده که از منابع تاریخی و آرشیوهای مناسب بهره گرفته‌اند. این پژوهش‌ها شامل تحلیل تاریخی جنبش‌های زنان کُرد، خاطرات، رمان‌ها و تولیدات هنری در زمینه‌ی موسیقی، فیلم و شعر است.[۱۶]

---

[15] Islamic piety

[۱۶] در سال‌های اخیر کتاب‌های بسیار مهمی از پژوهشگران زنان کُرد و سایر محققین در مورد جنسیت، تاریخ، مبارزه و فرهنگ زنان کُرد به چاپ رسیده، چند نمونه‌ی برجسته آن در زیر آمده است:

همانطور که در بالا اشاره کردم، من کُرد نیستم. با این حال همبستگی طولانی و پایداری با مبارزه زنان کُرد دارم. چهار دهه است که در این جنبش هستم، و در طی سال‌ها تحقیقات گسترده‌ای را در میان زنان کُرد در کوه‌های کردستان با پیشمرگه های زن، در شهرهای کردنشین باکور (ترکیه) و باشور (عراق) و در دیاسپورای کُرد در اروپا و امریکای شمالی انجام داده‌ام. به‌خوبی به یاد دارم زمانی را که اولین مقاله‌ی خود را در مورد زنان کُرد در سال ۱۹۹۴ در کنفرانس سالانه "انجمن مطالعات خاورمیانه" ارائه دادم (عنوان نشست "جنسیت، قومیت و ملی گرایی" بود در فینیکس، آریزونا، ایالات متحده امریکا نوامبر۱۹-۲۲). پروفسور نیکی کدی،[۱۷] مورخ برجسته‌ی خاورمیانه با تخصص در زمینه‌ی زنان و تاریخ ایران، به مقاله‌ی من انتقاد کرد و اظهار داشت که "تجربه‌ی زنان کُرد نمی‌تواند چیز جدیدی به ما بیاموزد." من تصمیم گرفتم زندگی فکری و سیاسی خود را به مبارزه‌ای اختصاص دهم که درس‌های زیادی دارد که به ما بیاموزد. از جمله امروز و بیش از هر زمان دیگر باید به " خیزش ژن، ژیان، ئازادی" بپردازیم و درگیر جدی 'جدال فکری نوینی در عرصه‌ی جنسیت، ملیت و طبقه' بشویم.

مطالعات زنان کُرد

کُردها یکی از بزرگترین ملت‌های بی‌دولت جهان هستند که در بخش استراتژیک مهمی از دنیا زندگی می‌کنند. تخمین جمعیت کُردها، با توجه به فقدان ارقام سرشماری، بین ۲۵ تا ۳۵ میلیون نفر متغیر است که همین رقم آنها را به چهارمین ملت بزرگ خاورمیانه پس از اعراب، ترک‌ها و فارس‌ها تبدیل می‌کند. کُردها در ۱۹۱۸ به صورت قهری در میان «دولت-ملت‌های» مرکزگرای ترکیه، ایران، عراق و سوریه تقسیم شدند و حدود یک میلیون نفر از آن‌ها در کشورهای حوزه‌ی قفقاز (مانند ارمنستان، گرجستان و آذربایجان) و دیاسپوراهای قدیم و جدید (در آسیای مرکزی، اروپا، آمریکای شمالی،

Çaglayan, H. (2019). Women in the Kurdish movement: Mothers, comrades, goddesses. Palgrave Macmillan; Cabi, Marouf (2022). *The Formation of Modern Kurdish Society in Iran: Modernity, Modernization and Social Change 1921-1979*. London: I.B. Tauris; Cansiz, S. (2018). *Sara: My whole life was a struggle* (J. Biehl, Trans.). Pluto; Cansiz, S. 2019. *Sara: Prison memoir of a Kurdish revolutionary* (J. Biehl, Trans.). Pluto; Dirik, D. (2022). *The Kurdish women's movement: History, theory, practice*. Pluto; Ghaderi, F., & Scalbert Yücel, C. (2021). *Women's voices from Kurdistan*. A selection of Kurdish Poetry. London: Transnational Press London; Isabel Käser (2021). *The Kurdish Women's Freedom Movement: Gender, Body Politics and Militant Femininities*. Cambridge University Press; Fatemeh Karimi (2022). Genre et militantisme au Kurdistan d'Iran, Paris, L'Harmatan; and an unpublished doctoral thesis by Somayeh Rostampour. Genre, savoir local et militantisme révolutionnaire Mobilisations politiques et armées des femmes kurdes du PKK après 1978. Thèse de doctorat de Sociologie. Soutenue le 29 novembre 2022.

[17] Nikki Kiddie

استرالیا و جاهای دیگر) پراکنده شدند. در نتیجه مسئله‌ی حاکمیت، به طور ناخواسته، مشهود و اغلب خشونت‌آمیزی در کُردستان، به عنوان قلمروی که «مرزهایش به رسمیت شناخته نشده»، از موضوعیت برخوردار است و مرزهای این سرزمین «بدون مرز»، تمایز آشکاری با اکثر مرزهای به‌رسمیت‌شناخته‌شده‌ی بین‌المللی دارد: کُردستان سرزمینی است که از «مرزهایش خون می‌چکد.» (Kashi, 1992)

موقعیت این ملت بدون‌دولتِ سرکوب‌شده نقش عمده‌ای در ایجاد و انتشار دانش در مورد زنان کُرد دارد و موانع جدی و سیستماتیک مهمی را در مسیر آن ایجاد کرده است. مارکسیست‌ها بی‌طرفی سیاسی، حقوقی و اقتصادی دولت را مردود می‌دانند و بسیاری از نظریه‌پردازان فمینیست، دولت مدرن و پیشامدرن را نهادی مردسالارانه می‌دانند (Murray, 1995). با این حال، همانطور که در حوزه‌ی حقوقی، دولت قادر است حقوقی را «اعطا» کند و یا در جریان نقض یا اجرای آنها نقش میانجی را داشته باشد، در حوزه‌ی ساخت دانش نیز عدم وجود دولت کُردی، موجب محدودیت ایجاد دانش در مورد زنان کُرد شده است. نظریه‌های پساساختارگرایانه عموماً بر فرضیه‌ی «زوال» ملت‌ها و دولت-ملت‌ها و همه‌ی مرزهای سیاست، دانش و جامعه استوارند. اما در مورد کُردستان شواهد اندکی برای حمایت از این مثبت‌اندیشی وجود دارد. در واقع وضعیت بی‌دولتی یا به بیان دقیق‌تر ادغام اجباری در دولت‌های دیکتاتوری، تمام ابعاد زندگی زنان کُرد را تحت تأثیر قرار داده است.

وضعیت دانش فمینیستی پیرامون زنان کُرد در خاورمیانه

پژوهش پیرامون جامعه‌ی کُردی برای نخستین بار در چهار قرن پیش یعنی زمانی شکل گرفت که شرف خان بیدلیسی (امیر فرزانه‌ی امارت بیدلیس) نخستین تاریخ‌نامه‌ی مفصل کُردستان را به رشته‌ی تحریر درآورد. این اثر که *شرف‌نامه* (۹۷-۱۵۹۶) نام داشت، به زعم نویسنده‌اش «داستان حاکمان کُردستان» بود؛ داستانی که با شرح حال حاکمان مستقل مدعی سلطنت شروع می‌شد و با داستان سران امارت‌های نیمه‌مستقل به پایان می‌رسید. بعدها در طول قرن بیستم، دانش قابل‌توجهی در این زمینه در ارمنستان (بخش باقی‌مانده‌ای از اتحاد جماهیر شوروی) و در عراق که دولتش در مقابل تحقیقات پیرامون کُردها مدارا نشان می‌داد، پدید آمد. افزون بر این، کُردها با وجود سرکوب شدید حاکم بر جمهوری ترکیه (تأسیس‌شده در ۱۹۲۳)، ایران (به ویژه از دهه‌ی ۱۹۳۰ تا سال ۱۹۴۱) و سوریه (از اواسط دهه‌ی ۱۹۶۰)، هر زمانی که فرصت دست می‌داد، آثار خود را حتی به قیمت به خطر انداختن جانشان منتشر می کردند. پژوهشگران، خوانندگان، ناشران، کتابفروشی‌ها و توزیع‌کنندگان این آثار همگی هدف سرکوب قرار می‌گرفتند.

کُردها در مؤسسات دانشگاهی خاورمیانه هرگز موضوع تدریس و پژوهش نبوده‌اند؛ مگر در دانشگاه بغداد که برنامه‌هایی مربوط به ادبیات و زبان کُردی را برگزار می‌کند و نیز دو دانشگاه کُردی در کُردستان عراق. گرچه در اواخر دهه‌ی ۱۹۹۰ مدارای بیشتری در قبال تدریس و انتشار محتوای کُردی در ایران به چشم می‌خورد، اما در هیچیک از معدود دانشگاه‌های کُردستان برنامه یا حتی دروس مطالعاتی زنان وجود ندارد. در خاورمیانه دولت بر تحقیقات دانشگاهی نظارت می‌کند و به طور کلی دولت‌های خاورمیانه برای غربی‌ها و سایر علاقه‌مندان به مطالعه درباره‌ی کُردها «مجوز تحقیق» صادر نمی‌کنند. به بیان دیگر، دولت-ملت‌های منطقه در موقعیتی هستند که می‌توانند تولید دانش را نه تنها توسط شهروندان خود، بلکه از طریق محققان بین‌المللی کنترل کنند. یکی دیگر از محدودیت‌ها عدم تخصیص بودجه و کمک‌هزینه‌های تحصیلی به پروژه‌های پژوهشی کُردی است. در این شرایط پرداختن به مطالعات زنان کُرد، خود نوعی مقاومت علیه سرکوب فکر و تولید دانش محسوب می‌شود.

بی‌شک، اگر دولت‌های ملی حاکم بر کُردها رواداری بیشتری نسبت به آن‌ها نشان می‌دادند، وضعیت بی‌دولتی این ملت فرسایش کمتری ایجاد می کرد. واقعیت بی‌دولتی به این معناست که دولت‌های خاورمیانه داده‌های سرشماری محدودی (اگر وجود داشته باشد) در مورد کُردها یا زنان ارائه می‌دهند. افزون بر این، به معنای حذف کتاب‌ها و مجلات از موجودی کتابخانه‌ها، مسدود کردن دسترسی به آرشیوها و استفاده از خدمات پستی و گمرکی برای جلوگیری از واردات و صادرات کتاب، مجلات، فیلم و سایر مطالب است. در ترکیه که به کار بردن نام «کُرد» و «کُردستان» در محافل رسمی ممنوع است، نمی‌توان از زنان کُرد در چارچوب‌های دولتی صحبتی به میان آورد و حتی اگر لازم باشد که به عنوان یک گروه مورد خطاب قرار بگیرند، فقط می‌توان از آن‌ها به عنوان زنان «جنوب شرق» یاد کرد. در ایران که استانی به نام کُردستان دارد، اطلاعات سرشماری در دسترس فقط شامل بخش‌های کُردنشین همین کشور می‌شود. افزون بر این، بی‌دولتی یعنی زنان کُرد نمی‌توانند به عرصه‌های بین‌المللی دولت‌محوری مانند *سازمان ملل متحد* و آژانس‌های آن از جمله *یونیسف* یا *یونسکو* دسترسی داشته باشند.

با این حال، نقش دولت‌های غیردموکراتیک برای ممانعت از ایجاد دانش بسیار پررنگ‌تر و گسترده‌تر است. در غیاب آزادی آکادمیک و استقلال دانشگاهی، مؤسسات آموزش عالی که مکان‌های اصلی تدریس و تحقیق در منطقه هستند، اجازه‌ی تدریس و تحقیق در مورد زنان کُرد را نمی‌دهند یا تمایلی به این کار ندارند. این امر به ویژه در مورد ترکیه، ایران (در زمان سلطنت پهلوی، ۱۹۷۹-۱۹۲۵) و سوریه (از دهه‌ی ۱۹۶۰) صادق بوده است. مطالعات زنان، مانند بسیاری از حوزه‌های تحقیق و تدریس آکادمیک معاصر، ابتدا در غرب ظهور کرد. اولین برنامه‌های آکادمیک مطالعات زنان در ایالات متحده در دهه‌ی ۱۹۷۰ آغاز شد و گسترش آن به سایر نقاط جهان با کندی صورت گرفت. با این حال، تا ۲۰۰۵ چندین مؤسسه برنامه‌های مطالعاتی زنان را در ایران و ترکیه ارائه می کُردند. در

عراق، کُردها از دهه‌ی ۱۹۲۰ خواستار تأسیس دانشگاه بودند اما رسیدن به مطالبه‌ی نخستین مؤسسه‌ی آموزش عالی تا ۱۹۶۸ به طول انجامید. این مؤسسه، تحت حاکمیت اقلیم کُردستان عراق به سه دانشگاه کم‌بنیه تبدیل شد که کتابخانه‌های آن هنوز در هر زمینه‌ای از دانش، به ویژه مطالعات زنان، با محرومیت مواجه است. با این حال، دانشجویان تحصیلات تکمیلی علاقه‌ی زیادی به نوشتن پایان‌نامه‌های خود در مورد زنان نشان می‌دهند.

واقعیت مهم دیگر این است که اگر در شرق نهاد دولت مکان اصلی سانسور دانش در مورد زنان کُرد است، در غرب بازار به عنوان مأمور اصلی سانسور عمل می‌کند و بی‌شک در هر دو زمینه، بازار و دولت، بدون آن‌که برخلاف باور عمومی دو موجودیت مستقل از هم باشند، به روش‌های پیچیده‌ای به هم‌دستی با یکدیگر مشغولند.

وضعیت دانش فمینیستی پیرامون زنان کُرد در غرب

تولید دانش فمینیستی پیرامون زنان کُرد در غرب نیز وضعیت چندان بهتری ندارد و سنت تحقیقاتی خاصی در مورد کُردها وجود دارد. مبلغان، جهانگردان، دیپلمات‌ها، زبان‌شناسان تاریخی و افسران ارتش، به ویژه پس از ظهور سرمایه‌داری در اروپا بر مطالعات غربی تأثیر بسزایی داشتند. در طی قرن حاضر، دانشمندان علوم اجتماعی به ویژه شماری از انسان‌شناسان (از جمله هنری فیلد[۱۸]، ادموند لیچ[۱۹]، فردریک بارث[۲۰]، هنری هارالد هنسن[۲۱]، ولفگانگ رودولف[۲۲]، وولف-دیتر هتروف[۲۳]، مارتین وان بروینسن[۲۴] و لسک زیگل[۲۵]) کارهای میدانی مهمی را عمدتاً در کُردستان عراق اجرا کردند. در واقع در پی جنگ خلیج فارس و شکست ترکیه در سرکوب جنبش ناسیونالیستی کُردی، میزان نگارش متن‌های مرتبط با شتاب بیشتری در حال رشد است. باوجود این، درک این مسئله که منافع استعمارگرانه در شکل‌گیری اکثر متون اولیه، دست‌کم در کلیات آن، تأثیرگذار بوده، دشوار نیست.

ادبیات حوزه‌ی علوم اجتماعی، به ویژه کار میدانی انسان‌شناسانه، در معرض نقادی بسیار اندکی قرار گرفته و می‌توان ادعا کرد که این شکل پژوهش بر مبنای بافت‌های تاریخی و روشنفکرانه‌ی خود شکل

[18] Henry Field
[19] Edmund Leach
[20] Fredreick Barth
[21] Henny Harald Hansen
[22] Wolfgang Rudolph
[23] Wolf-Dieter Hütteroth
[24] Martin van Bruinessen
[25] Leszek Dziegiel

گرفته است. نظریه و روش‌شناسی اغلب آثاری که به کُردها پرداخته‌اند، با وجود ارجاعاتی به زنان، مبتنی بر جنسیت مردانه است. تنها اثری که کاملاً به زنان کُردستان اختصاص دارد، *زندگی زنان کُرد*[۲۶] اثر انسان‌شناسی دانمارکی به نام هنریک هنسن است که در اواخر دهه‌ی ۱۹۵۰ منتشر شده است. پژوهش هنسن بی‌شک نقطه‌ی عطفی در مطالعات زنان کُرد به شمار می‌رود. اما این اثر فاقد رویکرد فمینیستی است زیرا انسان‌شناسی و سایر علوم اجتماعی آن زمان هنوز تحت تأثیر نظریه و روش‌شناسی فمینیستی قرار نگرفته بود. در واقع این آثار در غیاب هرگونه چارچوب نظری و روش‌شناسی فمینیستی به بررسی توزیع نابرابر قدرت جنسیتی در حوزه‌هایی همچون خانواده و خویشاوندی می‌پرداختند.

مطالعات خاورمیانه به عنوان یکی از حوزه‌های دانش غربی، سابقه‌ای نسبتاً طولانی دارد. گرچه این سنت «شرق‌گرایانه» به زنان منطقه می پردازد، اما با آن‌ها به عنوان موضوع ارزشمندی برای مطالعه برخورد نمی‌کند. در غرب، نهاد دولت در مقایسه با پژوهش‌های آکادمیک، نقش بیشتری در شکل‌گیری برنامه‌های مطالعات خاورمیانه نقش ایفا کرده است. این برنامه‌ها عمدتاً بر زبان‌های عربی، عبری، فارسی و ترکی، تاریخ امپراتوری‌های عثمانی و ایران و دولت-ملت‌های پس از جنگ جهانی دوم متمرکز بوده‌اند. آن‌ها خاورمیانه را نه از دیدگاه جنبش‌های اجتماعی، بلکه از دیدگاه دولت‌های خود، نظام بین‌دولتی یا رژیم‌های خاورمیانه بررسی کرده‌اند. کُردها به استثنای مواردی معدود هرگز در برنامه‌های مطالعاتی خاورمیانه به ویژه در آمریکای شمالی حضور ندارند. استثنائات اندکی وجود دارد مثلا در سال های اخیر در اروپا دروس زبان و تاریخ کُردی در *دانشگاه آزاد*[۲۷] (برلین)، *مؤسسه‌ی ملّی زبان‌ها و تمدن‌های شرقی*[۲۸] (پاریس)، *دانشگاه اوپسالا*[۲۹] (سوئد)، و *اوترخت*[۳۰] (هلند) ارائه می‌شود. از سال ۲۰۲۰ *گروه مطالعات تمدنهای نزدیک و خاورمیانه*[۳۱] در دانشگاه تورنتو برای اولین درسی بنام «معرفی انتقادی به مطالعات کُردی»[۳۲] را ارائه می‌دهد. بنابراین به نظر می‌رسد که محرومیتی مضاعف در جریان است: کُردها از مؤسسات مطالعات خاورمیانه، و زنان کُرد از مطالعات زنان خاورمیانه کنار گذاشته شده‌اند. افزون بر این، باید به عدم حضور زنان کُرد دیاسپورا در برنامه‌های مطالعات زنان اروپا و آمریکای شمالی اشاره کرد. در غیاب مطالعات کُردی و مطالعات زنان و جنسیت، صنعت نشر کمتر به تولید آثار در این زمینه تمایل دارد؛ این به آن معنا است که

[26] *Kurdish Woman's Life*
[27] Free University
[28] Institut National des Langues et Civilizations Orientales
[29] Uppsala University
[30] Utrecht
[31] Near and Middle Eastern Civilizations, University of Toronto
[32] Critical Introduction to Kurdish Studies

کتابخانه‌های پژوهشی و دانشگاهی نمی‌توانند منابع کافی را در اختیار پژوهشگران قرار دهند و دانشجویان تمایل کمتری به انجام پژوهش درباره‌ی زنان کُرد خواهند داشت.

محرومیت دیگر نیز در پی سقوط سلطنت پهلوی در ایران و جایگزینی آن با حکومت اسلامی در ۱۹۷۹ شکل گرفت؛ یعنی زمانی که دولت‌ها، رسانه‌ها، آکادمی و صنعت نشر غربی بازیگر جدیدی به نام «زن مسلمان» را کشف کرد. در عرض یک دهه، چند مؤسسه به ارائه‌ی دوره‌های مختلفی با موضوع «زنان مسلمان» یا «زنان و اسلام» پرداختند. صنعت نشر نیز سرمایه‌گذاری زیادی در این حوزه‌ی جدید که با اقبال مواجه شده بود، انجام داد. برای مثال، در طول دو قرن، بین سال‌های ۱۸۰۰ تا ۱۹۹۹، در مجموع ۱۱۰ عنوان کتاب درباره‌ی زنان ایرانی به زبان انگلیسی منتشر شده بود (Mojab, 2000) که از این تعداد، ۷۸ عنوان (حدود ۷۱ درصد) در طی ۲۰ سال پس از روی کار آمدن حکومت اسلامی ایران منتشر شده است. زنان این آثار عمدتاً «مسلمان»، معمولاً عرب، ترک یا ایرانی و اغلب شهری هستند و هرگز به طبقه‌ی کارگر تعلق ندارند. در این ترجیح ایدئولوژیک، فضای کمی برای مطالعات زنان کُرد باقی مانده است. اینکه آکادمی همچنان تفاوت‌های زنان خاورمیانه را در نظر نمی‌گیرد و آن‌ها را به «زنان مسلمان» تقلیل می‌دهد، از گرایش به نادیده گرفتن یک قرن مبارزات زنان پرده برمی‌دارد؛ مبارزاتی که ریشه در گرایشات سیاسی سکولاریسم، سوسیالیسم و ناسیونالیسم داشت. مطالعات آکادمیک برای چندین دهه، از «اعطای آزادی» به زنان به دست رهبران سکولار و ناسیونالیست طرفدار غرب مانند آتاتورک در ترکیه و رضا شاه در ایران تجلیل کردند؛ اما پروژه‌های «فمینیسم دولتی» مشابهی که توسط مخالفان غرب مانند جمال عبدالناصر در مصر آغاز شده بود، از طرف آن‌ها تأیید نمی شد. بنابراین، جای تعجب نیست که توجه کمی به زنان ملت‌های بدون‌دولتی مانند آشوری‌ها، بلوچ‌ها یا کردها شده است.

به حاشیه راندن کُردها و زنان کُرد در دانش آکادمیک دور باطلی از حذف‌شدگی ایجاد می‌کند. نبود دوره‌های آموزشی درباره‌ی زنان کُرد به جایی می‌رسد که تمایل ناشران به تولید کتاب‌های درسی، آثار مرجع و مجلات پیرامون زنان کُرد را از بین می‌برد. افراد در غیاب تدریس محتوا و سرفصل‌های مرتبط، کتابخانه‌های دانشگاهی و بودجه‌ی کافی، به مطالب کمتری در مورد زنان کُرد دسترسی پیدا می‌کنند. همین فقدان منابع، به سهم خود، تمایل به انجام تحقیقات، حتی نوشتن مقالات ترم را کاهش می‌دهد و کمتر احتمال دارد که هیأت علمی فاقد تخصص در مورد زنان کُرد تمایلی به قبول راهنمایی پایان‌نامه‌ی دانشجویی را داشته باشند؛ در این شرایط، بودجه‌ی تحقیقاتی عموماً به راحتی در دسترس نیست؛ استخدام هیئت علمی نیز ممکن است برمبنای همه‌ی این سازوکارهای حذف شکل بگیرد؛ تمایل بیشتری به استخدام کسی وجود دارد که در زمینه‌ی زنان عرب، ترک، ایرانی یا مسلمان تخصص داشته باشد. بنابراین، علت و معلول به یکدیگر تبدیل می‌شوند و فرایندهای طرد مطالعات زنان کُرد را تداوم می‌بخشند.

این دور باطل محرومیت با توانایی کشورهای خاورمیانه در سانسور تحقیقات آکادمیک در غرب تشدید می‌شود. برای مثال، ترکیه، ایران، سوریه و عراق در ایجاد دانش در کشورهای دیگر دخالت می‌کنند. این امر از طریق روش‌های مختلفی مانند صدور یا رد مجوز تحقیق برای محققان خارجی انجام می شود. به استثنای عراق تحت سلطنت (۵۸-۱۹۳۲)، ترکیه، ایران و سوریه به ندرت مجوزی برای تحقیق در مورد کُردها صادر کرده‌اند.[۳۳] همچنین، این دولت‌ها برای ایجاد «کرسی‌های» مطالعاتی در مؤسسات غربی بورس تحصیلی اعطا می‌کنند و اهدای کتاب و مجلات به کتابخانه‌ها و دعوت از دانشگاهیان و دانشجویان برای بازدید، کنفرانس و رویدادهای دیگر را از نظر مالی تأمین می‌کنند. اگر این دولت‌ها تمایلی به ایجاد دانش در مورد زنان باشند، آنها را به عنوان زنان عراقی، ترک، سوری یا مسلمان (ایرانی) معرفی خواهند کرد.

از سوی دیگر، توسعه‌طلبی و جنگ‌افروزی دولتی نیز بر ایجاد دانش در مورد زنان تأثیر می‌گذارد. جنگ ایالات متحده در افغانستان (۲۰۱۴-۲۰۰۱) و عراق (۱۹۹۱ و ۲۰۰۳) علاوه بر فرستادن ارتش به این دو کشور، انبوهی از خبرنگاران رسانه‌ها، امدادگران، گروه‌های حقوق بشری، کنشگران صلح، سازمان‌های غیردولتی (ان‌جی‌اوها)[۳۴] و حتی دانشگاهیان را نیز روانه‌ی این منطقه‌ی جنگ کرد و همه‌ی این‌ها باعث ایجاد علاقه‌ی آکادمیک در سطوح مختلف از نوشتن مقالات دانشجویی و پایان‌نامه‌های فارغ‌التحصیلی گرفته تا ارائه‌ی دوره‌ها، کنفرانس‌ها و فعالیت‌های انتشاراتی شد.

گرچه منافع دولت و بازار عموماً در ممانعت از ایجاد دانش در مورد زنان کُرد نقشی حیاتی داشته، اما مقاومت زنان در برابر دولت مردسالار و خشونت خانوادگی، علیه رژیم پیچیده‌ی سانسوری که در بالا به تصویر کشیده شد، عمل کرده است. در ترکیه، مقاومت در برابر خشونت‌های دولتی مردسالارانه، به ویژه از سوی قربانیان و وکلای آن‌ها، سازمان‌های بین‌المللی حقوق بشری و دیاسپورا و در نهایت دانشگاهیان و رسانه‌های ترکیه را نسبت به جنایت‌هایی که در جریان بود، آگاه کرد. وکلای ترک یکی از نخستین مطالعات پیرامون اعمال خشونت جنسی در زمان بازداشت را انجام دادند درهمین حال، مقاومت در برابر خشونت خانوادگی، به ویژه قتل ناموسی، موجی از کنشگری و پژوهشگری را به راه انداخت و همین گسترش دانش فمینیستی در منطقه و تعامل فمینیستی سرزمین مادری-دیاسپورا نیز به عاملی برای رشد علاقه‌ی پژوهشی تبدیل شده است.

---

[۳۳] برای اطلاعات بیشتر در مورد ترکیه به Hassanpour, 2000 مراجعه کنید.

[34] nongovernmental organization

دام نظری «ناسیونالیسم فمینیستی»

نمونه‌ی کُردستان به خوبی روشنگر روابط پیچیده‌ای است که فمینیسم را به ناسیونالیسم و مردسالاری پیوند می‌دهد. منازعات ناسیونالیستی موجب می‌شوند جنبش‌های فمینیستی و زنان به سادگی خود را درون پوسته‌ی قومیتی-ملیتی محبوس سازند و در جنگ ملتشان علیه دشمنان حق تعیین سرنوشت ملت خویش مشارکت کنند.

نظریه‌ی فمینیستی انتقادی در اواخر قرن بیستم از بافت مردسالارانه‌ی ناسیونالیسم، به ویژه نوع «مدنی» آن که دموکرات تر است، پرده برداشت.[۳۵] ناسیونالیسم حاکم بر رژیم‌های «دموکراتیک مردمی» متداول مانند فرانسه و ایالات متحده، مردسالارانه است. در مقابل، گرایش نظری دیگری وجود دارد که حامی ناسیونالیسم است، مصالحه‌ی فمینیستی با مردسالاری قومی، ملی(گرایانه) و مذهبی را ترویج می‌کند و در پی صورت‌بندی انواع «فمینیسم بومی» و «ناسیونالیسم فمینیستی» است.[۳۶]

«فمینیسم‌های بومی» گرچه در ظاهر دارای حسن‌نیت هستند و تا حدودی شکل هایی از مقاومت در برابر قوم‌مداری دانش و سیاست غربی محسوب می‌شوند، اما بخش عمده‌ی دستورکار آن‌ها بر به چالش کشیدن قوم‌مداری غربی از طریق همتایان غیرغربی آن متمرکز است. این فمینیسم نوعی «بومی‌گرایی» است که در تلفیق استعمارگری غربی با فمینیسم، اغلب از سرکوب زنان به دست مذهب، ملت، سنت و فرهنگ «خودشان» تجلیل می‌کند و تأکید و تمرکز آن بر «تفاوت»، به نادیده گرفتن مشابهت‌های ستم بر زنان در سراسر جهان ختم می‌شود. این ستایشِ تفاوت، به از بین رفتن همبستگی زنانی که دارای تجربیات گوناگون هستند منجر می‌شود و ستم مردسالارانه را تبرئه می‌کند. تجلیل از امر خاص و یگانه، به تجلیل از مردسالاری تبدیل می‌شود و تمام امور جهان‌شمول نیز با برچسب «تمامیت‌بخشی»، «ذات‌گرایی» و حتی «توتالیتاریسم»، اهریمن‌انگاری می‌شوند؛ در نتیجه جهان‌شمولی ستم نیز انکار می‌شود. گرچه فمینیسم به مرور زمان مجموعه‌ای از دانش و سیاست بین‌المللی را شکل داده، اما برخی از مواضع نظری مانند سیاست‌های هویتی، پساساختارگرایی، پسامدرنیسم و نسبی‌گرایی فرهنگی، به جز تجزیه‌ی فمینیسم در راستای شکاف‌های مذهبی، قومی، ملّی و فرهنگی درمان دیگری تجویز نمی‌کنند. (Mojab, 1998)

با وجود این، تداوم آشکال قبیله‌ای-فئودالی مردسالاری کُردی و شکست ناسیونالیسم کُردی در دموکراتیک‌سازی روابط جنسیتی، مخالفت و سازمان‌دهی زنان را به دنبال داشته است. این مقاومت بیش از آنکه آگاهانه و برنامه‌ریزی‌شده باشد، خودانگیخته یا واکنشی است. برای مثال، افزایش

---

[۳۵] در کنار منابع دیگر به Nelson, 1998 مراجعه کنید

[۳۶] برای نمونه به West, 1997 مراجعه کنید.

خشونت مردانه به ویژه قتل ناموسی در عراق، ترکیه و دیاسپورای اروپا و پوشش رسانه‌ای آن، اقداماتی را در پی داشته است. این کنشگری که از نظر دامنه و عمق محدود است، در شرایطی رخ می‌دهد که جنبش‌های ملی- فمینیستی درغرب وجود ندارد. این امر به ویژه در مورد آمریکای شمالی، یعنی جایی که امواج جدید ضدیت با فمینیسم در فرهنگ عامه نفوذ کرده است، صادق است. (Hammer, 2002)

تصویری که تاکنون ترسیم کرده‌ایم، دیدگاه شرق‌گرایان غربی درباره‌ی زنان خاورمیانه و شمال آفریقا را به چالش می‌کشد. بخش اعظم دانشی که پیرامون این منطقه وجود دارد، اعم از لیبرال و محافظه‌کار، زنان را به حاملان هویت تقلیل می‌دهد و به سهم خود، به ذات‌گرایی کردن هویت آن‌ها در قالب وفاداری ابدی به اسلام می‌پردازد. بنابراین با زنان عرب، بلوچ، کُرد، فارس یا ترک با وجود تنوع بسیار زیادی که از نظر طبقاتی، پیش‌زمینه‌ی اجتماعی، سیاسی، زبان، فرهنگ، تحصیلات، جغرافیا و فرهنگ دارند، به عنوان «زنان مسلمان» برخورد می‌شود. این برساخت از زنان به عنوان مسلمان چنان جنس‌گرایانه و نژادپرستانه است که به انکار هویت تعداد قابل‌توجهی از زنان منطقه که ریشه در سکولاریسم، خداناباوری، فمینیسم، سوسیالیسم و انترناسیونالیسم دارد، منجر می‌شود.

پایانی بر یک آغاز

زندگی زنان کُرد در قرن بیست‌ویکم با شبکه‌هایی از تضادها مشخص می‌شود که تمام پیچیدگی آن هنوز به طور کامل درک و ثبت نشده است. اختلال و اغتشاش حاکم بر زندگی آن‌ها در قرن گذشته بسیار چشمگیر و تداوم این وضعیت به همان اندازه تکان‌دهنده است. آن‌ها تجربه‌ی فروپاشی امپراتوری عثمانی، چندین نسل‌کشی، پاکسازی قومیتی، خشونت جنسی افسارگسیخته‌ی دولتی، ظهور و سقوط سوسیالیسم در قفقاز و آسیای مرکزی، نابودی زندگی روستایی، آواره‌سازی‌های گسترده، به قدرت رسیدن تئوکراسی، حاکمیت مستقیم استعماری غرب و دورهای جدیدی از پراکندگی در سراسر جهان را از سر گذرانده‌اند.

ادبیات روبه‌رشد پیرامون زنان خاورمیانه و به تبع آن زنان کُرد، در چارچوب سیاست‌های هویتی، نظریه‌های پساساختارگرایانه، پسااستعماری و پست‌مدرنیستی شکل گرفته است و مانند رویه‌ی شرق‌گرایانه، ایده‌ی زنان مسلمان را ترویج می‌کند. آن‌چه این مجموعه‌ی دانش را با شرق‌گرایی پیوند می‌دهد، امتیاز نظری آن برای در بر داشتن مفهوم «تفاوت» و تحقیر کردن «یکسانی» است. هرگونه ایده‌ای که با یکسانی مرتبط باشد، حتی در مبارزه با خشونت مردانه، تحت عنوان کلان‌روایت یا ذات‌گرایی مردود شمرده می‌شود. این دیدگاه‌های نظری که در یکی از/ یا هردو چارچوب کار می‌کنند،

نمی‌توانند جهان‌شمولی و خاص‌بودگی را به عنوان وحدت اضداد در نظر بگیرند. آنها از درک این واقعیت ساده عاجز هستند: خشونت مردانه با اینکه از نظر تاریخی و فرهنگی آشکال خاصی دارد، اما جهان‌شمول است؛ یعنی در همه‌ی جوامع معاصر اعمال می‌شود. (Mojab, 2004) این برخورد با فمینیسم به عنوان گفتمانی تقلیدی که از گفتمان‌های «تفاوت» ناشی می‌شود، برای ناسیونالیست‌ها، بومی‌گرایان و اسلام‌گرایان که فمینیسم را پدیده‌ای غربی می‌دانند ، جذابیت دارد. زیرا اعتبارش را برای غیر غربی ها زیر سئوال می برند.

با وجود موانع عظیمی که بر سر راه پیشرفت مطالعات زنان کُرد وجود دارد، پژوهشگرانی با پیشینه‌های بسیار متنوع، اعم زن و مرد، کُرد و غیرکُرد، به پژوهش در این حوزه پرداخته‌اند. گرچه بسیاری از این تولیدات در واکنش به وحشت خشونت‌های دولتی و خانوادگی علیه زنان صورت گرفته، اما به ایجاد آگاهی فمینیستی و علاقه‌ی پژوهشی منجر شده است. برای نمونه، ادبیاتی که در اثر *زنان کُردستان: مطالعه‌ای تاریخی و کتاب‌شناختی* (۲۰۲۱) ثبت شده است، گرچه به زبان‌های رایج در کُردستان نوشته نشده، اما شاهدی بر کنشگری و نویسندگی گسترده‌ی خود کُردها است. گرچه آثار موجود توانسته تا حدی خلأ دانش حوزه‌ی مطالعات زنان را پر کند، اما زنان کُرد کماکان در حاشیه‌ی دانش فمینیستی باقی مانده‌اند. طنز روزگار این‌جاست که گرچه دولت مدرن نیروی اصلی پرورش مردسالاری و ناسیونالیسم است، اما در کُردستان این وضعیت بی‌دولتی است که سلطه‌ی ملی/مردسالارانه را تقویت می‌کند. اما کماکان ماهیت طبقاتی دولت است که تعین می کند قدرت دولتی در جهت تقویت ستم و استثمارملی و جنسیتی بکار گرفته می شود یا در جهت تضعیف آن.

با وجود تمام این‌ها، زنان کُرد پیش از این با ورود به عرصه‌ی مبارزات آگاهانه‌ی فمینیستی علیه مردسالاری ملی «خود»، تاریخشان را رقم زده‌اند. آن‌ها به عنوان اعضای بزرگترین ملت فراملی و بی‌دولتی که در سراسر جهان پراکنده شده، همچنان نیروی بالقوه‌ی قدرتمندی در جنبش جهانی زنان محسوب می‌شوند. رد پای تاریخ مبارزه‌ی کُردها علیه روابط جنسی سرکوبگرانه را می‌توان در ادبیات موجود در این حوزه پیدا کرد. واقعیت این است که مردسالاری یک سازمان اجتماعی باستانی است و همان‌طور که تجربه‌ی دو قرن مبارزه‌ی فمینیستی در غرب نشان می‌دهد، بدون دخالت سازمان‌یافته‌ی فمینیستی نمی‌توان به راحتی تغییری در آن ایجاد کرد.

منابع

Bidlisi, S. (1964). Sharaf nāmi: Tārikh-e mufassal-e Kordestān [Book of {Amir} Sharaf {Khan Bidlisi}: History of Kurdistan]. In M. Abbasi (Ed.), *Sharaf Name* (pp. 196-201). Moassesse-ye Matbu'at-e Elmi.

Hammer, R. (2002). *Antifeminism and family terrorism: A critical feminist perspective*. Rowman and Littlefield.

Hassanpour, A. (2000). The politics of a-political linguistics: Linguists and linguicide. In R. Phillipson (Ed.), *Rights to language, equality, power and education* (pp. 33-37). Lawrence Erlbaum Associates.

Kashi, E. (1994). *When the borders bleed: The struggle of the Kurds*. Chatto and Windus.

Mojab, S. (1988). "Muslim" women and "western" feminist: The debate on particulars and universals. *Monthly Review, 50*(7), 19-30.

Mojab, S. (2000). Introduction: Iranian women's studies: Further steps toward. In S. Mojab & A. Hojabri (Eds.), *Women of Iran: A subject bibliography* (pp.1-12). Cambridge, MA: Iranian Women's Studies Foundation.

Mojab, S. (2004). The particularity of 'honour' and the universality of 'killing': From early warning signs to feminist pedagogy. In S. Mojab & N. Abdo (Eds.), *Violence in the name of honour: Theoretical and political challenges* (pp. 15-37). Bilgi University Press.

Murray, M. (1995). *The law of the father? Patriarchy in the transition from feudalism to capitalism*. Routledge.

Nelson, D. (1998). *National manhood: Capitalist citizenship and the imagined fraternity of white men*. Duke University Press.

فصل اول

زنان کُرد در درازنای تاریخ

زنان کُرد اعضای ملت بدون دولتی هستند که در سرزمین مادری خود، کُردستان، زندگی می‌کنند؛ سرزمینی که از ۱۹۱۸ بین کشورهای همسایه یعنی ترکیه (جنوب شرقی)، ایران (شمال غربی)، عراق (شمال)، سوریه (شمال شرقی) تقسیم شده است. آن‌ها در اجتماعات کوچک و بزرگی در هر چهار کشور به ویژه شمال شرق ایران، مرکز و غرب ترکیه، در شهرهای بزرگی مانند استانبول، بغداد، دمشق، و تهران) و در قفقاز (ارمنستان، آذربایجان، گرجستان) و آسیای مرکزی پراکنده شده‌اند و در قالب اجتماعات پناه‌جویی و مهاجری در لبنان، اروپا، آمریکای شمالی، استرالیا، نیوزیلند، ژاپن و سایر کشورها زندگی می‌کنند.

کُردها اغلب هم در خاورمیانه و هم در غرب به عنوان مردم مسلمان کوچ‌نشین و قبیله‌ای به تصویر کشیده می‌شوند. با این حال، جامعه‌ی کُردی در طول تاریخ مکتوب خود، سازمان و روابط اجتماعی و اقتصادی مختلفی از جمله قبیله‌ای-کوچ‌نشین، روستایی-فئودالی و غیرکشاورزی شهری را تجربه کرده و اکنون نیز از نظر طبقه‌ی اجتماعی، حرفه، سیاست، مذهب و فرهنگ از تنوع زیادی برخوردار است.

زبان شاخص اصلی هویت ملی کُردها است. زبان کُردی یکی از شاخه‌های ایرانی زبان‌های هندواروپایی است که چهار گروه گویش به نام‌های کورمانجی (یا شمالی)، سورانی (یا مرکزی)، زازا/دیمیلی و هورامی/گورانی و گویش‌های جنوبی دارد. این زبان برای حدود پنج قرن، عمدتاً به خط عربی و از دهه‌ی ۱۹۳۰ با الفبای سیریلیک و رومی نیز نوشته شده است. دولت-ملت‌های ترکیه، ایران، عراق و سوریه در پی جنگ جهانی اول شکل گرفتند و سیاست همگون‌سازی مردمان اقوام مختلف در ملت

مسلط را به شیوه‌های گوناگون از جمله سرکوب زبان دنبال کردند. در نتیجه، زبان کُردی آماج سیاست‌گذاری‌ها و رویه‌های ناگوار زبان‌کُشی[1]، یا همان نابودسازی عامدانه‌ی زبان، قرار گرفت.

زندگی مذهبی نیز در کُردستان متنوع است اما کُردها از اکثریت مسلمان سنی و چندین گروه اقلیت مذهبی مانند علویان، اهل حق، بهائیان، مسیحیان، یهودیان، شیعیان و ایزدی‌ها تشکیل شده‌اند. با وجود نسل‌کشی جمعیت مسیحی (ارمنی‌ها و آشوری‌ها) توسط دولت عثمانی در طول جنگ جهانی اول، بسیاری از شهرهای کُردستان همچنان دارای کلیسا هستند، گرچه از برخی از آن‌ها تنها خرابه‌ای به جا مانده است. جمعیت یهودی پراکنده‌ای نیز در کُردستان ساکن بودند. البته جمعیت یهود روستایی قابل‌توجهی به ویژه در عراق وجود داشت که به زبان خودشان صحبت می‌کردند و در کنیسه‌های خود به ادای امور مذهبی می‌پرداختند. اکثر جمعیت یهود مناطق روستایی و شهری به اسرائیل مهاجرت کردند.

بسیاری از کُردها، گرچه شهروندان چندین دولت-ملت هستند، اما کُردستان را سرزمین مادری خود می‌دانند: سرزمینی که شامل نواحی شمالی بین‌النهرین و نواحی شرق آناتولی است. ظاهراً نخستین اشاره به سرزمین کُردها در نقشه‌ای صورت گرفته که در ۱۰۷۶ ترسیم شده است. (Chaliand & Rageau, 1983) یک قرن بعد، سلطان سنجر پادشاه سلجوقی، قلمرو کُردستان را فتح کرد و آن را به واحدی اداری به نام کُردستان تبدیل کرد. سابقه‌ی منابع مکتوبی که توسط خود کُردها تهیه شده، به قرن شانزدهم بازمی‌گردد. گرچه نام کُردستان از اواسط قرن نوزدهم در ادبیات شفاهی کُردی به چشم می‌خورد، اما نخستین ترسیم مرزهای آن در *شرف‌نامه* صورت گرفته است. (Bidlisi, 1964, pp. 24-25)

مرزهای کُردستان، در غیاب قدرت دولتی کُردی، به لحاظ بین‌المللی شناخته‌شده نیست. افزون بر این، دولت حاکم بر کُردها در داخل هر کشور، سیاست‌گذاری همگون‌سازی آن‌ها را دنبال می‌کند و از این رو مطالبات کُردها برای شناسایی مرزهای اقلیم کُردستان را از نظر اداری یا نقشه‌کشی رد می‌کند. در ایران، بخشی از قلمرو کُردستان بزرگ نام «کُردستان» را یدک می‌کشد، درحالی‌که در عراق، تنها پس از تهاجم نیروهای متحد غربی به رهبری ایالات متحده در ۲۰۰۳ بود که از «شمال عراق» به عنوان کُردستان عراق یاد می‌شود. در ترکیه، استفاده از نام کُرد و کُردستان، از اواسط دهه‌ی ۱۹۲۰، جنایت علیه «تجزیه‌ناپذیری ملت ترک» و «تمامیت ارضی سرزمین» (اصطلاحات قانون اساسی ترکیه) تلقی می‌شود. رژیم بعث عراق برای منزوی کردن کُردستان عراق از مناطق کُردنشین ایران و ترکیه، صدها روستای مرزی را در اواخر دهه‌ی ۱۹۷۰ ویران کرد. عراق و بعدها ایران نیز با همین رویکرد، در اواخر دهه‌ی ۱۹۸۰، ده‌ها میلیون مین در گذرگاه‌های مرزی کار گذاشتند

---

[1] linguicide

تا از حرکت نیروهای مبارز کُرد که به «پیشمرگه» (Pêşmerge) شهرت دارند، در مرزها جلوگیری کنند. پیشمرگه یعنی کسی که با مرگ مواجه می‌شود یا برای آزادی مبارزه می‌کند.

گرچه آواره‌سازی اجباری در تاریخ این منطقه سابقه‌ای طولانی دارد، اما دو تحول در اواخر قرن بیستم به ریشه‌کن کردن عمده‌ی جمعیت کُردها، در داخل منطقه و در سطح بین‌المللی منجر شد. یکی همگون‌سازی قهری مداومی که به افزایش مقاومت کُردها انجامید؛ از جمله درگیری‌های مسلحانه‌ی بین کُردها و دولت‌ها در عراق (به طور متناوب از ۳-۲۰۰۳-۱۹۶۱)، ایران (۱۹۶۸-۱۹۶۷ و اکنون-۱۹۷۹)، و ترکیه (اکنون-۱۹۸۴). قدرت‌های غربی و دولت‌های منطقه‌ای در این منازعات و سایر منازعات بین دولتی (عراق-کویت، ایران-عراق) شرکت داشتند و همین منطقه را به منطقه‌ی جنگی فعال و پایداری تبدیل کرد. و دیگری رونق اقتصادی اروپای غربی در دهه‌ی ۱۹۶۰ بود که به تعداد زیادی از «کارگران مهمان»، به ویژه در آلمان، و در مقیاس محدودتری، در بلژیک، هلند، دانمارک، فرانسه و سوئد متکی بود. بسیاری از این کارگران از ترکیه آمده بودند. در اواخر دهه‌ی ۱۹۹۰، آلمان میزبان بزرگترین جمعیت کُرد اروپا بود که شمار آن حدود نیم‌میلیون نفر تخمین زده می‌شد.

شمایی تاریخی از کُردستان

گرچه کُردها ظاهراً در جرگه‌ی مردم بومی آسیای غربی قرار می‌گیرند، اما قلمرو آن‌ها محل زندگی تمدن‌ها و مردمان متعددی بوده که بیشترشان (به جز آشوری‌ها، ارمنی‌ها و یهودیان) منقرض یا همگون‌سازی شده‌اند. این منطقه محل اولین انقلاب‌های ارضی و شهری است و چشم‌اندازی از یادگاره‌های تاریخی به‌یادماندنی، از شبکه‌های آبیاری باستانی گرفته تا پل‌ها و ارگ‌ها و تخریب مداوم زندگی و اموال مردم از طریق فتوحات، جنگ‌ها، قتل عام و جابه‌جایی اجباری جمعیت را ترسیم می‌کند.

پس از فتح این منطقه توسط ارتش‌های اسلامی در قرن هفتم، بیشتر در مورد کُردها می‌شنویم. کُردستان که به پایتخت خلافت اسلامی یعنی شهر بغداد بسیار نزدیک است، به محل جنگ‌های بی‌امان میان خلفا، ارتش و فرمانداران، حاکمان کُرد و فاتحانی تبدیل شد که از نقاط دوردست امپراتوری روم در غرب و مغولستان در شرق می‌آمدند. این منازعات عمدتاً بر سر زمین، مالیات و سربازگیری از میان جمعیت بود و تفاوت‌های قومیتی و مذهبی توجیهاتی برای این تسخیر و انقیاد فراهم می‌کرد. خشونت افسارگسیخته از جمله جنایاتی که علیه غیرنظامیان و رزمندگان اعمال می‌شد، بسیار گسترده بود و تا حدی با هدف ارعاب دشمن و مردم برای سرسپردگی صورت می‌گرفت. (Minorsky, 1986)

ورود ترکان اوغوز از استپ‌های آسیایی به منطقه در قرن یازدهم، تشکیل سلسله‌ی سلجوقیان (قرون ۱۱-۱۳) و سلسله‌های ترکمان (آق قویونلو و قره‌قویونلو) و به دنبال آن سقوط خلافت در ۱۲۵۸ در پی تهاجم مغول، ترکیب قومیتی آسیای غربی را تغییر داد. گرچه «ویژگی کُردی منطقه» در این جنگ‌های بی‌امان «فرسوده می‌شد» (Minorsky, 1986, p. 453)، اما در همین دوره است که کُردها به عنوان ملتی متمایز ظاهر می‌شوند، قلمرو آن‌ها توسط بیگانگان به عنوان کُردستان شناخته می‌شود و دولتمندی[2] کُردستان در قالب کوچک‌دولت‌ها[3] و امارت‌ها ظهور می‌کند.

برخی از جمعیت‌های بومی کُردستان شامل ارمنی‌ها، آشوری‌ها (مسیحیان)، کُردها (عمدتاً مسلمان)، پیروان ادیان اقلیت (مانند ایزدی‌ها) و همچنین اقلیت‌های پراکنده‌ای مانند یهودیان از مستعمره‌سازی شدید این منطقه به دست ترک‌ها (اوغوز، ترکمان، عثمانی)، کوچ‌نشین‌های مغول و مردمان قبیله‌ای آسیای مرکزی جان سالم به در بردند. دولت‌های فئودال، با وجود اعمال قرن‌ها تغییر مذهب، جابه‌جایی اجباری جمعیت و قتل عام به‌عنوان ابزارهای فشار برای متجانس‌سازی قومیتی، در متمرکزسازی قدرت و همگون‌سازی زبانی، فرهنگی و مذهبی مردم شکست خوردند. ماهیت تولید کشاورزی فئودالی کاربر نیز به همان اندازه در جلوگیری از نابودی کامل جمعیت‌ها از اهمیت برخوردار بود. زمین‌های حاصلخیز ارمنستان، آذربایجان، کُردستان و بین‌النهرین بدون نیروی کار مولد قابل‌ملاحظه نمی‌توانستند ساختارهای دولتی پیچیده را حفظ کنند. بنابراین، با وجود این‌که برخی از سرزمین‌های کُردستان به دلیل فتح، حذف خشونت‌آمیز خانواده‌های حاکم کُرد (به ویژه توسط سلسله‌ی آق‌قویونلو، ۱۵۰۸-۱۳۷۸)، از طریق قتل عام و نفی بلد[4] وارد فرایند تُرک‌سازی[5] می‌شدند، در همان زمان، کوچک‌دولت‌های کُردی در حال پیشروی بودند. (Minorsky, 1986) تا پایان قرن شانزدهم، حدود ۴۰ امارت کوچک و بزرگ بر سراسر کُردستان حکومت می‌کردند. (Vasil'eva, 1967, 1976) ساختار اداری کوچک‌دولت‌ها شبیه نظام‌های دولتی بزرگتر منطقه، به ویژه امپراتوری عثمانی بود. (van Bruinessen, 1992)

آسیای غربی در اوایل قرن شانزدهم تحت حکومت دو سلسله‌ی رقیب و در حالِ گسترشِ ترک یعنی عثمانی‌ها و صفویان قرار داشت که در ۱۶۳۹ در پی جنگ‌های بزرگ مرزهای خود را در امتداد رشته‌کوه زاگرس ترسیم کردند و به این ترتیب ارمنستان و کُردستان را به دو قسمت تقسیم کردند. این دو امپراتوری سیاست‌گذاری متمرکزسازی اداری را با حذف امارت‌های موروثی کُرد و انتصاب فرمانداران از سوی مرکز در پیش گرفتند. با این حال، کوچک‌دولت‌ها از رقابت آن‌ها سود بردند و برخی تا اواسط قرن نوزدهم به حکومت خود ادامه دادند. شاه عباس اول (۱۶۲۶-۱۵۸۸) که به

---

[2] statehood
[3] mini-states
[4] deportation
[5] Turkicize

وفاداری حاکمان امارت‌های برادوست و مکری مشکوک بود، شخصاً بر کشتار امیران و رعایای آن‌ها (۱۶۱۰-۱۱) نظارت و در آن شرکت داشت. او قبایل ترک را در قلمرو خود اسکان داد و حدود ۱۵۰۰۰ کُرد را به شمال شرق ایران تبعید کرد. اسکندر منشی، وقایع‌نگار رسمی شاه (1979, pp. 791-800, 806-12) و شاهد عینی این قتل عام‌ها، با افتخار به تشریح جزئیات «قتل عام عمومی» کُردهای مکری می‌پردازد و خاطرنشان می‌کند که «غضب و خشم» شاه با چیزی جز «ریختن خون آن تیره‌روزان...» فروکش نمی‌کرد (p. 813) و «مثله کردن مردان» و «به بردگی کشاندن زنان و دختران... در سال‌نگاشت آن دوره ثبت شده بود.» (p. 814) او از کُردها با عنوان «فرومایه» (p. 701)، «انسان‌هایی با خوی وحشیگری» (p. 792) و «کافر» (p. 813) یاد می‌کند و می‌نویسد در امارت برادوست، زنانی که در دژ محاصره‌شده‌ی دِم‌دِم گرفتار بودند، برای این‌که به دست نیروهای شاه نیفتند، خودکشی کردند.

مرز ایران و عثمانی که در ۱۶۳۹ از جنگ‌های مکرر بین دو کشور جان سالم به در برد، با تغییراتی جزئی، مرزهای کنونی ایران و ترکیه و همچنین ایران و عراق را تشکیل می‌دهد. در اواسط قرن نوزدهم، تمرکز اداری و نظامی قدرت دولتی به سبک اروپایی در ترکیه و ایران عثمانی آغاز شد. دو دولت برای سرنگونی شش امیر کُرد باقی‌مانده از نیروی نظامی استفاده کردند و حکومت مستقیم خود را بر تمام مناطق کُردستان گسترش دادند.

کُردها، با ظهور دولت-ملت‌های سبک مدرن در ایران (پس از انقلاب مشروطه ۱۱-۱۹۰۶) و ترکیه‌ی عثمانی (به ویژه پس از انقلاب ۱۹۰۸ *ترک‌های جوان*[6])، به جای مردم متمایزی که از حق خودگردانی بهره‌مند باشند، به عنوان شهروند در کشور تلفیق شدند. درحالی‌که روابط فئودالی و قبیله‌ای در جامعه‌ی عمدتاً روستایی کُردستان مسلط بود، افکار ناسیونالیستی کُردی در دهه‌ی آخر قرن نوزدهم در قالب شعر و روزنامه‌نگاری پدیدار شد.

جنگ جهانی اول کُردستان را به میدان نبرد میان عثمانی‌ها، روس‌ها، ایرانی‌ها و بریتانیایی‌ها تبدیل کرد. ارمنستان و کُردستان بین ارتش عثمانی و ایران دست‌به‌دست می‌شدند. دولت عثمانی در ۱۹۱۵ به نسل‌کشی ارامنه و آشوری‌ها و همچنین انتقال اجباری حدود ۷۰۰۰۰۰ کُرد به غرب ترکیه در ۱۹۱۷ دست زد. (Andrews, 1989) در همان زمان، کُردها توسط ارتش روسیه‌ی تزاری در ۱۹۱۵ در ساوجبلاغ (مهاباد کنونی)، راوندیز (در عراق کنونی)، خانقین (ایران) و در سراسر مناطق شرق کُردستان قتل‌عام شدند. هر دو ارتش، مانند جنگ‌های قبلی، مرتکب جنایاتی از جمله به بردگی گرفتن، قتل، کشتار، تجاوز جنسی، بردگی جنسی، خشونت جنسی، شکنجه و همچنین جنایات جنگی

---

[6] *ترک‌های جوان* یکی از جنبش‌های اصلاحات سیاسی ناسیونالیستی و مشروطه‌خواهانه‌ی اوایل قرن بیستم بود که به دنبال جایگزینی سلطنت مطلقه‌ی امپراتوری عثمانی با حکومتی مشروطه بود. این جنبش در انقلاب ۱۹۰۸ شورش علیه حکومت مطلقه‌ی سلطان عبدالحمید دوم را رهبری کرد.

مانند قتل خودسرانه، رفتار غیرانسانی، نفی بلد و انتقال غیرقانونی، حمله به غیرنظامیان، غارت و رفتار بی‌رحمانه شدند.[۷] ارتش روسیه همچنین در قتل‌عام ساوجبلاغ (مهاباد امروز) با کشتن پسران نوجوان و بالغ و ربودن حدود ۴۰۰ زن و دختر برای سوءاستفاده مرتکب جنسیت‌کُشی شد. درحالی‌که شبه‌نظامیان ارمنی و آشوری در قتل‌عام‌های روسیه مشارکت داشتند (Fossum, 1918; Jwaideh, 2006)، برخی از رهبران قبیله‌ای، فئودال و مذهبی کُرد در نسل‌کشی ارامنه و آشوری‌ها هم‌دستی کردند. در همان زمان، بسیاری از کُردها به قربانیان ارمنی پناه دادند (Ussher, 1917) و آشوری ها به داد کُردهایی رسیدند که از گرسنگی در شُرُف مرگ بودند.

با حمله‌ی نظامی امپراتوری عثمانی و ایران در اواسط قرن نوزدهم، رژیم امارتی به پایان رسید و اجرای پروژه‌ی متمرکزسازی قدرت دولتی از طریق اصلاحات قانونی، اداری، مالی و نظامی در ابتدا از ترکیه‌ی عثمانی آغاز شد. این اصلاحات تا حدی به دلیل فشار نخبگان لیبرال نوظهور و جنبش‌های دموکراتیک نوپا و تا حدی تحت فشار قدرت‌های غربی که به محیطی امن برای فعالیت‌های اقتصادی خود نیاز داشتند، صورت گرفت. سقوط امارت‌ها آخرین اثر خودگردانی کُردها را از بین برد و به گسترش قدرت عثمانی و ایران بر تمام مناطق کُردستان انجامید؛ با این حال، نواحی روستایی و جمعیت آن‌ها تا حد زیادی تحت کنترل رؤسای قبیله‌ای و فئودال باقی ماند.

فروپاشی امپراتوری عثمانی در جنگ جهانی اول منجر به تقسیم کُردستان و الحاق آن به کشورهایی شد که به تازگی شکل گرفته بودند: عراق (تحت اشغال و قیمومیت بریتانیا، ۱۹۱۸-۳۲) سوریه (تحت اشغال و قیمومیت فرانسه، ۱۹۱۸-۴۶) و ترکیه (جمهوری ترکیه از ۱۹۲۳). شکل‌گیری این دولت-ملت‌های مدرن مستلزم همگون‌سازی اجباری کُردها با زبان و فرهنگ ملی رسمی یا مسلط، در اصل، ترکی (ترکیه)، فارسی (ایران) و عربی (سوریه، و در مقیاس محدودتری عراق) و براندازی قدرت سیاسی رهبران مذهبی، قبیله‌ای و فئودال به ویژه در ایران و عراق بود. خشونت دولتی ابزار اصلی این ادغام و همگون‌سازی بود. به گفته‌ی یکی از تاریخ‌نگاران، ترکیه‌ی عثمانی و جمهوری ترکیه، از ۱۸۷۸-۱۹۲۳ (Levene, 1998) تا به امروز (Fernandes, 1999)، شرق آناتولی را که شامل ارمنستان و کُردستان می‌شود، به منطقه‌ی نسل‌کشی تبدیل کرده‌اند.

مهمترین تحول ناسیونالیسم کُردی در اوایل دهه‌ی ۱۹۴۰ رخ داد. در ۱۹۴۲ سازمان جدیدی به نام جمعیت *احیای کُردستان (کومله ژ.ک.)*[۸] در کُردستان ایران تأسیس شد. نیروهای شوروی پس از پایان جنگ جهانی دوم و برخلاف توافق‌های قبلی از تخلیه‌ی ایران سر باز زدند. ناسیونالیست‌های آذربایجانی با حمایت این نیروها اعلام خودمختاری کردند و کُردها نیز جمهوری خودمختار خود را

[۷] برای شرح مختصری پیرامون این موضوع به Jwaideh, 2006 مراجعه کنید.
[8] Society for the Revival of Kurdistan (Komeley J.K.)

به رهبری *حزب دموکرات کُردستان*[۹] (ح.د.ک) تأسیس کردند. ح.د.ک در آگوست ۱۹۴۵ از بطن همان سازمان ناسیونالیستی منحل‌شده‌ی *کومله ژ.ک* شکل گرفته بود. گرچه عمر جمهوری کُردستان کوتاه بود اما ناسیونالیست‌ها این تجربه را نقطه‌ی عطف بسیار مهمی می‌دانند، زیرا نخستین تجربه‌ی کُردها در تشکیل یک کوچک‌دولت خودمختار مدرن، عملاً مستقل از حکومت ایران بود و بنیان‌گذار آن نه رهبری قبیله‌ای یا فئودال، بلکه حزبی سیاسی بود که توسط اقشار متوسط شهری تأسیس شده بود.[۱۰]

در اوایل دهه‌ی ۱۹۸۰ کُردستان به واسطه‌ی مداخلات دولت، جنبش‌های ناسیونالیستی، و تحولات داخلی جامعه‌ی کُردی، آشکارا دگرگون شد. اصلاحات ارضی ایران و عراق در اواخر دهه‌ی ۱۹۵۰ و اوایل دهه‌ی ۱۹۶۰ منجر به مهاجرتی چشمگیر به شهرها شد. گسترش آموزش در شهرها و برخی مناطق روستایی، فرصت بیشتری در اختیار زنان قرار داد تا خارج از محدوده‌ی خانه‌هایشان فعالیت کنند. درحالی‌که دور جدیدی از مقاومت مسلحانه در کُردستان عراق پس از سرکوب خشونت‌بار جنبش خودگردانی سال‌های ۷۵-۱۹۶۱ آغاز شده بود، در ایران (متعاقب انقلاب ضد سلطنتی ۷۹-۱۹۷۸) و ترکیه (در سال ۱۹۸۴ و در نتیجه‌ی کودتای نظامی ۱۹۸۰) نیز درگیری‌های مشابهی رخ داد. در دهه‌ی ۱۹۸۰ نقشه‌ی سیاسی ناسیونالیسم کُردی دچار تغییرات چشمگیری شد. بروز انشعاب در احزاب دموکراتیک کُرد ایران و عراق در دهه‌ی ۱۹۶۰، گرایش به تفکیک ساختار سیاسی و ایدئولوژیک را آشکار کرده بود. این بخش‌بندی در امتداد صف‌بندی‌های «چپ» و «راست» و تا حدی صف‌بندی‌های روستایی و شهری بود. در این زمان هر دو جناح بر مسئله‌ی خودگردانی تأکید داشتند و حقوق زنان و اصلاحات ارضی را به آینده، یعنی پس از تحقق خودگردانی موکول می‌کردند.[۱۱]

اختلافات جنبش ناسیونالیستی در دهه‌ی ۱۹۸۰ نیز ادامه یافت. *جمعیت انقلابی زحمتکشان کُردستان ایران*[۱۲]، موسوم به *کومله* که مخفیانه در اوائل یا نیمه اول دهه‌ی ۱۹۷۰ تشکیل شده بود، پس از سقوط سلطنت در ۱۹۷۹ به صورت علنی به فعالیت پرداخت. گرچه *کومله* اصلاحات ارضی رادیکالی را در دستور کار خود داشت، اما تا ۱۹۸۳ که با گروه چپ دیگری به نام 'اتحاد مبارزان کمونیست' ادغام شد، اقدامی برای مشارکت زنان در مبارزات عملی نکرد. *کومله* که از آن تاریخ به بعد با عنوان *سازمان کُردستان حزب کمونیست ایران*[۱۳] شناخته می‌شود، درهای خود را به روی زنان گشود و زنان شهری و روستایی را فعالانه به مشارکت در امور سیاسی و نظامی ترغیب کرد. گرچه

---

[9] Kurdish Democratic Party (KDP)

[۱۰] برای اطلاعات بیشتراز جمهوری مهاباد به فصل سوم این کتاب مراجعه کنید.

[۱۱] برای بحث بیشتر در این مورد به این منبع بنگرید:

Cabi, M. (2022). *The Formation of Modern Kurdish Society in Iran: Modernity, Modernization and Social Change 1921-1979*. London: I.B. Tauris.

[12] The Revolutionary Society of the Toilers of Iranian Kurdistan

[13] Kurdistan Organization of the Communist Party of Iran

کمتر زنی به رده‌های بالای رهبری سازمان نرسیده است، اما بسیاری از زنان در فعالیت‌های عرفاً مردانه‌ای همچون آموزش نظامی، مبارزه، آموزش سیاسی، برنامه‌های مخفیانه، و روزنامه‌نگاری حزبی شرکت می‌کنند؛ در همان حال مردان ملزم به انجام کارهای روزمره‌ی عرفاً زنانه‌ای همچون آشپزی، نظافت، و مراقبت از کودکان شده بودند.

تحول دیگری که رخ داد ظهور جنبش مقاومت مسلحانه در ترکیه بود که از ۱۹۸۴ توسط حزب *کارگران کُردستان* (Partiya Karkerên Kurdistanê) که بر اساس سرواژه‌ی نام کُردی آن به عنوان پ.ک.ک[14] شناخته می‌شود، رهبری می‌شد. این سازمان یک جنبش چریکی روستایی را علیه ترکیه که دومین ارتش قدرتمند ناتو را در اختیار دارد، سازمان‌دهی کرد. پ.ک.ک نیز زنان را در عملیات نظامی به کار گرفت؛ اما برخلاف *کومله*، اردوگاه‌های چریکی را بر اساس خطوط جنسیتی تفکیک کرد. مبارزه در راه کُردستان مستقل یا خودگردان، آزادی زنان را آشکارا تحت شعاع قرار داده است.[15] با این حال، وعده‌ی ناسیونالیستی احترام به حقوق زنان و اصلاحات ارضی، زمانی به طور جدی مورد آزمون قرار گرفت که ناسیونالیسم پس از جنگ خلیج فارس در ۱۹۹۱ در کُردستان عراق به قدرت دولتی دست یافت.[۱۶]

طرح واره‌ای تاریخی از زنان کُرد

زنان در تشکیلات قبیله‌ای و فئودالی

ما به خاطر کمبود شواهد و تقریباً فقدان پژوهش پیرامون تاریخِ روابطِ جنسیتی نمی‌توانیم تصویری از زندگی زنان کُرد پیش از قرن نوزدهم ارائه دهیم. *شرف‌نامه* یعنی همان نخستین تاریخِ مکتوبِ کُردها که به وقایع‌نگاری سلسله‌ها، کوچک‌دولت‌ها و امارت‌های کُرد پرداخته، کمابیش در مورد زنان و طبقات غیرامارتی ساکت است اما به زنان طبقه‌ی حاکم زمین‌دار و طرد آن‌ها از زندگی عمومی و اعمال قدرت دولتی اشاره می‌کند. بر اساس این منبع، کُردها با پیروی از سنت‌های اسلامی، چهار زن و در صورت استطاعت، چهار کنیز یا برده‌ی دختر اختیار می‌کردند. (jāriya; 1964, p. 33) با این

---

[14] Kurdistan Workers' Party (PKK)

[15] برای مطالعات بیشتر در این زمینه این منابع را ببینید:

Çaglayan, H. (2019). *Women in the Kurdish Movement: Mothers, Comrades, Goddesses*. Palgrave Macmillan.

Dirik, D. (2023). *The Kurdish Women's Movement: History, Theory, Practice*. Pluto.

[۱۶] برای اطلاعات بیشتر به فصل چهارم این کتاب مراجعه کنید.

حال، این رژیم چندزنی توسط اقلیتی اعمال می‌شد که عمدتاً برخی از اعضای طبقه‌ی حاکم زمین‌دار، اشراف و تشکیلات مذهبی را شامل می‌شد. دختران و خواهران به عنوان وسیله‌ای برای حل‌وفصل جنگ‌ها و خصومت‌های خونی به عقد ازدواج درمی‌آمدند یا مبادله می‌شدند. هنگامی که یک طرف شکست می‌خورد، طرف پیروز می‌توانست زنان دشمن را به عنوان غنیمت و شاهدی بر شکست تحقیرآمیز حریف خود تصاحب کند. (p. 184)

شیوه‌ی اعمال قدرت دولتی و نهادهای دولت‌های فئودالی مردسالارانه بود. گرچه حکمرانی بر مبنای نسب مذکر به ارث می‌رسید، اما بیدلیسی از سه زن یاد می‌کند که پس از مرگ شوهران خود، زمام قدرت را به دست گرفتند تا در بزرگسالیِ پسرانشان آن را منتقل کنند. (pp. 176, 226, and 497) او درحالی‌که از کل زنان با واژه‌های تحقیرآمیزی مانند «ضعیف» (p. 508) یاد می‌کند، توانایی این زنان در حکومت مردانه را می‌ستاید و یکی از آن‌ها را «شیرزن» می‌خواند. (p. 228) با این وجود، زنان حتی در مقام حاکمان موقت نیز باید مانند مردان و در راستای منافع جنسیت مذکر عمل می‌کردند.

در اواسط قرن هفدهم، جهانگرد ترکی به نام اولیا چلبی، بر آن‌چه که در *شرف‌نامه* به تصویر کشیده شده بود، مهر تأیید می‌زند. او که با دربار عثمانی در ارتباط بود، به عنوان مهمان حاکمان کُرد در تعدادی از شهرهای کُردنشین اقامت داشت. این مهمان ارجمند دربار امارت بیدلیس در پایتخت بیدلیس، که سه بار در سال‌های ۱۶۵۵ و ۱۶۵۶ از آن‌جا بازدید کرد، دریافته بود که اعضای زن خانواده‌ی امیر در کنار کنیزان یا بردگان دختر به حرمسرا محدود بودند. او به صورتی اغراق‌آمیز خاطرنشان می‌کند که زنان اجازه‌ی ورود به بازار را ندارند و در صورت انجام این کار کشته خواهند شد. گرچه چلبی به دنبال اطلاعاتی در مورد زنان، پوشش و نام آن‌ها بود، اما تنها می‌توانست از طریق «دوستان نزدیک» اطلاعات کسب کند. (Çelebi, 1990, p. 77) او می‌نویسد: «من پیرامون زنان اطلاعی ندارم، زیرا آن‌ها را در بازار ندیده‌ام. اما [مردان] خودشان آن‌ها را به عنوان خوب‌رویانی پاکدامن و محجبه ستایش می‌کنند. آن‌ها قطعاً پوشیده هستند.» (Çelebi, 1990, p. 75) با این حال، چلبی در سفرهای خود به سایر مناطق کُردستان به این موضوع اشاره می‌کند که زنان هر از گاهی در امارت‌ها قدرت را به دست می‌گرفتند، تا جایی که دولت عثمانی به قدرت رسیدن یک زن به عنوان جانشین یک حاکم مرد را در کُردستان پذیرفت. (روایت سفرنامه‌ی چلبی در van Bruinessen, 2001, pp. 98-99 آمده است.)

جهانگردانی که با دربار ارتباطی نداشتند، تصویر متفاوتی از روابط جنسیتی را به تصویر می‌کشند. پیترو دلا واله (۱۶۵۲-۱۵۸۶)، گردشگر ایتالیایی که در ۱۶۱۷ از کُردستان عبور کرده بود، گزارش می‌دهد که «زنان آزادانه و بی‌حجاب می‌گردند و به طور طبیعی با مردان بومی و خارجی صحبت می‌کنند.» (Della Valle, 1667, cited in Galletti, 2001, p. 210) او و همسرش به گرمی مورد استقبال زنی قرار گرفتند که در غیاب شوهرش بر منطقه‌ای حکومت می‌کرد. سایر کسانی که به

کُردستان سفر کردند نیز تجربیات مشابهی از روابط جنسیتی داشتند. یک قرن پس از دلا واله، گردشگر ایتالیایی دیگری به نام دومنیکو سستینی (۱۷۵۰-۱۸۳۲) در ۱۷۸۶ نوشت که زنان کُرد «زیبا، قدبلند، قوی و تلاشگر هستند. آن‌ها در قامت قهرمان بی‌حجاب حضور پیدا می‌کنند... و با وجود جنسشان، کمتر از مردان درنده‌خو نیستند.» (Sestini, 1786, as cited in Galletti, 2001, p. 211)

در اواسط قرن نوزدهم، ادبیات سفرنامه‌نویسی اروپایی، افسانه‌ی آزادی نسبی زنان کُرد را شکل داد. این ادعا که زنان کُرد از آزادی بیشتری نسبت به خواهران عرب، فارس و ترک خود برخوردار هستند. این ادعا بر اساس مشاهداتی مانند عدم وجود حجاب در روستاها، آزادی زنان در معاشرت با مردان، سنت پذیرایی از مهمانان مرد و رقص‌های مختلط و تاریخچه‌ای از حاکمان زن شکل گرفت. ناسیونالیست‌های کُرد که در آغاز قرن بیستم ظهور کردند، هنگام طرح «مسئله‌ی زن» در چارچوب جنبش‌های سافرجیست‌ها در کشورهای شمال اروپا و آغاز سیاست حقوق زنان و ظهور روزنامه‌نگاری زنان در امپراتوری عثمانی، به همین افسانه استناد می‌کردند. (Klein, 2001) ادبیات سفر و پژوهش اروپایی موقعیت فرودست زنان کُرد را نیز ثبت کرده، اما افسانه‌ی آزادی نسبی غالب است. درحالی‌که رژیم شرق‌گرایانه‌ی دانش و ادبیات ناسیونالیستی کُردی که در ادامه شکل گرفت نتوانست محدودیت‌های مردسالارانه‌ی گسترده‌ای که به زنان کُرد تحمیل شده بود را نشان دهد، یک آخوند فاضل کُرد در اواسط قرن نوزدهم به پیوستگی و گسستگی تعارضات مردسالاری کُردی زمان خود اشاره کرده است.

ملا محمود بایزیدی با نوشتن نخستین تأملات بومی در مورد وضعیت زنان کُرد در اثر *عادات و آداب و رسوم کُردها* (۱۹۶۳ که در اصل در سال‌های ۱۸۵۹-۱۸۵۸ نوشته شده بود)، تصویر یکدستی از وضعیت زنان کُرد را به عنوان حاکم یا رعیت، ارائه نمی‌دهد. او شمای روشنی از آزادی و عدم آزادی زنان در بستر جامعه‌ی روستایی کُردی ترسیم می‌کند و به جای جستجوی یک «زن کُرد» اصلی و غیرتاریخی، به تمایزات شدید بین زنان ساکن در تشکیلات قبیله‌ای-کوچ‌نشینی و در اجتماعات یکجانشین کشاورزی اشاره دارد. واقعیت این بود که تقسیم جنسیتی کار در این دو تشکیلات اجتماعی با هم تفاوت داشت. زنان کوچ‌نشین تمام کارهای مربوط به شیوه‌ی تولید قبیله یعنی دامپروری را به عهده داشتند. تمام کارهای خانه را نیز زنان انجام می‌دادند. زمانی که قبیله مورد حمله قرار می‌گرفت، زنان دوشادوش مردان در جنگ شرکت می‌کردند. او در مقایسه‌ی زنان کُرد کوچ نشین و یکجانشین می‌نویسد: «زنان کوچ‌نشین کُرد واقعاً بی‌نظیر (nadiret-ol-zeman) هستند زیرا در عین حال زن، برده (xulam) و نگهبان (pawan) و در زمان جنگ در صورت لزوم دوست (yar) و همراه (yoldaş) [مردان] در خارج از خانه هستند.» (1963, pp. 98-99) در مقابل، زنان یکجانشین روستایی بسیار کمتر در شیوه‌ی تولید مسلط، یعنی کشاورزی، شرکت داشتند و به اندازه‌ی زنان کوچ‌نشین شجاع نبودند. در این‌جا مردان تمام کارهای تولیدی در خانه به جز نگهداری فرزندان،

پختن نان، پخت‌وپز و شستشو را به عهده داشتند. این اختلافات به قدری تعیین‌کننده بود که بین اجتماعات کوچ‌نشین و یکجانشین وصلتی صورت نمی‌گرفت، زیرا کوچ‌نشین‌ها معتقد بودند که زنان و کودکان یکجانشین افراد ضعیفی هستند که برای زندگی دشوار کوچ‌نشینی مناسب نیستند.

بایزیدی معتقد است که اکثر ازدواج‌ها، در هر دو اجتماع، مبتنی بر تک‌همسری بوده و دختران و زنان در انتخاب همسر آزاد نبودند؛ پدران و برادران ازدواج را تنظیم می‌کردند و زنان نمی‌توانستند سرپیچی کنند. (p. 180) زنان حجاب نداشتند (pp. 75, 115) و همراه با مردان در آواز خواندن و رقصیدن و سایر سرگرمی‌ها شرکت می‌کردند. در پایان روز، مردان جوان در مقابل خانه‌ها یا چادرها برای نیزه‌بازی جمع می‌شدند، زنان جوان به چرخاندن فرموک[۱۷] مشغول می‌شدند و سالمندان آن‌ها را تماشا می‌کردند. سپس بعد از صرف شام جمع می‌شدند و تا صبح مشغول رقصیدن و آواز خواندن بودند. (p. 83) در زمستان‌ها نیز «جوانان، پسران، دختران و عروس‌ها، هر شب در خانه‌ای دور هم جمع می‌شوند تا مهمانی شبانه داشته باشند. اگر ساز داشته باشند می‌نوازند و اگر نداشته باشند، پسران و عروس و دختران خواننده جمع می‌شوند و تا بامداد به آوازخوانی و پایکوبی می‌پردازند. سپس همه پراکنده می‌شوند و به خانه‌شان می‌روند. در روستاهای کُردنشین هر دو سه شب یک مهمانی شبانه برپا می‌شود.» (1963, p. 105-106; p. 160)

بایزیدی با مقایسه‌ی زنان کُرد با زنان اروپایی بر آزادی آن‌ها تأکید و ادعا می‌کند که آن‌ها در معاشرت با مردان به یک اندازه آزاد هستند. (1858-59, p. 190) با این حال، مرزهای این آزادی به وضوح مشخص است: زنان از مالکیت و کنترل بر بدن و میل جنسی خویش محروم بودند. این حوزه‌ها مختص اعمال قدرت توسط مردان بود. آزادی مشهود معاشرت با مردان به شدت توسط اصول مرتبط با شایستگی و موقعیت زنان به عنوان دارایی شوهر، پدر و برادر محدود شده بود. زنان در صورت تخطی از این قواعد به ویژه درگیر شدن در روابط جنسی خارج از ازدواج یا پیش از ازدواج، به دست خانواده‌ی خودشان که از مجازات مصون بودند، کشته می‌شدند. بایزیدی در حالی بر جدی بودن این قاعده تأکید می‌کند که پیش‌تر اشاره کرده است کُردها به شدت با گرفتن جان کسی مخالف بودند، تا جایی که مردانی را که در جریان منازعات خشونت‌آمیز مانند جنگ و دزدی اسیر شده بودند، نمی‌کشتند:

> اما مسلماً آن‌ها مردانی را که مرتکب کردار بد (şûla xirab) می‌شوند، می‌کشند. آن‌ها حتی زنان، دختران، مادران و خواهران خود را می‌کشند. و برای [مجازات] این‌گونه کردار بد، زنان نیز مرتکب قتل می‌شوند. مثلاً مادران دختران خود را در شب خفه می‌کنند یا آن‌ها را مسموم می‌کنند و می‌کشند و مادرشوهرها با

---

[۱۷] چوبی که پنبه یا پشم را دور آن می‌پیچند و توسط دوک از آن ریسمان می‌گیرند.

> عروس‌های خود و خواهرها با خواهران خود همین کار را می‌کنند. هیچ ریش سفیدی (rîspî) و هیچ بزرگی (agha) نمی‌پرسد که چرا این [زن] را کشته‌ای؟ (1963, pp. 191-90)

بایزیدی در سراسر متن از ترکیب «کردار بد» برای اشاره به رابطه‌ی جنسی پیش یا خارج از ازدواج زن و مرد استفاده می‌کند. در ادامه می‌گوید...

> ...زنان و دختران کُرد از هیچ‌کس پنهان نمی‌شوند و مانند مردم اروپا آزاد هستند. [اما آزادند] زیرا اعتقاد بر این است که مرتکب کردار بد نمی‌شوند وگرنه اگر یکی از آن‌ها عمل بدی انجام دهد، چاره‌ای جز کشتن او نیست. (1963, p. 190)

با وجود چنین انضباط خشونت‌آمیزی، این رژیم مردسالار توسط زنان و مردان به چالش کشیده شده است. زنان و مردان در مواجهه با ازدواج‌های تنظیم‌شده‌ی[۱۸] ناخواسته، مقاومت خود را از طریق فرار با معشوق (kiç rifandin, redûkewtin) نشان می‌دادند. به گفته‌ی بایزیدی، فرار با معشوق در صورت رضایت زن، مایه‌ی رسوایی (eyb) محسوب نمی‌شود. با این حال، اگر زن و مرد پیدا و دستگیر شوند، توسط خانواده‌ی زن کشته می‌شوند. گرچه خطر کشته شدن در این شکل فرار زیاد است، اما هنگامی که زوج فراری معمولاً رئیس یا شخصیتی مذهبی را به عنوان میانجی قرار بدهند، خانواده زن به مصالحه تن می‌دهند. (pp.180-81) بایزیدی قوانین سختگیرانه‌ی مربوط به عفت زنان و مجازات خشونت‌آمیز انحراف از دستورات آن را با جزئیات به تصویر می‌کشد:

> حسادت (komreşî) و بی‌اعتمادی (bedgumanî) در میان کُردها متداول نیست. برای مثال، زنان جوان آن‌ها بدون [برانگیختن] هیچ سوءظنی با مردان غریبه صحبت می‌کنند، می‌خندند و معاشرت (rûnîn û rabûn) می‌کنند. ولی وقتی آن‌ها [مردان] خطایی (xirabî) [از زنان] می‌بینند و از آن مطمئن می‌شوند، بدون تأخیر زن و مرد را می‌کشند و خون آن‌ها هدر می‌رود وهیچکس ادعایی در مورد آن‌ها نخواهد کرد. (1963, p. 179)

---

[۱۸] arranged marriage: ازدواج از پیش تعیین شده شکلی از پیوند ازدواج که در آن زوجین، از پیش و توسط افراد دیگری غیر از خود، به ویژه اعضای خانواده مانند پدر و مادر برای وصلت با یکدیگر انتخاب می شوند. در برخی فرهنگ‌ها این کار توسط فرد معتمدی صورت می‌گیرد که به طور حرفه‌ای به همسریابی برای افراد جوان می‌پردازد.

او خاطرنشان می‌کند که احترام زیادی نسبت به زنان کُرد وجود دارد. با این حال...

> هنگامی که آن‌ها [زنان] کردار بدی انجام دهند، کسی شفاعت نمی‌کند و کشته می‌شوند، زیرا اگر این کار انجام نشود، زنان کُرد از مردم [مردان] دوری نمی‌کنند و در آن صورت گرفتار کارهای ناپسند می‌شوند، اما از کشته شدن می‌ترسند. (pp. 175-74; p. 113)

بایزیدی تأکید می‌کند که کشتن، در زنان ایجاد ترس می‌کند و به خاطر همین است که عفت خود را حفظ می‌کنند. (p. 174; p. 113) مجازات زنای محصنه[۱۹] نیز قتل است که در این صورت کسی پادرمیانی (rica û şifa’et) نمی‌کند. او می‌گوید که در «اعمال شنیع» غیرجنسی (qebahet)، خانواده‌ها دیه می‌گیرند و برای نجات قاتل یا دزد نیز واسطه می‌شوند، اما در موارد زنای محصنه، خانواده زن بی‌درنگ هر دو زناکار را می‌کشند؛ حتی اگر مستقیماً شاهد آن نبوده باشند.

> آن‌ها بی‌درنگ زن را با چاقو می‌زنند و دفن می‌کنند. هیچ‌یک از همسایه‌ها و خویشان و هیچ‌کس دیگری از قاتل نمی‌پرسد که چرا این کار را کردی و عزاداری و تسلیتی در کار نیست. در ادامه، خانواده زن همیشه در صدد آن هستند که فرصتی پیدا کنند تا مردی که در این عمل بد نقش داشته را هم بکشند. (1963, (pp. 113-121

افزون بر این، اگر داماد و خانواده‌ی عروس ادعا کنند که او باکره نیست، احتمال کشتن وجود دارد. مهمانان عروسی تا زمانِ مطمئن شدن از باکرگی عروس درشب زفاف، در خانه‌ی داماد می‌مانند.

> اگر داماد در شب [عروسی] نتواند رابطه‌ی جنسی برقرار کند بسیار شرم‌آور است، زیرا ممکن است مردم شک کنند که عروس باکره نیست... خدایی ناکرده اگر معلوم شد که عروس باکره نیست، رسوایی بزرگی به بار خواهد آمد. عروس را به خانه پدرش می‌فرستند و عروس‌بها[۲۰] (qelen) را پس می‌گیرند و صاحبان

---

[۱۹] به شکلی از رابطه‌ی جنسی گفته می‌شود که یک یا هر دو طرف آن، متأهل باشند؛ البته صفت «محصنه» به معنای زن شوهردار است. یعنی در اکثر موارد به رابطه با زن متأهل اشاره دارد.

[۲۰] پول یا کالایی که داماد یا خویشاوندان او برای تأیید ازدواج به اقوام عروس می‌دهند. این بها می‌تواند یک‌جا یا در قالب اقساط در مدت معین صورت پرداخت شود. در این رسم، طلاق با برگرداندن بهای پرداختی از طرف خانواده‌ی عروس رسمیت می‌یابد.

> [یعنی خانواده‌ی زن] عروس را می‌کشند... اما اگر اتفاق بیفتد که عروس دختر نباشد و متوجه وضعیت خود شود، در خلال زمانی که مقدمات عروسی فراهم می‌شود، زهر می‌خورد و قبل از عروسی می‌میرد و تا آن روز زنده نمی‌ماند. ,1963) pp. 80-79)

در این‌جا بایزیدی شرایطی را توصیف می‌کند که در آن زنان را با کشتن تنبیه می‌کنند. او از سه وضعیتی یاد می‌کند که بی‌چون‌وچرا به قتل منجر می‌شود: رابطه‌ی جنسی پیش از ازدواج (از دست دادن باکرگی)، رابطه‌ی جنسی خارج از ازدواج (زنای محصنه) و فرار با معشوق. رشته‌ی مشترکی که این اشکال خشونت را به هم پیوند می‌دهد، کنترل تقریباً کامل نظام مردسالارانه‌ی فئودالی بر سکسوالیته و بدن زن است. زن متأهل یا مجرد باید پاکدامن، وفادار، مطیع و تابع باشد. در محیط روستایی فئودالی و قبیله‌ای مورد وصف بایزیدی، زنان محجبه، گوشه‌نشین و منزوی نبودند. با این حال، زن حامل یا مظهر آبروی شوهر خود و از طریق او، ناموس خانواده و کل جامعه است. در غیاب شوهر، سایر اعضای مذکر خانواده، در اصل پدر، برادران و عموها به عنوان نگهبانان این شرافت عمل می‌کنند. بایزیدی بر مشارکت مادران در کشتن دخترانشان تأکید می‌کند. موازین ناموس به روشنی در بطن فرهنگ، سنت، عرف، مذهب و نظام اقتصادی نقش بسته بود.

بایزیدی با وجود موقعیت فرودست زنان معتقد بود که آن‌ها از نظر اخلاقی و روانی بهتر از مردان هستند:

> زنان کُرد بسیار عاقل‌تر (be'eql)، چیره‌دست‌تر ([be] kemal])، تیزهوش‌تر ([be] idrak]) و انسان‌دوست‌تر ([be] mirovayî]) از مردان هستند. آن‌ها با اهالی سرزمین‌های دیگر (xerîb) و غریبه‌ها (biyaniyan) بسیار خونگرم (dilovan) و مهربانند. آن‌ها بسیار قانع (ehlê qena'et) و مطیع هستند. در خانه صاحب اختیارند (sahib ixtîyar) و در غیاب مردان به داد و ستد می‌پردازند. (1963, pp. 139-8)

بنابراین، زن کُرد تجسم شبکه‌ای از تضادها بود که خاستگاه آن نه در سرشت او و نه-برخلاف برساخت نژادپرستانه- در قومیتش بود؛ بلکه برخاسته از تاریخ سازمان اجتماعی بود که در آن زندگی می‌کرد. آن‌ها به روایت بایزیدی سخت‌جان و فرمانبردار، قوی و ضعیف، آزاد و مطیع، مقاوم و سرسپرده، و مهربان و بی‌گذشت بودند. زنان در اقتصادهای کاربر کشاورزی و شبان‌گردی روستایی

کُردستان، یکی از منابع اصلی اقتصادی محسوب می‌شدند و نه تنها برای بازتولید نسب مردانه مورد نیاز بودند، بلکه نیروی کارشان در کارهای خانگی و همچنین تولیدات کشاورزی نیز حیاتی بود. همین موارد توضیح می‌دهد که چرا بایزیدی زنان کوچ‌نشین را از همه بهتر می‌دانست، زیرا آن‌ها همسرانی خوب، مطیع و درعین‌حال کارگرانی از نوع برده، نگهبانان خانه و مبارزان جنگی بودند. با این حال، نظام مردسالاری تمایز آشکاری بین زنان و تمام اشکال دیگر مالکیت قائل شد. زن ناموس (namûs) یا «شرف» کل خانواده، به ویژه اعضای مذکر آن بود. از دست دادن مال بر اثر دزدی، بلایای طبیعی و عوامل دیگر قابل‌تحمل بود، اما کسی از دست دادن شرف را تاب نمی‌آورد. فئودال‌های کُرد از «حق ارباب»[۲۱]، به معنای حق خوابیدن شب اول با عروس یک دهقان، که حق رایجی در اروپای قرون وسطی بود، استفاده می‌کردند.

تا اواخر قرن بیستم اکثریت زنان در مناطق روستایی زندگی می‌کردند. زنان شهری، برخلاف زنان روستایی، به ویژه در خانواده‌های مرفه، عمدتاً محدود به قلمرو خانگی بودند. تا اواخر قرن بیستم اکثریت زنان بی‌سواد بودند و باسوادی به روحانیون مرد، کاتبان و برخی از اعضای طبقات فئودال و بازرگان محدود بود. با این حال، برخی از زنان در این محیط‌های اجتماعی از طریق تدریس خصوصی باسواد شدند. به این ترتیب، نام چند زن در فهرست شاعرانی که قبل از جنگ جهانی اول زندگی می‌کردند، دیده می‌شود. تنها روشنفکر زن معروف، ماه‌شرف خانم بود که با نام مستوره کُردستانی (۱۸۰۵-۱۸۴۷) شناخته می‌شد و از اعضای دربار امارت اردلان (بخشی از ایران) بود. او که شاعر و نویسنده‌ی اثر مختصری پیرامون دکترین اسلامی بود، به عنوان نخستین زن تاریخ‌نگار خاورمیانه شناخته می‌شود. بخش قابل‌توجهی از اشعار مستوره کُردستانی در سوگ مرگ نابهنگام همسرش، حاکم جوان امارت سروده شده است (Māh Sharaf Khānum, 1998) و در آثارش، هیچ مدرکی مبنی بر آگاهی در مورد نابرابری جنسیتی یا حقوق زنان وجود ندارد. (Mojab, 2001)

سنت شفاهی کُردی که از اواخر قرن نوزدهم جمع‌آوری شده، رژیم پیچیده‌ای از روابط جنسیتی را به تصویر می‌کشد. در ادبیات شفاهی دو مورد یافت می‌شود: هم رژیم مردسالارانه‌ای که در منابع مکتوب از آن یاد شده و هم نظم شبه‌مادرسالارانه‌ی قبیله‌ای که در چریکه‌ی[۲۲] «لاس و خزال» (Beytî Las û Xezal) که در ۳-۱۹۰۱ نگاشته شده، آمده است. (Mann, 1906) در این اثر، دو زن که هر کدام حاکم قبیله‌ای هستند، آشکارا بر سر عشق «لاس» رقابت می‌کنند؛ مردی که یکی از زنان را انتخاب می‌کند و آزادانه با دیگری معاشرت می‌کند. خزال از اقتدار کامل خود بر معشوقش استفاده می‌کند و به او اجازه می‌دهد تا با رقیبش، زانزاد که رئیس قبیله‌ی لاس است، دیدار کند اما او را از معاشقه منع می‌کند. لاس مطیع است و مطابق میل خزال عمل می‌کند. هیمن مکریانی، شاعر

[21] Droit du seigneur

[۲۲] ballad: تصنیف یا چکامه‌ای است که داستان عاشقانه‌ای را به زبان ساده و اکثراً با ترجیع‌بند روایت می‌کند.

سرشناس کُرد، خاطرنشان می‌کند که این چریکه احتمالاً در شرایط مادر تباری سروده شده است. در واقع، در منطقه‌ای که بستر این داستان است و این چریکه در آن جمع‌آوری شده است، ردپای مادر تباری در نام خانوادگی مردان دیده می‌شود که امتداد نام مادر آن‌ها است.

درحالی‌که چریکه‌ی لاس و خزال ظاهراً تنها نمونه‌ای است که روابط مادرسالارانه را به تصویر می‌کشد، سایر چریکه‌ها راوی مواجهه‌ی زنان دهقان با خشونت فئودال‌های مرد هستند. برای مثال می‌توان به چریکه‌ی «کاکه میر و کاکه شیخ» (Beytî Kake Mîr û Kake Şêx) اشاره کرد.[۲۳] در داستان‌های دیگر، زنان در برابر فروخته شدن به عنوان دارایی یا مبادله در ازدواج به نفع اعضای مرد خانواده مقاومت می‌کنند. این مقاومت در قالب فرار با معشوق عملی می‌شود؛ یعنی اقدامی که به از دست دادن جانشان می‌انجامد و نمونه‌ی آن را می‌توان در چریکه‌ی «خج و سیامند» (Beytî Xec û Syamend) دید؛ و یا مانند چریکه‌ی «شورمحمود و مرزینگان» (Beytî Şoř Mehmûd û Merzîngan) در ترک خانواده و قبیله‌ی خود در جستجوی معشوق بروز می‌یابد. قابل‌توجه است که همه‌ی این داستان‌ها، پی‌رنگ‌ها[۲۴]، شخصیت‌ها و زمینه‌های آن‌ها کُردی است و گرچه ممکن است به سادگی با آن دسته از بن‌مایه‌های بین‌المللی که توسط فولکلورنویسان به تصویر کشیده می‌شود در تناسب باشد، اما بیانگر ارزش‌های پیچیده‌ی جامعه‌ی کُردی در حوزه‌ی روابط جنسیتی است.

ضرب‌المثل‌های کُردی نیز موضعی متعارض و البته مردسالارانه نسبت به زنان دارند و از آن‌ها تحت عناوین گسترده‌ای از «سر چشمه حیات » گرفته تا «منبع درد» یاد می‌کنند. (Rohat, 1994) اغلب از ضرب‌المثلی‌هایی مانند «شیر شیر است، چه نر یا ماده» به عنوان شاهدی بر سنت برخورد برابر با زنان یاد شده است. با این حال ضرب‌المثل‌های متعددی وجود دارد که زنان را در موقعیت فرودست قرار می‌دهد. مطالعه‌ی زبان کُردی از منظر فمینیستی به تازگی آغاز شده است. گرچه این زبان نیز مانند سایر زبان‌هایی که تاکنون مورد مطالعه قرار گرفته‌اند، از نظر واژگانی و معنایی مردمحور، جنس‌گرا و زن‌ستیز است، اما همزمان به عنوان یکی از ساحت‌های مبارزه برای برابری جنسیتی ظاهر شده است. (Hassanpour, 2001)

---

[۲۳] متن هر دو چریکه در Mann, 1906 آمده است

[24] plot

جمع‌بندی: آغاز پروژه‌ی ادغام و همگون‌سازی

مشروطه‌سازی رژیم‌های سلطنتی در ترکیه عثمانی (۱۸۷۶ تا ۱۹۰۹-۱۹۰۸) و ایران (۱۹۰۶) رعایا (ra'āyā) را بی‌درنگ به شهروند تبدیل نکرد. اسناد قانونی ایران و عثمانی با الهام از قانون اساسی اروپا، شهروندی کامل زنان را رد می‌کرد. این دولت-ملت نوظهور، مانند همتایان غربی خود، موجودیتی مردانه بود که زنان را از حق مشارکت در اعمال قدرت دولتی محروم می‌کرد. از زنان انتظار می‌رفت که در درجه‌ی اول با تولید و پرورش پسران و دختران خوب به ملت‌سازی کمک کنند. پس قدرت دولتی در ترکیه نه تنها مردانه باقی ماند، بلکه بر اساس هویت ملیتی ترک نیز ملیت‌سازی شد و دولت ایران نیز به عنوان رژیم واحد مردسالارانه‌ای با محوریت ملیت فارس ظهور کرد. جمعیت کم‌شمار کُردهای روسیه نیز تا ۱۹۲۱ تحت حاکمیت شوروی قرار گرفت.

در این میان، زن کُرد تا حد زیادی در تضاد با همتایان عرب، فارس و ترک خود شکل گرفت و در امتداد خطوط دولت-ملت‌های نوظهور قرن گذشته چندپاره شد و «زنانگی کُردی» با تشکیل دیاسپوراهای جدید، بیش از پیش در قالب موجودیتی فراملی که کماکان عمدتاً ناسیونالیستی بود، از هم گسیخته شد. یکی از روندهای زندگی زنان کُرد، شکست پروژه‌های نوسازی دولت-ملت‌ها برای تبدیل آن‌ها به «زن ایرانی»، «زن ترک جدید»، «زن عراقی جدید» یا «زن مسلمان» است. هشت دهه همگون‌سازی اجباری، هر چند با کیفیت های سیاسی متفاوت، در واقع به شکل‌گیریِ موجودیتِ سیاسی «زن کُرد» کمک کرده و گرچه تعریف واحدی از زنانگی کُردی وجود ندارد، اما «زن کُرد» ایده‌آل عمدتاً ناسیونالیست، سکولار و مدرن است با این حال، زندگی تحت حاکمیت پنج دولت-ملت ترکیه، ایران، عراق، سوریه و شوروی که هرکدام سیاست‌گذاری‌های متفاوتی را در ادغام و همگون‌سازی زنان در پروژه‌های ملت‌سازی خود دنبال کردند، باعث شده تا زندگی زنان کُرد آشکال مختلفی به خود بگیرد.

منابع

Bayazidi, M. (1963). *Adat u rasumatname-ye Akradiye* [Customs and manners of the Kurds] (M. B. Rudenko, Ed. & Trans.). Nravy i Obycaj Kurdov.

Bidlisi, S. (1964). Sharaf nāmi: Tārikh-e mufassal-e Kordestān [Book of {Amir} Sharaf {Khan Bidlisi}: History of Kurdistan]. In M. Abbasi (Ed.), *Sharaf Name* (pp. 196-201). Moassesse-ye Matbu'at-e Elmi.

Dankoff, D. (Ed. & Trans.) (1990). *Evliya Çelebi, in Bıtlıs: The relevant section of the Seyahatname. Edited with translation, commentary and introduction*. E.J. Brill.

Kreiser, K. (Ed.) (1988). *Evliya Çelebi's book of travels: Land and people of the Ottoman Empire in the seventeenth Century: A corpus of partial editions*. E. J. Brill.

Chaliand, G., & Rageau, J. P. (1981). *A strategic atlas: Comparative geopolitics of the world's powers* (T. Berrett, Trans.). Harper Collins.

Fernandes, D. (1999). The Kurdish genocide in Turkey, 1924-1998. *Armenian Forum, 1*, 57-107.

Fossum, L. O. (1918). The war-stricken Kurds. *The Kurdistan Missionary, 10*(1), 5-6.

Hassanpour, A. (2000). The politics of a-political linguistics: Linguists and linguicide. In R. Phillipson (Ed.), *Rights to language: Equity, power, and education* (pp. 33-37). Lawrence Erlbaum Associates. https://doi.org/10.4324/9781410605603

Jwaideh, W. (2006). *The Kurdish national movement: Its origins and development*. Syracuse University Press. https://doi.org/10.35632/ajis.v25i1.1496

Klein, J. (2001). En-gendering nationalism: The 'woman question' in Kurdish nationalist discourse of the late Ottoman period. In S. Mojab (Ed.), *Women of a non-state nation: The Kurds* (pp. 25-51). Mazda Publishers.

Levene, M. (1998). Creating a modern "zone of genocide": The impact of nation- and state-formation on Eastern Anatolia, 1878-1923. *Holocaust and Genocide Studies*, *12*(3), 393-433. https://doi.org/10.1093/hgs/12.3.393

Kurdistani, M. S. K. (1995). *Diwan of Mastūr-i-yi Kurdistānī*. Naji. https://books.google.ca/books?id=zK2RoAEACAAJ

Mann, O. (1906). *Die Mundart der Mukri-Kurden* [The dialect of the Mukri Kurds]. G. Reimer.

Bois, T. & Minorsky, V. (1986). Kurds, Kurdistan. In Bosworth, C. E. (Ed.), *The encyclopedia of Islam* (Vol.5, pp. 438-486). Leiden: Brill.

Mojab, S. (2001). Theorizing the politics of 'Islamic fundamentalism'. *Feminist Review, 69*(1), 124-146. https://doi.org/10.1080/01417780110070157

Rohat, A. (1994). *Di folklora Kurdî de serdestiyeke jinan* [The sovereignty of women in Kurdish folklore]. Weşanên Nûdem.

Ussher, C. D. (1917). *An American physician in Turkey: A narrative of adventures in peace and in war*. Houghton Mifflin Company.

van Bruinessen, M. (1992). *Agha, Shaikh and state: The social and political structures of Kurdistan*. Zed Books. https://www.academia.edu/2521173/Agha_Shaikh_and_State_The_Social_and_Political_Structures_of_Kurdistan

Vasil'eva, E. I. (1967). Predislovie. In Sharaf-Khān ibn Shamsaddīn Bidlīsī (Ed.), *Sharaf-Nāme* (Vol. 1, pp. 613-19). Nauka.

فصل دوم

وضعیت زنان کُرد در پنج سرزمین همسایه

از میان چهار دولت-ملتی که در قرن گذشته بر کُردستان حاکم شدند، سه دولت-ملت ترکیه، عراق و سوریه از دل فروپاشی امپراتوری عثمانی در پی جنگ جهانی اول ایجاد شدند. درحالی‌که ترکیه‌ی جمهوری‌خواه وارث بخشی از سرزمین عثمانی بود، بریتانیا و فرانسه با غلبه بر سلطان ترک در سال‌های ۱۹۱۸-۱۹۱۷، عراق و سوریه را از بطن استان‌های جنوب شرقی امپراتوری به وجود آوردند. نتیجه‌ی این امر، تقسیم مجدد کُردها بین چهار کشور و سرزمین محصور کوچکی در شوروی بود. بنابراین زنانِ کُرد تحت حاکمیت پنج رژیم سیاسی مختلف قرار گرفتند و در سیاست ملت‌سازی این دولت‌ها نقش بزرگی ایفا کردند که لزوماً از لحاظ کیفی یکسان نبود. در این فصل تلاش می‌کنیم تا به اختصار به مرور وضعیت و نقش زنان کُرد در این کشورها بپردازیم.

ترکیه

ترکیه به گفته‌ی دوستدارانش «تنها دموکراسی اسلامی» است که با یک نظام سیاسی مدرن و سکولار قابل‌قبول اداره می‌شود. (Lewis, 1994) در مقابل، از منظر بسیاری از کُردها، تشکیل این دولت و تداوم حضورش موجبات نابودی مردم و سرزمین مادری کُردستان و ترک‌سازی اجباری را فراهم ساخته است.

در سال‌های ۱۹۲۲-۱۹۱۹، ناسیونالیست‌های ترک به رهبری افسر ارتشی به نام مصطفی کمال پاشا که بعدها به «آتاتورک» یعنی پدر ترک‌ها شهرت یافت، ارتش‌های مهاجم خارجی که امپراتوری عثمانی را متلاشی کرده بودند، را شکست دادند و سرزمینی را اشغال کردند که اکنون ترکیه خوانده می‌شود. آن‌ها در ۱۹۲۳ تشکیل جمهوری ترکیه را اعلام کردند. آتاتورک سلطنت عثمانی را به صورت

رسمی ملغی کرد و نظم غربی، ناسیونالیستی و سکولاری را جایگزین آن کرد که مبتنی بر هویت قومیتی ترک بود. در این پروژه‌ی ملت‌سازی که شامل اصلاحاتی چون جدایی دولت از دین و غربی‌سازی پوشش و تقویم بود، نقش ویژه‌ای به زنان واگذار شد. بی‌حجابی، تحصیل در مؤسساتِ آموزشیِ مختلط، مشارکت در زندگی عمومی و برخورداری زنان از حق رأی (از ۱۹۳۴)، از ویژگی‌های بارز این دولتِ در حال مدرن شدن بود.

پروژه‌ی کمالیستی ساختن یک دولت-ملت واحد، سکولار و قومیتیِ ترک با مقاومت قابل‌توجهی از سوی رهبران مذهبی و ناسیونالیست کُرد مواجه شد. مجموعه‌ای از شورش‌ها که بین سال‌های ۱۹۲۵-۱۹۳۸ شکل گرفت، به طرز وحشیانه‌ای سرکوب شد. برای نمونه می‌توان به سرکوب شورش دِرسیم ۱۹۳۸-۱۹۳۷ اشاره کرد که به عنوان نسل‌کشی شناخته شده است؛ هنگامی که ارتش مردم را هدف قرار داد و بسیاری از زنان برای فرار از تجاوز و آزار، دست به خودکشی زدند. McDowall, 2000; van Bruinessen, 2001) پروژه‌های پاکسازیِ قومیتی از جمله اسکان مجدد اجباری کُردها در استان‌های مرکزی و غربی، ممنوعیت هر گونه ابراز هویت کُردی از جمله بیان نام کُرد و کُردستان و جرم‌انگاری فرهنگ کُردی و استفاده از زبان کُردی در گفتار و نوشتار به صورت گسترده و جدی فراگیر شد. پس از شورش ۱۹۲۵ همه‌ی سازمان‌ها و انتشارات کُردی از بین رفتند.

در دهه‌های آغازین جمهوری، دولت، نظام آموزشی، رسانه‌های جمعی و فرهنگ عامه، ملت ترک را به عنوان ملتی نظامی شکل داد. (Altinay, 2004) پروپاگاندای رسمی و رسانه‌ها مقاومت کُردها در برابر ترک‌سازی را از مصادیق قبیله‌گرایی، فئودالیسم، تعصب مذهبی، سیاست ارتجاعی، عقب‌ماندگی و راهزنی می‌دانستند که نشانه‌ی ضدیت با یک دولت متمدن بود. در این‌جا از «زنان رهایی‌یافته‌ی» جمهوری برای برجسته کردن نقش تمدنی ملت ترکیه استفاده شد. برای نمونه، نام صبیحه گوکچن[1]، دخترخوانده‌ی آتاتورک، به عنوان نخستین خلبان جنگی زن جهان مطرح شد که کشته شدن رهبر شورش دِرسیم و پایان یافتن موفقیت‌آمیز منازعه‌ی آن با انفجار بمبی صورت گرفت که توسط او انداخته شده بود. (Altinay, 2004; Mojab, 2001) زن مدرن ترک که خود توسط ارتش ملی «رهایی» یافته بود، اکنون در موقعیتی قرار داشت که می‌توانست کشور را از طریق اقدام نظامی نجات دهد و تجزیه‌ناپذیری و تمامیت ارضی آن را تضمین کند. تنها بدیلی که برای کُردها اعم از زن یا مرد وجود داشت، کنار گذاشتن شیوه‌های زندگی، فرهنگ و زبان «سنتی» و ترک شدن بود.

با این حال، گرچه دولت-ملت ترکیه توانست مردمان ارمنی و آشوری را به لحاظ قومیتی پاکسازی کند، اما نتوانست کُردها را از بین ببرد یا آن‌ها را ادغام کند. از اواسط قرن بیستم، قبیله‌گرایی و سلطه

---

[1] Sabiha Gökchen

در سال ۲۰۰۱ فرودگاه بین المللی در نزدیکی استانبول بنام صبیحه گوکچن افتتاح شد.

مذهب به دلیل دخالت دولت تضعیف شد. پس از سکوتی طولانی که در پی نسل‌کشی دِرسیم حاکم شد، موج جدیدی از جنبش‌های اپوزیسیون کُرد در دهه‌های ۱۹۶۰ و ۱۹۷۰ ظهور کرد. این جنبش‌ها از آن‌جایی که شهری، سکولار، فرهنگی و سیاسی بودند و توسط کمونیست‌ها، چپ‌ها و ناسیونالیست‌ها رهبری می‌شدند، با شورش‌های دهه‌ی ۱۹۲۰ و ۱۹۳۰ تفاوت داشتند. یکی از این گروه‌ها همان *حزب کارگران کُردستان* (پ.ک.ک) بود که از کودتای نظامی ۱۹۸۰ جان سالم به در برد و در ۱۹۸۴ مبارزه‌ی مسلحانه به منظور ایجاد یک دولت کُردی را آغاز کرد.

در مقابل دولت ترکیه با قدرت کامل واکنش نشان داد. عملیات نظامی سرکوب پ.ک.ک شامل تخریب یا تخلیه‌ی بیش از ۳۵۰۰ روستا، نابود کردن جمعیت، شهری‌سازی اجباری و ناپدید کردنها و کشتارهای فراقضایی متعدد بود. ترکیه در جریان «عملیات ضد شورش» علیه پ.ک.ک، در بخش‌هایی از جنوب شرق (یعنی کُردستان) وضعیت فوق‌العاده اعلام کرد و به گفته‌ی *دیده‌بان حقوق بشر* «تعهدات بین‌المللی خود مبنی بر محترم شمردن قوانین جنگی را به طور فاحشی نقض کرد.» (HRW, 1995, p. 7) نقض تعهدات و قوانین بین‌المللی شامل این موارد بود: تیراندازی بی‌هدف، اعدام‌های شتابزده، پنهان کردن هویت مجرمان و همچنین شکنجه، غارت، تخریب روستاها، آواره‌سازی اجباری غیرنظامیان و عدم مراقبت از آن‌ها توسط نیروهای دولتی، مجروح شدن غیرنظامیان، تخریب اموال آن‌ها، رفتار غیرانسانی و تحقیرآمیز با آن‌ها، ربودن آن‌ها برای باربری و یا تشکیل سپر انسانی در برابر حمله، ناپدید کردن، شرایط بازداشت نامناسب و مراقبت‌های پزشکی ناکافی که منجر به مرگ شده بود. در این میان، ایالات متحده، هم‌پیمان نزدیک ترکیه و تأمین‌کننده‌ی اصلی تسلیحات آن، «عمیقاً درگیر این موضوع بود» و مانند *ناتو* «تخلفات ترکیه را به دلایل استراتژیک کم‌اهمیت جلوه می‌داد.» (HRW, 1995, p. 13)

این نقض قوانین جنگی نیز مانند گذشته، دارای ابعاد جنسیتی بود. زنانی که در بازداشت نیروهای مسلح و امنیتی بودند به طور گسترده در معرض انواع مختلف «شکنجه‌ی جنسی» از جمله تجاوز جنسی قرار گرفتند. *عفو بین‌الملل* در ۲۰۰۳ گزارش داد که:

> گرچه همه‌ی زنان در معرض خطر خشونت قرار دارند، اما *عفو بین‌الملل* نگران است که به دلیل الگوهای خاص تبعیض در ترکیه، زنان کُرد، به‌ویژه آن‌هایی که در جنوب شرق زندگی می‌کنند و زنانی که دارای عقاید سیاسی غیرقابل قبولی برای دولت یا ارتش هستند، در معرض مخاطره‌ی خشونت فزاینده‌ی عوامل دولتی باشند. چنین خشونتی نقض حق تضمین‌شده‌ی بین‌المللی آن‌ها برای رهایی از شکنجه و رفتار غیرانسانی و تحقیرآمیز است. زنانی که شجاعت بیان تجربیات خود را دارند، برای دستیابی به عدالت با دشواری مواجه می‌شوند و دولت و

جامعه دست به دست هم می‌دهند تا آن‌ها را ساکت کنند. (Amnesty International, 2003, pp. 3-4)

در ادامه‌ی گزارش آمده است:

> بر اساس مطالعه‌ای که در سال ۲۰۰۰ منتشر شد، دو درصد از زنان ساکن در جنوب شرقِ ترکیه که عمدتاً کُردنشین است، گزارش کردند که قربانیِ خشونتِ جنسیِ نیروهای امنیتی شده‌اند... این آمار با توجه به عدم تمایل زنان به گزارش چنین تعرض‌هایی به دلیل ترس از انتقام، طرد شدن یا ازدواج اجباری احتمالاً بیشتر از این‌ها بوده است... زنان بازداشت‌شده در طول دوره‌های بازجویی در بازداشتگاه پلیس یا در زندان اغلب توسط افسران پلیس مرد برهنه می‌شوند... اکثر زنانی که خشونت جنسی نیروهای امنیتی را گزارش می‌دهند، کُرد هستند یا عقاید سیاسی را ابراز می‌کنند که برای ارتش یا دولت قابل قبول نیست. گاهی اوقات یک زن در حضور همسر یا یکی از اعضای خانواده‌اش مورد خشونت جنسی قرار می‌گیرد؛ از قرار معلوم به‌عنوان وسیله‌ای برای وادار کردن شوهر یا یکی از اعضای خانواده‌اش به «اعتراف» یا با استفاده منفعت‌طلبانه از مفهوم «شرف» به عنوان راهی برای تحقیر خانواده و اجتماعی که زن به آن تعلق دارد. (Amnesty International, 2003, pp. 15)

بر اساس این سند، ترکیه چند مورد از معاهده‌هایی را که به تصویب رسانده بود، نقض می‌کند: «کنوانسیون اروپا برای حمایت از حقوق بشر و آزادی‌های اساسی»[۲]، «کنوانسیون منع شکنجه و سایر رفتارها یا مجازات‌های ظالمانه، غیرانسانی یا تحقیرآمیز»[۳]، «کنوانسیون حذف همه آشکال تبعیض علیه زنان»[۴] و «کنوانسیون حقوق کودک»[۵]. حتی وکلای مدافع زنانی که به لحاظ جنسی شکنجه شده‌اند، تحت سرکوب قرار می‌گیرند:

---

[2] European Convention for the Protection of Human Rights and Fundamental Freedoms
[3] Convention against Torture and Other Cruel, Inhuman or Degrading Treatment or Punishment
[4] Convention on the Elimination of All Forms of Discrimination against Women,
[5] Convention on the Rights of the Child

> وکلای مدافع زنانی که در ترکیه در بازداشت مورد تعرض جنسی قرار گرفته‌اند، مورد آزار رسمی، رسانه‌ای و هم‌قطاران خود قرار گرفته‌اند. این امر دستیابیِ نجات‌یافتگانِ خشونتِ جنسی به عدالت را دشوارتر می کند و به سکوت پیرامون جنایات جنسی دامن می‌زند. ارن کسکین[6] به دلیل صحبت در مورد تجاوز و شکنجه توسط مقامات امنیتی در آستانه‌ی محاکمه قرار دارد. او به طور علنی اظهار کرده بود: «مادران صلح درحالی‌که چشم‌بند داشتند، برهنه شدند و مورد بدرفتاری جنسی سربازانی قرار گرفتند که به جای نوه‌های آن‌ها بودند. آن‌ها با عناوینی مانند "فاحشه" و "هرزه" مورد آزار و توهین قرار گرفتند.» کسکین برای این اظهارات به «توهین به نیروهای امنیتی دولتی متهم شده» ... و ۸۶ مورد طرح دعوی در رابطه با فعالیت‌های حقوق بشری برای او ثبت شده است... که هفت مورد آن مربوط به اظهاراتی است که او به عنوان رئیس پروژه‌ی کمک‌های حقوقی برای حمایت از زنانی که در بازداشتگاه مورد تعرض جنسی قرار گرفته‌اند، مطرح کرده بود. او همچنین مورد توهین و تهدید به مرگ قرار گرفته است. (Amnesty International, 2003, p. 35)

تخریب یا تخلیه‌ی بیش از ۳۵۰۰ روستا و آواره کردن حدود دو میلیون نفر، شهری‌سازی اجباری و بسیاری از ناپدید کردن ها و کشتارهای غیرقانونی بین سال‌های ۱۹۸۴ تا ۱۹۹۹، بافتِ زندگیِ روستاییِ کُردها را ویران کرد. مقیاس این خشونت به حدی بود که موجب شد خشونت مردسالارانه نه تنها در دولت، بلکه در میان بازیگرانِ غیردولتی در مناطق روستایی و شهری نیز رواج یابد. تخریب جامعه‌ی روستاییِ منجر به انفجارِ ناگهانیِ جمعیت شهری شد و همین به سهم خود در زندگی شهری اختلال ایجاد کرد و به تشدید کلیه‌ی منازعات اجتماعی، به ویژه جنسیتی، منجر شد. بارِ سنگینِ آوارگی به دوش زنان افتاد؛ باری که بر اثر فقر، بیکاری، اقتصادِ در حال سقوط و دولتی که با همه‌ی کُردها به عنوان دشمن رفتار می‌کرد، تشدید می‌شد. دولت که از شکست دادن پ.ک.ک و موج جدید ناسیونالیسم کُردی ناامید بود، به سنت‌گرایی کُردی متوسل شد و بر روی شکاف‌های مذهبی سرمایه‌گذاری کرد؛ به‌طوری‌که برای نمونه از حزب بنیادگرای *حزب‌الله*، که به گفته‌ی برخی ناظران حتی در شکل‌گیری آن نیز دخیل بود، برای انجام عملیات نظامی (Gürbey, 1996) علیه پ.ک.ک استفاده کرد.

---

[6] Eren Keskin

تحت این شرایط، رژیمِ جنسیتیِ سنتی و سازوبرگ پیچیده‌ی کنترل مردانه‌ی زنان نیز دچار اختلالات اساسی شد و نتیجه این بود که خشونت مردانه‌ای در حوزه‌ی خصوصی خانواده و خانوار پا گرفت. اگر قدرت مردانه در «شرایط معمولی» با ابزارهای «معمول» انضباط محقق می‌شد، اکنون توسط خشن‌ترین ابزارها مانند قتل و حتی در مواردی سنگسار اعمال می‌شد. درحالی‌که «گاردهای روستایی» کشور که توسط دولت و نیروهای مسلح سازمان‌دهی و تأمین مالی می‌شدند، آزاد بودند که در قتل‌های فراقضایی شرکت کنند، مردان نیز هرگاه به مصلحت می‌دانستند، به بهانه‌ی شرف، در قتل فراقضایی زنان مشارکت می‌کردند.

در مقابل، جنبشِ ناسیونالیستیِ جدید کُردی تحت رهبری پ.ک.ک، برخلاف مقاومت‌های مسلحانه‌ی دهه‌های ۱۹۲۰ و ۱۹۳۰ که توسط مردسالاران رهبری می‌شد ، در تضاد شدیدی با ارتش سراپا مردانه‌ی ترکیه، ارتش چریکی خود را با صفوفی متشکل از هزاران زن ایجاد کرد. این زنان با موفقیت دسته‌های بزرگی از ارتش «مقدس» ترکیه که از فناوری پیشرفته‌ای برخوردار است را شکست دادند. دولت ترکیه با خشونت فیزیکی و نمادین به حضور چریک‌های زن واکنش نشان داد و رسانه‌های طرفدار آن، ناسیونالیسم مردسالارانه‌ی خود را با بدنام کردن زنان مبارز با عناوینی چون «فاحشه و هرزه» آشکار کردند (KIC/KSC Publications, 1992, p. 32) و سازمان‌های مختلف دولتی به اعمال خشونت جنسی علیه زنان کُرد دست زدند.

تحول دیگری که همزمان در جریان بود، تجدید حیات جنبش‌های سیاسی اسلام‌گرایانه در ترکیه و سراسر خاورمیانه در پی به قدرت رسیدن جمهوری اسلامی ایران در ۱۹۷۹ بود. جنبش‌های اسلام‌گرایانه‌ی ترکی، با وجود شکاف‌های خود، از خط کمالیستی در نفی حقوق ملی کُردها عدول نمی‌کنند. گرچه آن‌ها در سیاست اسلامی‌سازی روابط جنسیتی با اسلام‌گرایان کُرد هم‌راستا هستند، اما ارادتشان به قومیت ترک آن‌ها را از کُردها دور می‌کند. در همین زمان، دولت سکولار ترکیه که با چالش ناسیونالیسم کُردی مواجه بود، از اسلام و اختلافات مذهبی در میان کُردها از جمله شکاف علوی/سنی علیه این ناسیونالیسم استفاده کرد. پ.ک.ک که سکولار بود نیز به سهم خود، با تأیید دین به عنوان مؤلفه‌ی مشروع زندگی کُردها و در نتیجه جذب کردها به اسلام‌گرایان و علوی‌ها وارد عمل شد. تحت این شرایط، شکاف‌های قومی، ملی و مذهبی، رژیمی از اتحادهای دائماً در حال تغییر را ایجاد کرد (Houston, 2001) که پتانسیل سازمان‌دهی فمینیستی مستقل را تضعیف می‌کرد. در ۲۰۰۲، ترکیه گام‌های جدیدی در زمینه گسترش برابری جنسیتی قانونی برداشت. با این حال، نقض حقوق زنان در استان‌های کُردنشین در قالب خشونت‌های خانوادگی از جمله قتل ناموسی، چندزنی، مبادله‌ی زنان و ازدواج‌های زودهنگام، اجباری، تنظیم‌شده و کودک‌همسری متداول بود. زنان از حقوقی که در نظام حقوقی موجود داشتند، آگاه نبودند. (Ilkkaracan, 1999) با این وجود، ابتکارات فمینیستی غیررسمی و غیرحزبی در استانبول و شهرهای بزرگ ظهور کرد که طیف وسیعی از «فمینیسم‌های اسلامی» گرفته تا پروژه‌های سکولار رادیکال را دربرمی‌گرفت. درحالی‌که واژه‌ی «زن

کُرد» رسماً «پروپاگاندایی جدایی‌طلبانه» و جنایتی علیه «تجزیه‌ناپذیری ملت ترک» تلقی می‌شد، زنان کُرد مجلات فمینیستی راه‌اندازی کردند (از جمله *رزا*[7] و *ژوژین*[8] که هر دو در ۱۹۹۶ منتشر شدند) و ابتکارات فمینیستی خود را شکل دادند که از آن جمله می‌توان به این موارد اشاره کرد: گروه‌های مدافعه‌گری حقوقی (برای مثال *بنیاد همبستگی با زنان کُرد و تحقیق در مورد مسائل زنان*[9] در استانبول)، خانه‌های امن و برنامه‌های آموزشی سوادآموزی و مهارت‌ها (مانند *کا-مر: مرکز زنان در دیاربکر*[10]) و مادران ناپدیدشدگان.

فمینیسم ترکیه: نگهبان ناسیونالیسم یا نیرویی مترقی؟

نقد فمینیسم دولتی کمالیستی در اواخر دهه‌ی ۱۹۹۰ شکل گرفت. فمینیست‌هایِ ترکِ منتقد استدلال کردند که سلطه‌ی مردانه و ساختارهای مردسالارانه با وجود پیشرفت‌های به‌دست‌آمده در برابری قانونی و پیشرفت‌های چشمگیر در زمینه‌ی دسترسی زنان به حوزه‌های عمومیِ زندگی، دست‌نخورده باقی مانده است. (Arat, 1994; Müftüler-Bac, 1999) همچنین بدیهی بود که وقتی فمینیسم دولتی نتوانسته بود مردسالاری را در ترکیه مهار کند، نتواند در همگون‌سازی زنان کُرد در پروژه‌ی ناسیونالیستی خود نیز توفیقی پیدا کند. در واقع زنان کُرد، تا حدی به دلیل تفاوت‌های جنسیتی، کمتر از مردان آماج ترک‌سازی قرار گرفتند، زیرا دسترسی محدودتری به حوزه‌های غیرخانگی و عمومی مانند آموزش رسمی، تجارت، هنر و دولت داشتند.

با وجود ادغامِ محدودِ زنان در اقتصاد غیرخانگی/رسمی شهری، تعداد زنان تحصیل‌کرده در استان‌های کُردنشین تا اواسط قرن بیستم در حال افزایش بود و در دهه‌ی ۱۹۸۰، قشری از متخصصان و روشنفکران چهره‌ی جامعه‌ی کُردی را دگرگون کرده بودند. بی‌شک، جنبش‌های سوسیالیستی و ناسیونالیستی کُردی دهه‌ی ۱۹۶۰ به بعد که عمدتاً دانشجویان و جوانان را درگیر می‌کرد، کماکان تحت سلطه‌ی مردانه بود. با این حال، وقتی که رهبران کودتای نظامی ۱۹۸۰ جنبش‌های چپ را سرکوب کردند و هر نمودی از جامعه‌ی مدنی را در هم شکستند، ییلماز گونی[11]، کارگردان مارکسیست کُرد، در فیلم *راه*[12] (۱۹۸۲) به طرح مسئله‌ی سرکوب زنان پرداخت و خشونت مردسالارانه‌ی رایج در جامعه‌ی روستایی کُردی را به شدت محکوم کرد. (Benge, 1985) پس از

---

[7] *Roza*
[8] *Jujîn*
[9] K. Ka. DaV: Women's Solidarity Foundation
[10] Ka-Mer: Women's Center in Diyarbakir
[11] Yilmaz Güney
[12] Yol

کودتای ۱۹۸۰، زنان در ترکیه دست به ابتکارات فمینیستی مستقلی زدند و فمینیسم ارزش بیشتری پیدا کرد اما این جریان همچنان کمالیستی بود و وجود زنان کُرد را انکار می‌کرد. در شرایطِ خشونتِ شدیدِ دولتی علیه کُردها، آگاهی جنسیتی تحت شعاع آگاهی ناسیونالیستی قرار گرفت.

باید توجه داشت که مقاومت در برابر پروژه‌ی ملت‌سازی ناسیونالیست‌های ترک در کُردستان، به خشونت فیزیکی در ابعاد نسل‌کشی محدود نمی‌شد. تبلیغات دولتی که به‌طور گسترده از طریق رسانه‌های چاپی، رادیو و مدارس ترویج می‌شد، مقاومت کُردها را به عنوان تعصب مذهبی، سیاست‌های قبیله‌ای و ارتجاعی، یاغیگری، عقب‌ماندگی و مخالف با تحصیل تبلیغ می‌کرد. (در کنار سایر منابع به Yeğen, 1999 مراجعه کنید) رسانه‌های جریان اصلی غربی نیز این تبلیغات را به گونه‌ای دیگر تکرار می‌کردند. روزنامه‌ی *تایمز* (۱۶ ژوئن ۱۹۳۷) در متن مقاله‌ای با عنوان «کُردهایی که مخالف تحصیل هستند» نقل‌قولی از نخست‌وزیر و ژنرال اینونو[۱۳] درج کرد که مدعی بود «این آشوب‌ها ناشی از مخالفت مردم محلی با طرح آموزش اجباری و سایر اصلاحات است.» این‌گونه بود که شورش دِرسیم به عنوان نزاعی میان ملت متمدن ترک به رهبری ژنرال‌های تجددگرایشان و مردم غیرمتمدن کُرد به رهبری افراد متعصب بازتاب یافت. ژنرال‌ها برای تأکید بر شکاف عمیقی که مدرنیته‌ی ترک و ارتجاع کُرد را از هم تفکیک می‌کرد، به زنان ترکی که به تازگی «آزاد» شده بودند، استناد کردند. در کشوری که زنان از حضور در سیاست و جنگ محروم بودند، «پدر ترک‌ها» دخترخوانده‌ی خود را اعزام کرد تا کار قتل‌عام را نهایی کند. طبق گزارش خبرنگار *تایمز* از استانبول (۱۶ ژوئن ۱۹۳۷):

> در طول عملیات دِرسیم، صبیحه گوکچن، یکی از دخترخوانده‌های آتاتورک که برای خدمت در *سپاه هوایی ترکیه* داوطلب شده بود، چنان درخشان ظاهر شد که مجموعه‌ی برلیان‌نشان *مدال پرواز* را دریافت کرد. این بالاترین افتخاری است که یک هوانورد در ترکیه می‌تواند کسب کند و به ندرت به افراد اعطا می‌شود. صبیحه گوکچن ۲۲ سال دارد و گواهی‌نامه‌ی خلبانی ارتش ترکیه را دریافت کرده است. گفته می‌شود که او در طی عملیات‌ها بیشترین شجاعت و درایت را از خود نشان داده و آخرین بمبی که عملاً به شورش خاتمه داد، توسط او انداخته شده است.

دو روز بعد *روزنامه‌ی تایمز* گزارش داد که «دولت بی‌درنگ تصمیم به اجرای اقدامات شدیدی گرفت و حدود ۳۰۰۰۰ نفر را به منطقه اعزام کرد و آن‌جا را کاملاً به محاصره‌ی خود در آورد.» با این حال

---

[13] Inönü

«به دلیل نبود جاده و طبیعت بسیار صعب‌العبور کشور، سرکوب جنبش چند هفته به درازا کشید.» سرانجام...

> گزارش شده است که صبیحه گوکچن، عضو نیروی هوایی که برای خدمت همراه با گروه اعزامی داوطلب شده بود، بمبی را درست بر خانه‌ی سید رضا، یکی از رهبران شورشی انداخت که موجب قتل او و چند تن از حامیان اصلی‌اش شد. (*تایمز*، ۱۷ ژوئن ۱۹۳۷)

نیازی نیست که به تحلیل ماهیت پروپاگاندایی داستان صبیحه بپردازیم. در واقعیت، سید رضا با "بمباران هوشمندانه‌ی" صبیحه کشته نشده بود. او دو هفته پس از انتشار این روایت، نامه‌ای نوشت که در آن زمینه‌های شورش را شرح داد و از دولت بریتانیا درخواست مداخله کرد. سید رضا در این نامه که در *تایمز* منتشر شد، دلیل شورش کُردها را چنین عنوان کرد:

> دولت ترکیه سال‌هاست که می‌کوشد مردم کُرد را همگون‌سازی کند و با این هدف آن‌ها را سرکوب می‌کند. این دولت کُردها را از خواندن روزنامه‌ها و نشریات به زبان کُردی منع می‌کند، افرادی که به زبان مادری خود صحبت می‌کنند را مورد آزار قرار می‌دهد و مهاجرت‌های اجباری و منظمی را از زمین‌های حاصلخیز کُردستان به زمین‌های بایر آناتولی برنامه‌ریزی می‌کند؛ جایی که مهاجران زیادی جان خود را از دست داده‌اند.... سه میلیون کُرد در کشور آن‌ها زندگی می‌کنند و تنها خواستار این هستند که در عین حفظ نژاد، زبان، سنن، فرهنگ و تمدن خود، در صلح و آزادی زندگی کنند.[۱۴]

سید رضا در سپتامبر برای توافق با دولت وارد مذاکره شد، اما در نوامبر دستگیر و اعدام شد. (Kutschera 1979: 128-9) با این حال مقاومت ادامه یافت و بزرگترین عملیات ارتش در بهار ۱۹۳۸ به اجرا درآمد. طبق گزارشی دیپلماتیک از بریتانیا، «مقامات نظامی از روش‌هایی استفاده

---

[۱۴] بریتانیای کبیر، مرکز اسناد رسمی (FO 371/20864/E5529، مورخ ۳۰ جولای ۱۹۳۷) *تایمز* نامه‌ای خطاب به سردبیر (۲۲ جولای ۱۹۳۷) منتشر کرد که به قلم بی.نیکیتین کنسول سابق روسیه در ارومیه و کارشناس امور کُردها نوشته شده بود. او در این نامه خاطرنشان کرد: «اشتباه است تصور کنیم که کُردها با تحصیل مخالفند، آنچه آن‌ها در برابرش مقاومت می‌کنند، ترک‌سازی است».

کرده‌اند که مشابهش را در طول جنگ *بزرگ* علیه ارمنی‌ها به کار گرفته بودند: هزاران کُرد شامل زنان و کودکان کشته شدند.»[۱۵]

امروزه تصویر صبیحه در تارنماهای مختلف، از *نیروی هوایی ترکیه* و *دختران آتاتورک*[۱۶] گرفته تا *پرواز واقعی/مجازی*[۱۷] دیده می‌شود و همه یک‌صدا او را «نخستین خلبان جنگی زن» جهان می‌نامند. بر اساس تارنمای دوم «او برای سرکوب شورش قبیله‌ای کُردها به نیرویی متشکل از ۹ هواپیمای جنگنده پیوست. مطبوعات در طول مأموریت به او لقب "شیرزن آسمان" را دادند و آوازه‌ی صبیحه در میان هم‌وطنان خود پیچید.»[۱۸] تارنمای *دختران آتاتورک* صبیحه را به عنوان «نخستین زن جنگنده‌ی جهان» معرفی می‌کند.[۱۹] استفاده از واژه‌های *زن*، *جنگ* و *جهان* نمایانگر مسئله‌ای فراتر از خطای ترجمه از زبان ترکی است. دولت کمالیستی در پی جنگ جهانی اول و در خلال «جنگ استقلال» که از طرف ارتش تحت رهبری آتاتورک آغاز شده بود، استقرار یافت. این دولت با جنگ‌های داخلی علیه مخالفان، به ویژه کُردها تثبیت شد. ملت‌سازان با مهار جنبش‌های کارگری، دهقانان، زنان، دانشجویان و سایر خاستگاه‌های کنشگری اجتماعی و سیاسی، ساختار قدیمی دولت را نیز مدرن کردند. از «رهایی‌بخشی زنان» به صورت رسمی، به عنوان ابزاری برای مطیع کردن آن‌ها در مقابل دولت-ملت استفاده می‌شد. این «فمینیسم» دولتی ابداً چیزی جز نوعی فمینیسم مردسالارانه نبود. صبیحه، قهرمان دولتی که حامی «رهایی‌بخشی زنان» بود، همچون «پدر ترک‌ها» در جنگی که مردان به راه انداختند، متولد شد و همچنان در این جنگ، در افسانه و یادها زنده ماند. او حدود پنجاه سال پس از مشارکت در سرکوب شوررش کُردها کماکان از بمباران دفاع کرد و چنین گفت: «این بمباران برای حفاظت و ماندگاری جمهوری جوان ضروری بود.»[۲۰]

در دهه‌ی ۱۹۹۰ که هزاران زن کُرد به صفوف پ.ک.ک و ارتش چریکی آن پیوستند، فمنیست-ناسیونالیست‌های ترک نمی‌دانستند با این پدیده چگونه کنار بیایند. در ابتدا هدف حداقلی پ.ک.ک خودمختاری کُردها بود. اگر روایت صبیحه دروغی بیش نبود، اما قیام مسلحانه‌ی زنان کُرد علیه دولت واقعیت داشت. زنان چریک کُرد در صفحات رسانه‌های چاپی غربی، صفحه‌ی تلویزیون، ویدئو و تارنماهای مختلف ظاهر شدند. تصویر زنان کُردی که علیه ارتش مردانه جنگ به راه انداخته بودند، برای دولت ترکیه تحمل‌ناپذیر بود. در ترکیه ارتش پاسدار «دموکراسی» است و

---

[۱۵] بریتانیای کبیر، مرکز اسناد رسمی (FO 371/21925، مورخ ۲۸ سپتامبر ۱۹۳۸) به نقل از McDowall (2000: 209)

[16] Daughters of Atatürk

[17] Real/Virtual Aviation

[18] The First Woman Combat Pilot, www.mergetel.com, June 18, 2000

[19] Prominent Turkish Women, ww.dofa.org, June 18, 2000

[۲۰] از مصاحبه‌ای با عنوان "This was necessary" با خبرنگار رویترز در آنکارا، ۸ فوریه، ۱۹۹۶، به نقل Randal (1999: 260)

در کمتر از شش دهه، سه کودتا را برای «بازگرداندن» ناب‌گرایی ناسیونالیسم کمالیستی اجرا کرده است. افزون بر این، ارتش ترکیه دومین ارتش بزرگ *ناتو* به شمار می‌رود و وفادارانه در خدمت منافع ایالات متحده و غرب است. در این شرایط، شوونیسم ملی و مردانه با تلفیق نیروهای خود کارزار تبلیغاتی گسترده‌ای را علیه زنان چریک به راه انداخت. ناسیونالیسم رسمی مردان را «تروریست» می‌خواند، اما سیاست‌های مردسالارانه‌اش زنان را به «فاحشه» تقلیل می‌داد. از دیدگاه شوونیسم مردانه، ممکن نبود که زنان را در شمار پیاده‌نظام یا تروریست به حساب آورد و آشوبگری زنان و شورش آن‌ها علیه «تجزیه‌ناپذیری کشور ترکیه» و «تمامیت ارضی» آن باید با اصطلاحات زن ستیزانه مورد هتاکی قرار می‌گرفت.

اکثر فمینیست‌ها در مورد ماهیت مردسالارانه‌ی دولت تردید ندارند. با این حال فمینیست‌های ترکیه برای این‌که به چیزی فراتر از فهم نظری مردسالاری ملت و دولت بپردازند، با چالش مواجه هستند. آن‌ها همچنین تحت محاصره‌ی فرقه‌ی قدرتمند و فراگیر دولت‌پرستی هستند. بسیاری از فمینیست‌های ترک به جای مقاومت در برابر دکترین دولت-ملت، دقیقاً از آن پیروی کرده‌اند: هیچ کُردی وجود ندارد؛ هیچ زن کُردی وجود ندارد؛ تمام زنان ترک هستند.[۲۱]

تا دهه‌ی ۱۹۹۰ سکوت مرگباری درباره‌ی زنان کُرد در آثار فمینیستی ترکیه حاکم بود. حتی اگر هم اثری از حضور کُردها به چشم می‌خورد، این سیاست کمالیستی است که دامنه‌ی بحث، اصطلاحات، مفاهیم و مسئله‌سازی‌های آن‌ها را تعیین می‌کند. در واقع، فمینیست‌ها عموماً از سیاست دولت در زمینه‌ی انکار کثرت قومی و ملی ترکیه منحرف نمی‌شوند. حتی اگر وجود کُردها انکار نشود، با آن‌ها مانند ملتی که دارای حقوق مشروعی برای خودگردانی هستند، برخورد نمی‌شود. برهمین منوال، آثار فمینیستی سیاست‌گذاری‌ها و پراتیک‌های رسمی نسل‌کشی، قومیت‌زدایی و زبان‌کشی که علیه ارمنی‌ها و مردم کُرد اعمال شده را انکار کردند یا نادیده گرفتند. برای نمونه مطالعه‌ای که در مورد «مدرن‌سازی» زنان روستایی در «آناتولی جنوب شرقی» (یعنی شهرستان‌های کُردنشین) صورت گرفته، شکست سیاست‌های «یکپارچگی ملی» (Ertürk, 1995) تحت حمایت دولت را مورد بررسی قرار می‌دهد، اما به این مسئله که این «پروژه‌های توسعه» همچنان با سیاست‌گذاری‌های پاکسازی قومی (Esim, 1999) و همگون‌سازی اجباری عجین شده، هیچ اشاره‌ای نمی‌کند. مقاله‌ای

---

[۲۱] بیرکتای (1992: 9, 109) «فتیشیسم» دولت را که «در تاریخ‌نگاری ناسیونالیستی ترک، دولت را در مقام خدا» قلمداد کرده، مورد انتقاد قرار می‌دهد. دوغو ارگیل (1996) نیز می‌گوید: «ما ترک‌ها به جای یک ملت-دولت به یک دولت-ملت تعلق داریم. در تاریخ ترکیه این ملت نیست که دولت را ایجاد کرده است. دست‌کم فلسفه‌ی سیاسی ما بر اولویت دولت نسبت به ملت تأکید می‌کند. هنگامی که این مسئله به عنوان امری مسلم پذیرفته شود، آن‌گاه دولت دارای موقعیتی مقتدر و فراگیر خواهد بود. این امر جامعه را شکل می‌دهد، تعیین می‌کند که فرهنگ چیست، اقتصاد چگونه باید اداره شود... ما ترک‌ها نتوانستیم به‌طور کامل سیاست‌های دولتی یا رسمی را مورد نقد قرار دهیم، زیرا این سیاست‌ها «مقدس» بودند. «قداست» دولت تا آخرین اصلاحیه‌ها، در مقدمه‌ی قانون اساسی ترکیه وجود داشته است.»

درباره‌ی «سکسوالیته‌ی زنان در ترکیه‌ی شرق» (یعنی کُردستان ترکیه)، از کُردها به عنوان مردمی قبیله‌ای نام می‌برد که هم‌ارز با ترک‌ها به عنوان «بزرگ‌ترین گروه‌های قومی» منطقه هستند و بیش از حد بر «خصیصه‌ی چندقومی» بودن منطقه‌ی کُردستان تأکید می‌کند. (İlkkaracan, 1999: 101)

با وجود شیفتگی فمینیست‌ها نسبت به کمالیسم، شکست پروژه‌ی جمهوری ترکیه در حذف کُردها به عنوان مردمی متمایز، چالشی بر سر راه جنبش‌های زنان و فمینیستی محسوب می‌شود. زنان کُرد همچنان به حضور در عرصه‌ی مبارزه برای آزادی ملی، دموکراسی و سوسیالیسم اصرار دارند. آن‌ها در غیاب جامعه‌ی مدنی و سپهر عمومی کماکان در برابر دولت مقاومت می‌کنند و در هنر و رسانه و خیابان‌ها و پارلمان فعال هستند.

حکومت عثمانی با وجود سیاست‌های سرکوبگرانه‌ای که در پیش گرفته بود، نسبت به اسامی کُرد و کُردستان رواداربود. در اوایل قرن بیستم مطبوعات کُردی و نیز یک سازمان زنان کُرد در حال شکوفایی بودند که همگی در ۱۹۲۵ توسط رژیم جمهوری‌خواه سرکوب شدند. با این حال در پایان قرن، زنان کُرد از دیاربکر گرفته تا دیاسپورا و استانبول در حال سازمان‌دهی بودند و برخی از آن‌ها نشریاتی فمینیستی را نیز راه‌اندازی کردند. یکی از فمینیست‌های ترک، جنبش زنان ترکیه را به دلیل ناکامی در همبستگی با زنان کُرد مورد انتقاد قرار داد. پینار ایلکاراکان از اعضای *زنان برای حقوق بشر زنان*[۲۲] چنین می‌نویسد:

> جنبش زنان ترکیه در اتخاذ یک رویکرد انتقادی زیربنایی ناموفق بود؛ رویکردی نسبت به ۱) نظامی‌گری و جنگ جاری در شرق و جنوب شرق ترکیه؛ ۲) ظهور ناسیونالیسمی نوبنیاد؛ و ۳) گفتمان رسمی دولت درباره‌ی هویت ترکی یعنی همان گفتمانی که ادعا می‌کند کلیه‌ی شهروندانی که داخل مرزهای ترکیه زندگی می‌کنند، «ترک» هستند. جنبش زنان ترکیه، صرف‌نظر از برخی اقدامات اولیه در محکوم کردن نژادپرستی، تقریباً هیچ تلاشی برای اتحاد و شبکه‌سازی با زنان کُرد به منظور ارائه‌ی راه‌حلی برای مشکلات ویژه‌ی آن‌ها نکرده است. (1997: 21)

گروه‌های فمینیستی و زنان ترکیه به سختی می‌توانند در برابر خشونت گسترده‌ی مردسالارانه‌ی دولت و جامعه‌ی مدنی بی‌طرف بمانند. فمینیسم ترک تا اوایل دهه‌ی ۱۹۹۰، به طور کلی، دیده‌بان

---

[22] Women for Women's Human Rights

کمالیسم، یعنی همان شکل رسمی ناسیونالیسم ترکی بود. فمینیست‌ها سیاست‌گذاری رسمی ملت‌سازی از طریق ترک‌سازی مردم غیرترک را حتی از طریق استفاده از خشونت تأیید می‌کردند. با این حال، همان‌طور که دولت نتوانست کُردها را ترک کند، فمینیسم ترک، اعم از دولتی و غیردولتی نیز نتوانست زنان کُرد را به «زن ترک» ایده‌آل کمالیسم تبدیل کند. شصت سال پس از تأسیس جمهوری، دولت-ملت کمالیستی آنتی‌تز خود را ایجاد کرده بود. ناسیونالیسم در ترکیه همانند سایر کشورها زنان را براساس صفوف قومی طبقه‌بندی و آن‌ها را به کارگزاران دولت مردسالار و نظامی تبدیل کرده است. با این حال، شکست دولت-ملت واحد و فمینیسم دولتی آن به شکل‌گیری محیطی متنوع و چندپاره منجر شده است که در آن زنان کُرد و فمینیست‌ها به طور فزاینده‌ای حضور فعالانه دارند. فمینیست‌ها در بستر این گوناگونی می‌توانند بر چندپارگی غلبه کنند و در برابر مردسالاری به وحدت برسند.

فمینیست‌های ترک مدت‌هاست فرار از تله‌های ناسیونالیستی را آغاز کرده‌اند؛ تله‌هایی که زنان را از هم جدا می‌کند و مسیر را برای حکمرانی بی‌چون‌وچرای مردسالاری هموار می‌کند. (به Altinay, 2004 مراجعه کنید) موفتولر-باچ (1999) کمالیسم را «عامل سرکوب» می‌داند و بر آن خط بطلان می‌کشد؛ زهرا آرات (1994) فمینیسم دولتی را «مردسالاری جمهوری‌خواهانه» می‌داند و به آن انتقاد می‌کند و یشیم آرات (2000) از گوناگونی کنشگری فمینیستی حمایت کرده و از شکل‌گیری گفتگو میان فمینیست‌های ترک و کُرد خبر می‌دهد. چنین وحدتی بین زنان ترک و کُرد بارها در جریان مقاومت در برابر خشونت دولتی علیه زنان در زمان بازداشت پدیدار شده است. تعلق ناسیونالیستی کُردی نیز با فمینیسم در تضاد است. با تمام این‌ها، گرچه فمینیست‌های ترک پیش‌تر چالشی جدی، هرچند محدود، با ملیت «خود» به راه انداخته‌اند، اما فمینیست‌های کُرد هنوز آن‌طور که باید و شاید با ناسیونالیسم «خود» به مقابله برنخاسته‌اند.

ایران

سابقه‌ی طرح مطالبات معطوف به اصلاح روابط جنسیتی در ایران به اواخر قرن نوزدهم برمی‌گردد؛ یعنی زمانی که روشنفکران ناسیونالیست و لیبرال، مقوله‌ی ستم بر زنان، به‌ویژه حجاب، جداسازی، چندزنی، انزوا و بی‌سوادی را زیر سؤال بردند. در جریان انقلاب مشروطه ۱۱-۱۹۰۶، سوسیال دموکرات‌ها و اعضای رادیکال پارلمان جدید خواستار حق رأی زنان بودند و تشکل‌های مردم بنیاد قابل‌توجهی در سواحل خزر وجود داشت. سرکوب خشونت‌آمیز انقلاب در ۱۹۱۱ صداهای رادیکال را خاموش کرد، اما زنان در خارج از حوزه‌ی دولت، به فعالیت‌های مربوط به سازمان‌دهی، روزنامه‌نگاری، مدافعه‌گری برای حقوق برابر و افتتاح مدارس دخترانه ادامه دادند. (Afary, 1996)

بیشتر این فعالیت‌ها محدود به تهران و شهرهای بزرگ بود و استان‌های کُردنشین و بخش اعظم کشور تحت تأثیر چندانی قرار نگرفتند. محافظه‌کارانی که در بین روحانیون و دولت حضور داشتند، نیروهای اصلی مخالفت با مطالبات زنان بودند.

مداخله‌ی دولت در روابط جنسیتی در کُردستان پس از کودتای ۱۹۲۱، زمانی بیشتر مشهود شد که دولت مرکزی مدیریت نظامی و مدنی خود را به تمام شهرهای بزرگ و کوچک گسترش داد. رضاشاه، افسر ارتش و بنیان‌گذار سلسله‌ی پهلوی (۱۹۷۹-۱۹۲۵)، رژیم دیکتاتوری بسیار متمرکزی را عمدتاً با استفاده از قدرت نظامی پایه‌گذاری کرد. او در اوایل دهه‌ی ۱۹۳۰، کنشگری مستقل زنان را سرکوب کرد و مراکز قدرت مذهبی را محدود کرد. سطلنت پهلوی، مانند ترکیه‌ی جمهوری‌خواه و با الهام از آن، دولت واحد ناسیونالیست، سکولار، مدرن‌ساز و غربی‌سازی بود که در پروژه‌ی ملت‌سازی مردسالارانه‌ی خود نقش عمده‌ای را به زنان اختصاص داد. زنان این کشور چندقومیتی و چندفرهنگی، باید مدرن، غربی و ایرانی(سازی) می‌شدند.

مشهودترین مداخله در روابط جنسیتی، فرمان ۱۹۳۶ رضاشاه مبنی بر کشف حجاب زنان بود که عمدتاً با توسل به قهر اجرا شد. بر اساس مکاتبات محرمانه‌ی دولت آن دوره، در مناطق روستایی و عشایری کشور به ویژه در کُردستان که زنان همیشه بی‌حجاب بودند، نیازی به کشف حجاب نبود. با این حال، لباس‌های رنگارنگ و متمایز کُردی زنان «زشت و کثیف» تلقی می‌شد و باید با «پوشش زنان متمدن» یا در واقع لباس سبک غربی جایگزین می‌شد. (Iran National Archives, 1992, p 171, 250, 249, 273) در کُردستان، «لباس متحدالشکل» تحمیلی دولت به جای لباس اروپایی، با نام پهلوی یا ایرانی (ecemî) شناخته می‌شد. ابتکار رسمی دیگر، افتتاح نخستین مدرسه‌ی دولتی دخترانه (و تعداد معدود دیگری) در دهه‌ی ۱۹۳۰ بود که در شهرهای کُردنشین انجام شد.

شوروی و بریتانیا در طول جنگ جهانی دوم ایران را اشغال کردند و در ۱۹۴۱ محمدرضا را به جای پدرش نشاندند. اندکی پس از پایان جنگ، ناسیونالیست‌های کُرد و آذربایجانی در ۱۹۴۶ دولت‌های خودمختار کوتاه‌مدت خود را در شمال غربی ایران تأسیس کردند. دولت ملی آذربایجان به زنان حق رأی اعطا کرد و جمهوری کُردستان مشارکت زنان در زندگی عمومی خارج از حوزه‌ی خانواده را تشویق می‌کرد. *حزب دموکرات کُردستان* که بنیان‌گذار این کوچک‌دولت بود، *حزب زنان*[۲۳] را راه‌اندازی کرد که آموزش زنان را ترویج می‌کرد و آن‌ها را در حمایت از جمهوری بسیج می‌کرد. معلمان زن و دانش‌آموزان مدارس دخترانه در مراسم رسمی و سایر مکان‌های عمومی بدون حجاب و با یونیفرم و لباس ملی کُردی ظاهر می‌شدند. تجربه‌ی کوتاه‌مدت این دو دولت که در عرض یک سال از طریق حمله‌ی نظامی تهران سرنگون شدند، شکست سلطنت پهلوی را در ادغام زنان غیرفارس در دولت

---

[۲۳] برای اطلاعات بیشتر به فصل سوم مراجعه کنید.

واحد قومی خود نشان داد. در واقع، ناسیونالیست‌های کُرد بدیل خود را ایجاد کرده بودند که در اصل، یک دولت کُردی مبتنی بر قومیت کُرد با زبان، فرهنگ، تاریخ، سرزمین مادری خود یعنی کُردستان بود که «زن کُرد» ایده‌آل خاص خود را داشت. این زن کُرد بیش از آن‌که با «زنان ایرانی» مدرنی که توسط دولت پهلوی پرورش یافته بودند، همسو باشد، با زنانی که ناسیونالیست‌های کُرد اواخر دوره‌ی عثمانی مد نظر داشتند، اشتراک داشت. (Mojab, 2001b)

کسانی که در انقلاب ۱۹۷۹-۱۹۷۸ به مخالفت با نظام سلطنتی برخاستند، از نظر اجتماعی و سیاسی بسیار متنوع بودند و اهداف متفاوتی را دنبال می‌کردند. در کُردستان، مبارزات عمدتاً ناسیونالیستی و سکولار بود و مطالبه‌ی خودمختاری در یک ساختار دولتی دموکراتیک و فدرال مطرح بود. تئوکراسی اسلامی، مانند رژیم سلطنتی، دولتی واحد است که در قومیت پارسی (زبان، مذهب و فرهنگ آن) ریشه دارد و ایده‌ی خودگردانی یا خودمختاری ملیت‌های غیرفارس را رد می‌کند. برای «زنان مسلمان» نقش ویژه‌ای در تئوکراتیزه کردن دولت سلطنتی در نظر گرفته شد؛ از آن‌ها انتظار می‌رفت که در معکوس کردن تحولات اجتماعی و فرهنگی که پس از انقلاب مشروطه در ایران رخ داده بود، نقش رهبری را ایفا کنند. در کُردستان، مقاومت در برابر اسلامی‌سازی روابط جنسیتی ابعادی ناسیونالیستی به خود گرفت، گرچه شکاف‌های مذهبی در حاشیه به قوت خود باقی مانده بود. (اکثر کُردها سنی هستند درحالی‌که حکومت دینی ایران شیعه است) مقاومت زنان در قالب استفاده از اسامی کُردی غیراسلامی زنانه و نقض قوانین پوشش اسلامی با پوشیدن لباس کُردی نمود یافت.

هنگامی که ارتش، در آگوست ۱۹۷۹، حمله‌ی بزرگی را برای از بین بردن جنبش خودمختاری آغاز کرد، احزاب کُرد وارد مقاومت مسلحانه شدند. *سازمان کُردستان حزب کمونیست ایران* (*کومله*) و سایر گروه‌های چپ صدها زن را در صفوف نظامی و سیاسی خود جای دادند. اردوگاه‌های نظامی *کومله* به شدت با رژیم آپارتاید جنسیتی تحمیل‌شده به سراسر ایران، در تضاد بود. تا سال ۲۰۰۰، اسلامی‌سازی روابط جنسیتی در کُردستان شکست خورد؛ جایی که حضور فعالانه‌ی «زن کُرد» با «زن مسلمان» تحت حمایت دولت که در مرکز ترویج می‌شد، به شدت در تضاد بود. با این حال کُردستان تنها منبع مقاومت در برابر اسلامی‌سازی روابط جنسیتی نبود.

در واقع نخستین مداخله‌ی بزرگ رژیم اسلامی در زندگی ایرانیان، تهاجم علیه زنان در قالب لغو قانون حمایت از خانواده عزل قضات زن و تحمیل پوشش یعنی حجاب اجباری بود. اسلامی‌سازی به رژیم آپارتاید جنسیتی، مثلاً در ورزش، اتوبوس، استخر، ادارات دولتی، مدارس و دانشگاه‌ها و سایر اماکن عمومی تبدیل شد. این تئوکراسی، زنان را در معرض اشکال پیشامدرن انقیاد قرار می‌داد؛ از جمله نیاز به اجازه‌ی شوهر یا قیم مرد برای سفر، تبعیض در ارث، کاهش سن ازدواج به ۹ سال، مجازات

اعدام برای روابط همجنس‌گرایانه، و سنگسار زناکاران متأهل.[۲۴] بنابراین جای تعجب نیست که زنان بانی پیگیرترین و گسترده‌ترین مقاومت در برابر حکومت اسلامی شدند. آن‌ها با به چالش کشیدن تحمیل‌های مختلف، از قوانین پوشش اسلامی گرفته تا ممنوعیت دوچرخه‌سواری یا تحصیل در رشته‌های مهندسی، در برابر مردسالاری تئوکراتیک مقاومت کرده‌اند. این مقاومت در کُردستان نیز به همان اندازه متنوع بود و نمودهایی چون استفاده از لباس کُردی، آواز خواندن و رقص مختلط در عروسی‌ها و جشن‌های نوروز داشت.

در این میان، تعداد قابل‌توجهی از زنان کُرد، اعم از ماهر و غیرماهر، وارد نیروی کار غیرخانگی شده‌اند و جماعت روشنفکر زنانه‌ای شکل گرفت که از تعداد فزاینده‌ای شاعر (مانند مریم هوله و ژیلا حسینی)، نویسنده (مانند نسرین جعفری و ن.ج. آشنا) موسیقیدان (مانند قشنگ کامکار)، دانشگاهیان، معلمان و هنرمندان تشکیل شده بود. در اوایل دهه‌ی ۲۰۰۰، زنان در تعدادی از شهرهای کُردستان سازمان‌های غیردولتی تشکیل داده بودند که گرچه به بیان مطالبات حقوقی می‌پرداختند، اما عمدتاً با هدف ارائه‌ی کمک، امداد و رفاه برای فقرا فعالیت داشتند. در عین حال، افزایش بی‌سابقه‌ی خودکشی زنان، به‌ویژه از طریق خودسوزی، از فشارهای ناشی از مردسالاری مذهبی و خشونت خانوادگی (Yūsifī & Yūsifī, 1997)، که بر اثر فقر و اقتصاد ویران‌شده تشدید شده بود، پرده برداشت. با این اوصاف، جای تعجب نیست که آگاهی و کنشگری فمینیستی در هر بخشی از کُردستان مسیرهای متفاوتی طی می‌کند. برای مثال، در کُردستان ایران، برخلاف ترکیه که در آن چندین مجله‌ی فمینیستی کُردی منتشر شده است، هنوز هیچ مطبوعات فمینیستی یا زنانه‌ای وجود ندارد. این در حالی است که زنان در تهران و مراکز عمده‌ی شهری فعالانه در عرصه‌ی نشر و روزنامه‌نگاری مشارکت دارند.

عراق

دولت تازه‌تأسیس عراق که تحت اشغال (۱۹۲۰-۱۹۱۷) و قیمومت (۳۲-۱۹۲۰) بریتانیا و تحت نظارت *جامعه‌ی ملل*[۲۵] تشکیل شد، وجود کُردها را به عنوان مردمی که برای استفاده از زبان خود در مدارس ابتدایی، نشر و خبرگذاری از حقوق محدودی برخوردار بودند، پذیرفت. با این حال، بریتانیا عراق را به‌عنوان یک کشور واحد ایجاد کرد و در مقابل مطالبات کُردها برای خودمختاری ایستاد

[۲۴] برای مطالعه‌ی قوانین جزایی مربوط به زنان به Afkhami & Friedl, 1994 مراجعه کنید.

[۲۵] League of Nations: سازمانی میان‌دولتی که در دهم ژانویه‌ی ۱۹۲۰ در پی کنفرانس صلح پاریس که پایان رسمی جنگ جهانی اول محسوب می‌شد، تأسیس شد و در ۱۹۴۶ یعنی پس از جنگ جهانی دوم منحل و «سازمان ملل متحد» جایگزین آن شد.

زیرا می‌ترسید موجب گسترش ناسیونالیسم کُردی به کشورهای همسایه شود و از ادغام کُردها در کشور نوظهور جلوگیری کند. بریتانیا، برخلاف رژیم‌های ناسیونالیست ترکیه و ایران، در مسیر ساختن عراق به عنوان یک کشور عربی سلطنتی، به پروژه‌ی رسمی «رهایی‌بخشی زنان» یا «فمنیسم دولتی» متوسل نشد. در واقع، مقامات بریتانیا در مورد مطالبات آموزشی بیش از حد کُردها (Great Britain, 1930, pp. 139-40) از جمله تأسیس مدارس دخترانه‌ی بیشتر، به *جامعه‌ی ملل* شکایت کردند. پس از استقلال عراق در ۱۹۳۲، رژیم سلطنتی (۵۸-۱۹۳۲) سیاست‌گذاری نادیده گرفتن برابری جنسیتی را ادامه داد. *حزب کمونیست عراق* نیز مانند همتایان خود در ایران، سوریه و ترکیه، درحالی‌که اغلب به صورت زیرزمینی و وحشیانه سرکوب می‌شد، رساترین صدا را در دفاع از حقوق زنان داشت.

عراق، در کنار شوروی، تنها کشوری بود که وجود کُردها در آن انکار نمی‌شد. با این حال، سیاست‌گذاری مهار ناسیونالیسم کُردی از طریق عرب‌سازی[۲۶] در دستورکار قرار داشت. ناسیونالیست‌های کُرد برای مقاومت در برابر همگون‌سازی با دولت عربی بر تمایز قومی، زبانی، فرهنگی، سرزمینی، نژادی و تاریخی خود تأکید می‌کردند که این شامل ادعای آزادی نسبی زنان کُرد نیز می‌شد. اما حکومت خودمختار شیخ محمود که در اوایل دهه‌ی ۱۹۲۰ تشکیل شد، یک رژیم مردسالار و فئودالی بود که هیچ علاقه‌ای به حقوق زنان نداشت. در مقابل، روشنفکران از مذهبی گرفته تا ناسیونالیست و کمونیست، ستم بر زنان را محکوم کردند. برای نمونه، عبدالله گوران (۱۹۶۲-۱۹۰۴)، کمونیست و شاعر مدرن سرشناس، خشونت جنسیتی و طبقاتی، به ویژه قتل ناموسی را در اشعار خود محکوم کرده است. *حزب دموکرات کُردستان عراق* نخستین شماره‌ی *صدای زن*[۲۷] را در ۱۹۵۳ به طور مخفیانه منتشر کرد. در فضای کمابیش باز پس از سرنگونی سلطنت در ۱۹۵۸، سازمان زنان قدرتمند *حزب کمونیست* با *اتحادیه‌ی زنان کُرد* همکاری کرد و به لابی برای اصلاحات قانونی که ازدواج را تحت کنترل قوانین مدنی قرار می‌داد و رسم قبیله‌ای قتل ناموسی را ملغا می‌کرد، مشغول شد.

دور جدیدی از درگیری‌های مسلحانه در ۱۹۶۱ بین کُردها و رژیم جمهوری (به رهبری عبدالکریم قاسم) آغاز شد. اولین رژیم بعث که در ۱۹۶۳ به مدت کمتر از یک سال به قدرت رسید، حمله‌ی گسترده‌ای را علیه کُردها آغاز کرد و به کشتار کمونیست‌ها دست زد. جمهوری خلق مغولستان از *مجمع عمومی سازمان ملل* درخواست کرد تا مسئله‌ی «سیاست‌گذاری نسل‌کشی دولت جمهوری عراق علیه مردم کُرد» را به بحث بگذارد (U.N. General Assembly, 1963, pp. 109-14) و

[26] Arabization
[27] *Dengî Afret*

شوروی پرونده‌ی آن را به *شورای اقتصادی و اجتماعی* ارجاع داد. (Vanly, 1970,pp. 210-16, 381-84)

رژیم دوم بعث (۲۰۰۳-۱۹۶۸) بی‌درنگ پس از شکست مقاومت مسلحانه‌ی کُردها در ۱۹۷۵، با ویران کردن صدها روستای کُردنشینی که در امتداد مرزهای شمالی عراق با ایران و ترکیه قرار داشت، کمربند حائلی ایجاد کرد و در ۱۹۸۳، طی یک پروژه‌ی جنسیت‌کشی، همه‌ی مردان نوجوان و بزرگسال کُرد قبیله‌ی بارزانی یعنی جمعیتی بالغ بر ۸۰۰۰ نفر را کشت و زنان را در اردوگاه‌های کار اجباری در معرض تجاوز و وحشت نگه داشت. (Makiya, 1993, pp. 135-50) این رژیم در تعدادی از شهرها از جمله شهر حلبچه (۱۶ مارس ۱۹۸۸) علیه کُردها و در طول جنگ با ایران (۱۹۸۸-۱۹۸۰) از سلاح شیمیایی استفاده کرد که مصداق نقض پروتکل ۱۹۲۵ ژنو بود. افزون بر این، با بیرون راندن اجباری کُردها از شهر و روستاهای کرکوک به عرب‌سازی این منطقه‌ی نفت‌خیز پرداخت. کارزار قتل عام ۱۹۸۸ با نام رمز عملیات *انفال* (به معنای «غنائم جنگی» و نام سوره‌ای در قرآن)، نسل‌کشی گسترده‌ای بود که به کشته شدن بیش از ۱۰۰۰۰۰ نفر، ناپدید شدن ده‌ها هزار غیرنظامی، تخریب روستاها (به گفته‌ی *حکومت اقلیم کُردستان* ۴۰۰۶ مورد)، آواره‌سازی اجباری صدها هزار روستایی، دستگیری خودسرانه و زندانی شدن در شرایط محرومیت شدید هزاران زن، کودک و سالمند و تخریب زندگی روستایی منجر شد. (HRW, 1993) در همین زمان، نهادهای قهری دولت، تجاوز جنسی را به عنوان روشی برای شکنجه و مجازات نهادینه کردند.

پس از شکست عراق در جنگ خلیج فارس در ۱۹۹۱، بخش اعظم کُردستان تحت حاکمیت *حزب دموکرات کُردستان* عراق[28] و *اتحادیه‌ی میهنی کُردستان*[29] قرار گرفت که *دولت اقلیم کُردستان* (Herêma Kurdistanê) را تشکیل دادند. شش نفر از ۱۰۵ (۵/۷ درصد) نماینده‌ی مجلس زن بودند. با این حال، در جریان انتخابات پارلمانی، رأی‌دهندگان زن و مرد در مراکز رأی‌گیری از یکدیگر تفکیک شدند. گرچه *دولت اقلیم کُردستان* و به ویژه جناح *حزب دموکرات* آن عملاً مستقل از بغداد بودند، اما از الغای قوانین احوال شخصیه‌ی رژیم بعث و سایر قوانینی که با قتل ناموسی مماشات می‌کرد، خودداری کردند. در ۱۹۹۴، زنان در اعتراض به جنگ داخلی بین *حزب دموکرات کُردستان* و *اتحادیه‌ی میهنی کُردستان* که به طور متناوب تا ۱۹۹۶ ادامه داشت و منجر به تشکیل دو دولت کُردی شد، از سلیمانیه تا اربیل راهپیمایی کردند. نسل‌کشی ۱۹۸۸، جنگ طولانی علیه جنبش خودمختار کُرد، جنگ عراق و ایران در سال‌های ۱۹۸۸-۱۹۸۰ و جنگ خلیج فارس به رهبری ایالات متحده در ۱۹۹۱، بافت جامعه کُردی را نیز مانند ترکیه از هم گسیخت و خشونت گسترده‌ی

[28] Kurdistan Democratic Party (Partiya Demokrat a Kurdistanê)
[29] Patriotic Union of Kurdistan (Yekîtiya Nîştimanî ya Kurdistanê)

مردانه‌ای از جمله موجی از قتل‌های ناموسی را به راه انداخت. خودکشی از طریق خودسوزی که معمولاً پدیده‌ی نادری است، به طور مرتب رخ می‌داد. در پی تداوم اعتراضات، قطعنامه‌هایی توسط دولت تحت رهبری *اتحادیه‌ی میهنی کُردستان* با هدف جرم‌انگاری قتل ناموسی صادر شد؛ با این حال این قوانین فقط روی کاغذ باقی ماند. *حزب دموکرات کُردستان* خشونت مردسالارانه را به عنوان بخشی از سنت‌های اسلامی و کُردی توجیه کرد (Çingiyanî, 1993)، گرچه بعدها مجبور شد این عمل را نیز جرم‌انگاری کند.

سیاست‌گذاری رژیم بعث برای تبدیل زنان کُرد به «زن جدید عراق» و در اصل، شهروندی سکولار، بعث‌گرا، تحصیل‌کرده و مطیع کشوری عربی، عمدتاً به دلیل ستم ملی و مقاومت کُردها در برابر آن شکست خورد. ناسیونالیسم کُردی، مانند ترکیه و ایران، با پیشبرد ایده‌ی «زن کُرد» که به همان اندازه سکولار و ناسیونالیستی است و ریشه در قومیت کُرد و آرمان‌های ناسیونالیستی دارد، با پروژه‌ی دولت-ملت مقابله کرد. تجربه‌ی خودمختاری بین سال‌های ۱۹۹۱ و ۲۰۰۳ نشان داد که ناسیونالیسم کُردی نیز مانند تجربه‌های مشابه، هنگامی که به قدرت می‌رسد، خواستار وفاداری زنان به دولت مردسالاراست.

دومین جنگ ایالات متحده علیه عراق، با هدف تغییر رژیم بعث صدام حسین، با مقاومت جنبش‌های ضد جنگ و فمینیستی جهان مواجه شد. با این حال، رهبران دو حزب بزرگ کُردی و همچنین اکثریت کُردهای عراق، با این امید که جنگ رژیم بعث را از بین ببرد و بدیل بهتری را به جای آن بنشاند، از آن حمایت کردند. پس از سقوط صدام، زنان مناطق عرب‌نشین عراق هدف خشونت‌های شدیدی از جمله آدم‌ربایی و تجاوز جنسی قرار گرفتند و بدون محافظت قادر به ترک خانه نبودند. کُردستان عراق که پیش‌تر مستقل از بغداد بود، صحنه‌ی جنگ نبود و نسبتاً ساکت مانده بود. *زنان برای زنان بین‌الملل*، گروه امداد آمریکایی فعال در عراق، در گزارشی (ژانویه‌ی ۲۰۰۵) به این نتیجه رسید که «زنان عراقی هم توسط حکومت انتقالی تحت رهبری ایالات متحده و هم از سوی جانشین آن یعنی شورای حکومتی عراق، به حاشیه رانده و طرد شده‌اند.» (Women for Women International, 2005, p. 7) تعداد بسیار کمی از زنان برای شرکت در جلسات آوریل ۲۰۰۳ که تشکیل یک دولت موقت را برنامه‌ریزی می‌کرد، دعوت شدند و تنها سه زن برای *شورای حکومت موقت* منصوب شدند. هیچ زنی در شورای ۹ نفره‌ی دوره‌ای ریاست‌جمهوری یا کمیته‌ی ۲۴ نفری که پیش‌نویس قانون اساسی موقت را تهیه کردند، حضور نداشت. زنان در حالی از فرایند 'ملت‌سازی' کنار گذاشته می‌شدند که اربابان قبیله‌ای و فئودال، مردسالاران مذهبی، ناسیونالیست‌های تبعیدی بازگشته، مخالفان سابق رژیم بعث، اشراف، تکنوکرات‌ها و بوروکرات‌های طرفدار آمریکا و مشاوران آمریکایی به عنوان معماران دولت جدید به کار مشغول شدند. (Mojab, 2009)

حتی پس از انتخابات ژانویه‌ی ۲۰۰۵ که شیعیان و کُردها برنده‌ی اصلی آن بودند، آینده‌ی دولت عراق در هاله‌ای از ابهام بود؛ گرچه کاملاً روشن بود که رهبری شیعه رژیمی تئوکراتیک را دنبال می‌کرد که کُردها و بسیاری از عراقی‌ها با آن مخالف بودند. در همان زمان، نیروهای اسلام‌گرای افراطی بر خیابان‌های سراسر عراق عرب حکومت می‌کردند و پیشاپیش رژیم تئوکراتیکی از روابط جنسیتی را بر زنان تحمیل کرده بودند.

در دوران حاکمیت حکومت *اقلیم کُردستان* (۱۹۹۱-۲۰۰۳) چندین سازمان زنان تشکیل شد که هر کدام دارای نشریه‌ی خاص به خود بودند، گرچه همه‌ی آن‌ها به احزاب سیاسی وابستگی داشتند. دولت کُردی که با افتخار خود را به عنوان دولتی چندحزبی و دموکراتیک معرفی می‌کرد، حتی یک گروه کوچک سوسیال-فمینیستی را برنمی‌تابید؛ گروهی که برای نخستین بار افزایش قتل‌های ناموسی را افشا کرد، با صراحت از مردسالاری ناسیونالیستی انتقاد کرد و اولین خانه‌های امن را در منطقه ایجاد کرد.

روزنامه‌نگاری زنان کُرد، برخلاف ایران و بسیار شبیه ترکیه، در دهه‌ی ۱۹۹۰ ظاهر شد و در اوایل دهه‌ی ۲۰۰۰ نوشته‌های فمینیستی در قالب مقالاتی برای مجله‌ها و تحقیقات پدیدار شد.

سوریه

دولت سوریه که تحت حاکمیت فرانسه (۱۹۲۰-۴۶) ساخته شد، مانند عراق تحت حاکمیت بریتانیا، فاقد پروژه‌ی «فمینیسم دولتی» بود. اکثر کُردهای این کشور در نواحی روستایی شمال شرق زندگی می‌کردند، گرچه شمار قابل‌توجهی نیز در دمشق، حلب و دیگر شهرها ساکن بودند. در دهه‌ی ۱۹۲۰، جنبشی ناسیونالیستی در میان افراد برجسته و روشنفکر شهری ظهور کرد، اما جنبش زنان کُرد شکل نگرفت. با این حال، زنان خانواده‌های اشرافی در دهه‌های ۱۹۳۰ و ۱۹۴۰ به صورت فردی در زمینه‌ی آموزش و فرهنگ فعال بودند.

حزب حاکم بعث از زمانی که در اواسط دهه‌ی ۱۹۶۰ به قدرت رسید، تمام جنبش‌های مخالف را حذف کرد. گرچه کُردهای سوریه در درگیری مسلحانه با دولت شرکت نداشته‌اند، اما در اوایل دهه‌ی ۱۹۶۰ هدف پاکسازی قومی قرار گرفتند. با طرح‌هایی که برای تخلیه‌ی جمعیت مناطق کُردنشین از طریق ایجاد یک «کمربند عربی» در امتداد مرز ترکیه، بیرون راندن دهقانان از ۳۳۲ روستا و جایگزینی آن‌ها با مهاجران عرب اجرا شد، حدود ۱۲۰۰۰۰ کُرد تابعیت سوریه را از دست دادند. (MEW, 1991) کنشگری ناسیونالیستی از اوایل دهه‌ی ۱۹۹۰ احیا شده است.

بخش کُردنشین سوریه یا روژاوا (Rojava) در ۲۰۱۱، یعنی زمانی که مقاومت علیه رژیم بشار اسد به عنوان امتداد خیزش عربی در ۲۰۱۱ آغاز شد، تعدادی احزاب سیاسی داشت. در اوایل ۲۰۱۴، زمانی که رژیم سوریه نیروهای خود را از روژاوا خارج کرد، یکی از احزاب کُرد معروف به *حزب اتحاد دموکراتیک* (Partiya Yekîtiya Demokrat) رژیم خودمختاری را در سه بخش یا کانتون غیرهمجوار روژئاوا اعلام کرد. *حزب اتحاد دموکراتیک* سازمان ناسیونالیست چپ‌گرایی است که از نظر ایدئولوژیک و سیاسی به *پ.ک.ک* در ترکیه وابسته است.

تشکیل این کانتون‌های خودمختار با مخالفت گروه‌های مخالف سوری از جمله ارتش آزاد سوریه، ترکیه، ایالات متحده و حتی *دولت اقلیم کُردستان* در عراق مواجه شد. نیروهای بنیادگرای اسلامی دشمنان سرسخت کُردها بودند و داعش برای سرنگونی کانتون‌های خودمختار حمله‌ی بزرگی را آغاز کرد. در سپتامبر ۲۰۱۵، شهر کوبانی به مرکز این نبرد تبدیل شد و توجه رسانه‌ها را به خود جلب کرد. زنان پارتیزانی که از شهر دفاع کرده بودند و داعشی را که در طول چند ماه شهر را ویران کرده بود، شکست داده بودند، الهام‌بخش مردم سراسر جهان شدند. بسیاری از ناظران کوبانی را با استالینگراد و مادرید در جریان مبارزات ضدفاشیستی قرن پیش مقایسه کردند. تصاویر میدان نبرد، تقابل شدید میان زنان جوان که با مسلسل به جنگ یک ارتش بی‌رحم تئوکراتیک و زن‌ستیز رفته بودند را به نمایش گذاشت. زنان کوبانی وجهی از خاورمیانه را نشان دادند که توسط رسانه‌ها و آکادمی پنهان شده بود: زنان آماده‌اند تا با هر وسیله‌ای با نیروهای مردسالار و زن‌ستیز مبارزه کنند. زنان روژئاوا دارای سازمان نظامی خود به نام *یگان‌های مدافع زنان* (YPJ) هستند که همراه با *یگان‌های مدافع خلق* (YPG) شاخه‌ی نظامی *حزب اتحاد دموکراتیک* را تشکیل می‌دهند که مبارزه در روژئاوا را رهبری می‌کنند.

زنان روژئاوا در برابر نیروهای خشن زن‌ستیز تئوکراتیک مقاومت دلیرانه‌ای انجام داده‌اند. آن‌ها در قلمرو نظری، به اجرای اندیشه‌ی عبدالله اوجالان، رهبر *پ.ک.ک*، پیرامون آزادی‌بخشی زنان موسوم به ژنولوژی (jineolojî) پرداختند و آن را به طور گسترده توسعه داده‌اند. ژنولوژی که اغلب به عنوان علم زنان یا یک پارادایم مورد ارجاع قرار می‌گیرد، به عنوان جایگزینی نظری و روش‌شناختی برای فمنیسم‌های اثبات‌گرایانه، اروپامحور و ناسیونالیست ارائه می‌شود.[۳۰]

---

[۳۰] بی‌شک پرداختن همه‌جانبه به این مفهوم بسیار بحث‌برانگیز نظریه و پراکسیس آزادی‌بخشی زنان از حدود این فصل خارج است برای اطلاعات بیشتر به Çaglayan, 2019; Dirik, 2021; Neven and Schäfers, 2017 مراجعه کنید.

شوروی (۱۹۹۱-۱۹۲۱)

قدرت شوروی با استقرار در مناطق بخش قفقاز، ارمنستان و آذربایجان که اکثر کُردهای آن در مناطق روستایی زندگی می کردند در ۱۹۲۱، به زنان حق رأی اعطا کرد. روابط اقتصادی-اجتماعی قبیله‌ای- فئودالی که نیروی محرکه‌ی مردسالاری تلقی می‌شد، به سرعت برچیده شد و انتظار می‌رفت که زنان در ساختن جامعه و اقتصاد سوسیالیستی فعال باشند. (Abdal, 1960) برخلاف سایر مناطق کُردستان که در آن نرخ بی‌سوادی زنان روستاها بسیار بالا بود، در اوایل دهه‌ی ۱۹۳۰ بی‌سوادی در شوروی از بین رفت. اصلاح روابط جنسیتی مستلزم کار آموزشی و ایدئولوژیک گسترده‌ای در رسانه‌های چاپی، فیلم و مدارس تازه‌تأسیس کُردی بود. در اواسط دهه‌ی ۱۹۵۰، نسلی از زنان حرفه‌ای در حوزه‌هایی مانند تدریس، روزنامه‌نگاری، خبرگزاری، پزشکی، کشاورزی و موسیقی فعال بودند. همچنین کُردهای شوروی، برخلاف ترکیه و ایران، از آزادی استفاده از زبان و حفظ فرهنگ خود برخوردار بودند. با این حال، هزاران کُرد قفقاز در سال‌های ۱۹۳۷ و ۱۹۴۴ در معرض دو موج تبعید اجباری به جمهوری‌های آسیای مرکزی قزاقستان، قرقیزستان و ازبکستان قرار گرفتند. (Kren, 2000) در جریان فروپاشی شوروی، جمعیت کُرد مسلمان ارمنستان و قره‌باغ کوهستانی (ناگورنو قره‌باغ[۳۱]) در جریان جنگ بین ارمنستان و آذربایجان در سال‌های ۱۹۹۰-۱۹۹۴، یعنی زمانی که هر دو کشور «اساسی‌ترین قانون بشردوستانه‌ی بین‌المللی را به طور سیستماتیک نقض کردند»، عمدتاً آواره شدند. (HRW, 1992; McDowall 2000, pp. 490-94; Russo, 2000)

نکته پایانی

جنگ جهانی اول موجب ویرانی های عظیم در کردستان شد. پس از نسل‌کشی شهروندان ارمنی در ۱۹۱۵، امپراتوری عثمانی چند صد هزار کُرد را به ترکیه‌ی غربی تبعید کرد. بسیاری پیش از رسیدن به مقصد جان خود را از دست دادند. با این حال امپراطوری عثمانی در جنگ شکست خورد و بخش زیادی از قلمرو آن میان قدرت‌های اروپایی تقسیم شد. بریتانیا و فرانسه به ترتیب کشورهای جدید عراق و سوریه را پدید آوردند و در نتیجه کُردستان عثمانی میان این کشورهای تازه‌تأسیس و ترکیه تقسیم شد. فاتحان جنگ در ۱۹۲۰ در *معاهده‌ی سِور*[۳۲] وعده‌ی تشکیل دولت کُردی را دادند. اما پیش از تشکیل این دولت، عثمانی‌هایی که پس از شکست تجدید قوا کرده بودند، با همراهی نیروهایی که توسط آتاتورک از نو سازمان یافته بودند، قدرت مؤثری را در بخش‌های باقی‌مانده از امپراتوری، یعنی سرزمین کنونی ترکیه، تثبیت کردند. به سبب این تغییر در موازنه‌ی نیروها، معاهده‌ی سور با

---

[31] Nagorno-Qarabagh

[32] The Treaty of Sèvres

معاهده‌ی لوزان[33] جایگزین شد که در آن اشاره‌ای به تشکیل دولت کُردی نشده بود. در ۱۹۲۳ ترکیه اعلام جمهوریت کرد و طولی نکشید که ادغام اجباری کُردها در رژیم نوظهورملی-ناسیونالیستی ترک آغازشد.

مبارزه‌ی کُردها برای خودمختاری، در سال‌های پس از جنگ و تحت حاکمیت دولت‌های «مدرنیست» و متمرکز ادامه داشت. شورش‌های مهمی که در بین سال‌های ۱۹۲۵ تا ۱۹۴۲ در ایران، ترکیه و عراق رخ داد، به شدت سرکوب شد. در دوران اشغال عراق و قیمومیت بریتانیا بر این کشور، دولتی مستقل (در اواخر دهه‌ی ۱۹۱۰ و اوایل دهه‌ی ۱۹۲۰) به ریاست یکی از پیشوایان مذهبی و اربابان فئودال به نام شیخ محمود تنها به منظور تأمین منافع نظامی بریتانیا به قدرت رسید. او ضمن مقاومت در برابر محدودیت‌های اعمال‌شده از سوی بریتانیا خود را پادشاه کُردستان خواند. اما دولتش با وجود کابینه، ارتش نسبتاً آموزش‌دیده و نشریات دولتی، همانند پادشاهی‌های فئودالی گذشته بود که حزب سیاسی نداشت و قدرت در دستان شیخ محمود و اشراف فئودالی باقی ماند که او منصوب کرده بود. در نتیجه هیچ تغییری در زندگی زنان و دهقانانی که اکثریت جمعیت را تشکیل می‌دادند ایجاد نشد.

تقسیم مجدد کُردستان تأثیرات متعارضی بر سیر تحول ملت کُرد گذاشت. درحالی‌که فئودالیسم و قبیله‌گرایی در مناطق روستایی کُردستان غالب بود، جامعه‌ی کُردها در ارمنستان شوروی در منطقه‌ی خودمختار قره‌باغ کوهستانی (۱۹۲۹-۱۹۲۳) در معرض یک دگرگونی سوسیالیستی بود. با وجود این‌که ترکیه و ایران کُردها را در معرض بی‌رحمانه‌ترین اشکال زبان‌زدایی و قومیت‌زدایی قرار داده بودند، قیمومیت بریتانیا در عراق که تحت نظارت جامعه‌ی ملل صورت می‌گرفت، شوروی به کُردها آزادی استفاده از زبان خود در کار نشر و آموزش ابتدایی را داده بود.

در همان زمانی که پروژه‌ی ایجاد «زن شورایی» با هدف آزادسازی زنان کُرد از بند قبیله‌گرایی، فئودالیسم و مذهب و تبدیل آن‌ها به عوامل آگاه سازندگی سوسیالیستی در جریان بود، پروژه‌های «زن نوین ترک» در ترکیه و «زنان ایرانی» در ایران نیز به دنبال ادغام زنان کُرد در دولت بورژوایی بودند که در حال شکل‌گیری بود. فمینیسم دولتی در مراحل اولیه‌ی دولت‌سازی در عراق و سوریه نقش کمتری ایفا کرد؛ با این وجود در این موارد نیز، زنان شهری، طبقه‌متوسطی و عرب «عراقی» و «سوری» الگوی همه‌ی شهروندان زن بودند. با شکل‌گیری حکومت دینی در ایران، دولت برای سکولاریسم‌زدایی و اسلامی‌سازی «زن ایرانی» به قهر متوسل شد و «زن مسلمانِ» ایده‌آل نقش معکوس کردن روند یک قرن سکولاریزاسیون فرهنگ و جامعه را بر عهده گرفت. زنانگی کُردی نیز

---

[33] The Lausanne Treaty

در جریان این درگیری‌ها که بخشی از فرایند گسترده‌تر سرکوب ملی کُردها در ترکیه، ایران، عراق و سوریه بود، پدیدار شد.

با این حال، قدرت سیاسی بالقوه‌ی زنان کُرد، به علت جنگ خشونت‌باری که دولت-ملت‌های منطقه بر کُردها تحمیل کرده‌اند محدود شده یا در واقع تحلیل رفته است. گرچه زنان بر ویرانه‌های یک جامعه‌ی مدنی نارس زیست می‌کنند، اما به صورت فردی و سازمان‌یافته در برابر وضعیت موجود ایستاده‌اند. این ایستادگی به ویژه در ترکیه و کُردستان عراق، خود را بیش از پیش در قالب تشکیل گروه‌های زنان، انتشار مجلات، و کارزارهای اعتراضی از جمله راهپیمایی‌ها، نگهبانی‌های شبانه، و تظاهرات آشکار کرده است. همان‌طور که انتظار می‌رفت، جنبش فمینیستی نوپای کُردستان در مجموع از لحاظ قدرت و سازماندهی از جنبش ناسیونالیستی عقب مانده و ستم وحشیانه‌ی ناسیونالیستی، ستم جنسیتی و طبقاتی را به حاشیه رانده است. در چنین شرایطی برخی کنشگران زن وضع موجود را به عنوان نظم طبیعی روابط جنسیتی می‌پذیرند. از سوی دیگر، ناسیونالیست‌هایی که بر صندلی قدرت تکیه زده‌اند، ضمن تأکید بر عقب‌ماندگی جامعه‌ی کُردی، اغلب از پایبندی خود به مردسالاری و سنت‌گرایی می‌گویند. چنین تضادهایی از سابقه‌ای طولانی برخوردارند. واقعیت این است که زنانگی کُردی در طول حیات خود همواره در کشمکش میان جنسیت و ناسیونالیسم گرفتار بوده است. پرسش این‌جاست که آیا می‌توان ناسیونالیسم را زنانه کرد؟ و آیا می‌توان قدرت مردسالاری را بی‌آن‌که در ساختار طبقاتی تغییری ایجاد شود، با جدیت به چالش کشید؟ شاید مراجعه به تجربه‌های تاریخی غربی و غیرغربی در این زمینه، از جمله استقرار «جمهوری کُردستان ۱۹۴۶»، بتواند زوایای مختلف این تعارض را روشن کند.

منابع

Abdal, A. (1960). La structure sociale des Kurdes de la Transcaucasie. In M. B. Nikitine
(Ed., Trans.), *L'Afrique et l'Asie* (pp. 61-66).

Afary, J. (1996). *The Iranian constitutional revolution, 1906-1911: Grassroots democracy, social democracy, and the origins of feminism*. Columbia University.

Afkhami, M., & Friedl, E. (1994). Appendix II: The Islamic penal code of the Islamic Republic of Iran: Excerpts relating to women. In M. Afkhami & E. Friedl (Eds.), *In the eye of the storm: Women in post-revolutionary Iran* (pp. 180-187). Syracuse University Press.

Altinay, A. G. (2004). *The myth of the military-nation: Militarism, gender, and education in Turkey*. Palgrave Macmillan.

Amnesty International. (2003, February 26). *Turkey: End sexual violence against women in custody!* https://www.amnesty.org/en/documents/eur44/006/2003/en/

Arat, Z. (1994). Kemalism and Turkish women. *Women and Politics, 14* (4), 57- 80.

Benge, A. (1985). Guney, Turkey and the West: An interview. *Race and Class, 26*, 31-46.

Berktay, H. (1992). The search for the peasant in western and Turkish history/historiography. In H. Berktay & S. Faroqhi (Eds.), *New Approaches to State and Peasant in Ottoman History* (pp. 109-184). Frank Cass.

Çaglayan, H. (2019). *Women in the Kurdish movement: Mothers, comrades, goddesses*. Palgrave Macmillan.

Çingiyanî, C. (1993). An interview with four women belonging to the Union of the Women of Kurdistan. *Xermane, 9-10*, 119-126.

Dirik, D. (2021). *The Kurdish women's movement: History, theory, practice*. Pluto Press.

Ergil, D. (1996, August 4). We, the Turks. *Turkish Daily News*, reproduced in *Institut Kurde de Paris, Information and Liaison Bulletin*, No. 136-7, pp. 138-9.

Ertürk, Y. (1995). Rural women and modernization in southeastern Anatolia. In S. Tekeli (Ed.), *Women in modern Turkish society: A reader* (pp.141-152). Zed Books.

Esim, S. (1999). Nato's ethnic cleansing: The Kurdish question in Turkey. *Monthly Review, 50*(7), 20-7. https://doi.org/10.14452/MR-051-02-1999-06_4

Fernandes, D. (1999). The Kurdish genocide in Turkey, 1924-1998. *Armenian Forum, 1*(4), 57-107.

Fossum, L. O. (1918). The war-stricken Kurds. *The Kurdistan Missionary, 10*(1), 5-6.

Great Britain. Colonial Office. (1922-1932). Report by His Britannic Majesty's Government to the Council of the League of Nations on the Administration of Iraq Archives. https://onlinebooks.library.upenn.edu/webbin/serial?id=reportukiraq ln

Gürbey, G. (1996). The Kurdish nationalist movement in Turkey since the 1980s. In R. Olson (Ed.), *The Kurdish Nationalist Movement in the 1990s* (pp. 9-37). The University Press of Kentucky.

Houston, C. (2001). Profane knowledge: Kurdish diaspora in the Turkish city. In C. Houston (Ed.), *Islam, Kurds and the Turkish nation state: New technologies, new cultures* (pp. 113-132). Routledge.

Human Rights Watch. (1992, September 1). *Bloodshed in the Caucasus: Escalation of the armed conflict in Nagorno-Karabakh.* https://www.hrw.org/report/1992/09/01/bloodshed-caucasus/escalation-armed-conflict-nagorno-karabakh

Human Rights Watch. (1993, August 14). *Genocide in Iraq: The Anfal campaign against the Kurds.* https://www.hrw.org/report/2006/08/14/genocide-iraq-anfal-campaign-against-kurds/report-summary

Human Rights Watch. (1995). *Weapons transfers and violations of the laws of war in Turkey.* https://www.hrw.org/legacy/reports/pdfs/t/turkey/turkey95n.pdf

İlkkaracan, P. (1997). Women's movement(s) in turkey: A brief overview. *Women for Women's Human Rights Reports* (No 2). https://wwhr.org/wp-content/uploads/2021/07/Womens-movements-in-Turkey_-A-brief-Overview.pdf

İlkkaracan, P. (1998). Exploring the context of women's sexuality in eastern Turkey. *Productive Health Matters, 6*(12), 66-75. https://doi.org/10.1016/S0968-8080(98)90009-X

Iran National Archive (1992). *Khushūnat va farhang: Asnād-i maḥramānah-i kashf-i ḥijāb (1313-1322).* Tihrān: Mudīrīyat Pizhūhish, Intishārāt va Āmūzish. https://searchworks.stanford.edu/view/2772680

Kren, K. (2000). *Kurdologie, Kurdistan und Kurden in der Deutschsprachigen Literatur: Kommentierte Bibliographie* [Kurdology, Kurdistan and Kurds in German-language literature: Annotated bibliography]. Munster: LIT Verlag.

Kurdistan Solidarity Committee & Kurdistan Information Center. (1992). *Kurdish women: The struggle for national liberation and women's rights: Interviews and articles.* KSC-KIC Publications.

Kutschera, C. (1979). *Le movement national kurde.* Flammarion.

Lewis, B (1994). Why Turkey is the only Muslim democracy. *Middle Eastern Quarterly,* 41-49. https://www.meforum.org/216/why-turkey-is-the-only-muslim-democracy

Makiya, K. (1993). *Cruelty and silence: War, tyranny, uprising and the Arab world.* W. W. Norton & Company.

McDowall, D. (2000). *A modern history of the Kurds.* I. B. Tauris.

Mojab, S. (2001). Introduction: The solitude of the stateless: Kurdish women at the margins of feminist knowledge. In S. Mojab (Ed.), *Women of a non-state nation: The Kurds* (pp. 1-21). Mazda Publishers.

Mojab, S. (2001b). Women and nationalism in the Kurdish Republic of 1946. In S. Mojab (Ed.), *Women of a non-state nation: The Kurds* (pp. 71-91). Mazda Publishers.

Mojab, S. (2009). Imperialism, 'post-war reconstruction' and Kurdish women's NGOs. In N. Al-Ali & N. Pratt (Eds.), *Women and war in the Middle East: Transnational perspectives* (pp. 99-128). Zed Books. http://dx.doi.org/10.5040/9781350224056.ch-003

Müftüler-Bac, M. (1999). Turkish women's predicament. *Women's Studies International Forum, 22* (3), 303-15. https://doi.org/10.1016/s0277-5395(99)00029-1

Nikitine, B. (1956). *Les Kurdes: Étude sociologique et historiqu* [The Kurds: A historical and sociological study]. Klincksieck.

Randal, J. (1999). *After such knowledge, what forgiveness? My encounters with Kurdistan.* Boulder, CO: Westview.

Russo, D., & Yildiz, K. (2000). *Azerbaijan and Armenia: An update on ethnic minorities and human rights* (pp. 56-61). KHRP.

United Nations General Assembly. (1963). *U.N. economic and social council.* https://digitallibrary.un.org/record/819451/files/E_SR.1309-EN.pdf?ln=en

Vanly, I. C. (1970). *Le Kurdistan irakien: Entite nationale. Etude de la revolution de 1961* [Iraqi Kurdistan: National entity. Study of the 1961 revolution]. Editions de la Baconniere.

van Bruinessen, M. (2011). *Kurdish ethno-nationalism versus nation-building states. Collected Articles.* Gorgia Press. https://doi.org/10.31826/9781463229863

Women for Women International. (2005). *Windows of opportunity: The pursuit of gender equality in post-war Iraq.* http://www.womenforwomen.org/news-women-for-women/files/Iraq_Paper_0105.pdf

Yeğen, M. (1999). The Kurdish question in Turkish state discourse. *Journal of Contemporary History, 34*(4), 555-568.

Yousefi, M. (1997). Reviews of self-immolation in the city of Sanandaj in 1375 [In Persian]. *Kurdistan University of Medical Sciences, 3*, 64-93.

فصل سوم

تجربه‌ی زنان کُرد در جمهوری کُردستان ۱۹۴۶[1]

ناسیونالیسم و فمینیسم در مقام دو سامان ایدئولوژیک و سیاسی، همزمان با ظهور سرمایه‌داری و سیاست و فرهنگ مدرن آن پدیدار شدند. این دو گرچه محصولات نظام اجتماعی و اقتصادی واحدی هستند، اما از همان آغاز روابط متعارضی داشتند. ناسیونالیسم‌ها یا ناسوسیونالیست‌هایی که به قدرت رسیدند (از جمله نمونه‌های شناخته‌شده‌ی فرانسه و ایالات متحده) اکثریت ملت، یعنی همه‌ی زنان، مردان فقیر، بردگان، مردمان بومی و مهاجران، را از حقوق شهروندی «جهان‌شمولی» که وعده داده بود، محروم کردند. (Nelson, 1998) رویه‌ی ناسیونالیسم درباره‌ی ساخت دولت-ملت در این کشورها، هیچ توهمی در مورد بنیان‌های طبقاتی و جنسیتی ناسیونالیسم ایجاد نمی‌کرد؛ دموکراسی، حاکمیت مستقل مردمی، یا حاکمیت ملت همان حکومت مردان عضو بورژوازی بود. (Lister, 1997; Pettman, 1996; and Yuval-Davis, 1997) «اعلامیه‌ی حقوق بشر و شهروند»[2] به عنوان مهم‌ترین محصول انقلاب بورژوا-دموکراتیک فرانسه در ۱۷۹۸، زنان را از جایگاه شهروندی محروم کرد. واکنش‌های فمینیستی اولیه به این محرومیت نیز به همان اندازه دارای اهمیت بود؛ از جمله «اعلامیه‌ی حقوق زنان و شهروندان زن»[3] (Greenspan, 1994) که در ۱۷۹۱ به قلم الیمپ دوگوژ[4] منتشر شد. اما این‌که زنان فرانسوی جزو آخرین زنان غربی بودند که در ۱۹۴۴ واجد حق رأی شدند، تصادفی تاریخی نیست.

---

[1] معادل ۱۳۲۵ شمسی. شایان ذکر است که در این کتاب تاریخ‌ها به صورت میلادی آمده است.
[2] Declaration of the Rights of Man and of the Citizen
[3] Declaration of the Rights of Womanand of Citizenesses
[4] Olympe de Gouges

زنان کُرد در بطن تضاد تاریخی فمینیسم و ناسیونالیسم ۷۹

مبارزه با مردسالاریِ ناسیونالیسم در ابتدا از سوی زنان طبقه‌ی بورژوازی کلید خورد؛ یعنی زنانی که دارای شرایط کسب سواد، آموزش و کنش سیاسی بودند. این شکل از آگاهی فمینیستی که به‌درستی «فمینیسم لیبرال» نام گرفته، روابط اقتصادی حافظ نابرابری را به چالش نمی‌کشد. نقطه‌ی تمایز این نوع فمینیسم در دستورکار آن برای اصلاح روابط جنسیتی در محدوده‌ای است که روابط طبقاتی معین می‌کنند؛ بی‌آنکه پروژه‌ی ملت‌سازی را به چالش بکشد. ممکن است چنین استدلال شود که فمینیسم لیبرال تاکنون به اهداف خود در زمینه‌ی برابری جنسیتی **رسمی** دست یافته است. روابط این فمینیسم با ناسیونالیسم در قرن هجدهم و نوزدهم غالباً بیش از آن‌که سازگار باشد متعارض بود، اما امروزه عکس این وضعیت صادق است. به بیان دیگر، اتحاد ناسیونالیسم و فمینیسم لیبرال پیش از نظریه‌پردازی‌های کنونی درباره‌ی زنانه‌کردن دستورکار ناسیونالیستی در قالب «ناسیونالیسم فمینیستی» ایجاد شد.

از سوی دیگر، مارکسیسم در اواخر قرن نوزدهم و مدت‌ها پیش از دستیابی به برابری رسمی (تعمیم حقوق شهروندی به زنان)، بر پیوندهای قدرتمندی که روابط جنسیتی را به منافع اقتصادی و طبقاتی گره می‌زنند تأکید و به محدودیت‌های قانون‌گرایی (برابری از طریق اصلاحات قانونی صرف) اشاره می‌کند. امروزه انبوهی از مواضع رادیکال، از انواع فمینیسم سوسیالیستی گرفته تا نظریه‌های حقوق انتقادی و نظریه‌ی دموکراتیک، رابطه‌ی بسیار پیچیده‌ای را بین رسمیت برابری و واقعیت نابرابری در نظر می‌گیرند. نظریه‌پردازان حقوق فمینیست، با اتخاذ نوعی جهت‌گیری انتقادی، در واقع بی‌طرفی قانون و استقلال آن از روابط طبقاتی را رد می‌کنند. (Ward, 1997; Weisberg 1993; Mackinnon, 1993) آن‌ها این تلقی را که قانون در جایگاه «نظامی خودمختار و خودبسنده» دخالتی در تولید و بازتولید مناسبات قدرت ندارد، به چالش می‌کشند و در مقابل نشان می‌دهند که «ایدئولوژی حقوقی لیبرالیسم، ابزاری برای حفظ وضعیت موجود نظام حقوقی است.» (Weisberg1993: 403,404)

دو قرن ملت‌سازی در غرب با وجود فشار جنبش‌های فمینیستی در برقراری روابط عادلانه‌ی جنسیتی موفقیتی کسب نکرده است. این شکست در واقع نظریه و پراتیک فمینیستی را همه‌جا با چالش مواجه می‌سازد. آیا سابقه‌ی ناسیونالیسم‌های غیرغربی متفاوت است؟ (Jayawardena, 1986; Grewal and Kaplan, 1994; Waylen, 1996) درک وفاداری متضاد به جنسیت و ملیت و پیامدهای آن برای وضعیت زنان کُرد بدون درک درست خاص‌بودگی مسئله‌ی کُردها و ماهیت ناسیونالیسم کُردی امکان‌پذیر نیست. مسائلی که در این فصل با اشاره به تجربه‌ی جمهوری کُردستان ۱۹۴۶ مورد بررسی قرار می‌گیرد نشان می‌دهد که برخی جنبش‌های ناسیونالیستی معاصر منطقه، در مقایسه با همتایان غربی خود، بسیار ضعیف‌تر از آن هستند که حق برابری رسمی و قانونی زنان و مردان را محقق سازند. این جنبش‌ها عمدتاً از زنان در راستای پیشبرد منافع و اهداف

سیاسی خود به ویژه در زمینه‌ی ملت‌سازی بهره می‌برند، اما در نهایت به وعده‌های خود در راستای بهبود وضعیت زنان در ابعاد مختلف متعهد نمی‌مانند.

خاص‌بودگی مسئله‌ی کُردها

جنبش ناسیونالیستی کُردها به‌واسطه‌ی برخی ویژگی‌هایش از سایر همتایانش متمایز است. نخست این‌که کُردها یک ملت بی‌دولت هستند. دوم این‌که «وطن ملی» آن‌ها یعنی کُردستان، بین چهار کشور همسایه (ترکیه، ایران، عراق، و سوریه) تقسیم شده و افزون بر این، جزیره‌هایی از جمعیت کُردها در ارمنستان، آذربایجان، شمال شرق ایران و تعداد قابل‌توجهی نیز در سایر نقاط دنیا ساکن هستند. ترکیه و ایران و سوریه، همواره هویت ملی متمایز کُردها را انکار کرده‌اند و با هر میزانی از خودمختاری کُردی به شدت مخالف هستند. سوم این‌که جنبش‌های ناسیونالیستی کُردی هرگز در قالب مبارزات ضداستعماری «آزادی‌بخش ملی» ظهور نکردند بلکه عمدتاً در حال نبرد با ترکیه و ایران و عراق و سوریه بوده‌اند. با این حال، در طول تاریخ بخش‌هایی از کُردستان تحت حاکمیت مستقیم قدرت‌های استعماری بریتانیا (عراق)، فرانسه (سوریه) و روسیه (قفقاز) قرار گرفته است. همچنین، قدرت‌های غربی به شدت از سیاست سرکوبگرانه‌ی ترکیه در قبال مطالبات کُردها برای خودگردانی حمایت می‌کنند زیرا ترکیه یکی از اعضای *ناتو* و از هم‌پیمان‌های اصلی ایالات متحده است. در اصل، ناسیونالیسم کُردی هم با قدرت‌های غربی و هم با دولت‌های خاورمیانه در ستیز است. ویژگی مهم دیگر استمرار فئودالیسم است که تا اوایل دهه‌ی ۱۹۶۰ شیوه‌ی غالب تولید در مناطق روستایی کُردستان ایران و عراق محسوب می‌شد و هنوز هم در بخش‌هایی از روستاها پابرجاست. مطالبه‌ی حق تعیین سرنوشت، از سوی نیروهای اجتماعی گوناگون اعم از (خرده)بورژوازی شهری و رهبران فئودال و قبیله‌ای مطرح شده است. موضوع دیگری که از اهمیت مشابهی برخوردار است، سرکوب بی‌رحمانه‌ی جنبش‌های ناسیونالیستی مختلفی است که فعالیت‌های سیاسی را به زیرزمین یا به نقاط امن کوهستان‌ها سوق داده است؛ و دست آخر این‌که ناسیونالیسم کُردی غالباً سکولار است.

ناسیونالیسم کُردی را به سهولت می‌توان از سایر موارد متمایز کرد. با این حال، وضعیت تحقیق در مورد این موضوع نیز به همان اندازه دارای تمایز است. پژوهش در این زمینه به علت کمبود منابع، به ویژه متون مکتوب و چاپی و اسناد آرشیوی عملاً فلج شده است. سیاست‌گذاری خشن «زبان‌کشی» در ترکیه (از ۱۹۲۳)، ایران (از دهه‌ی ۱۹۲۰) و سوریه (از اوایل دهه‌ی ۱۹۶۰)، نوشتن و حتی (در ترکیه) سخن گفتن به زبان کُردی را اقدام مجرمانه‌ای علیه «تمامیت ارضی» حکومت می‌کند. کنشگران سیاسی، در غیاب هرگونه فضای باز سیاسی، چه رسد به وجود «سپهری عمومی»

یا جامعه‌ی مدنی، قادر به بیان عمومی نظرات خود و مشارکت در مباحثات پیرامون حق تعیین سرنوشت نبوده‌اند. در چنین شرایطی، اکثر مجلات، جزوات و اعلامیه‌ها پنهانی چاپ می‌شدند و به طور گسترده توزیع نمی‌شدند و اکنون یا معدوم شده‌اند یا به راحتی در دسترس نیستند. تحقیقات تاریخی شفاهی نیز به همین اندازه غیرعملی است، زیرا افراد کمی جرأت می‌کنند خاطرات خود را از رویدادها به اشتراک بگذارند، حتی اگر خودشان هم مستقیماً درگیر آن رویدادها نبوده باشند.

دیگر ویژگی متمایز این متون، بی‌توجهی به نظریه است. سابقه‌ی سنت تحقیق در مورد کُردها در غرب به قرن هجدهم بازمی‌گردد. ردّ پای مبلغان، مسافران، دیپلمات‌ها و زبان‌شناسان تاریخی را می‌توان در این متون مشاهده کرد. پس از جنگ خلیج فارس و ناکامی ترکیه در سرکوب جنبش ناسیونالیستی کُردها، این تحقیقات با سرعت بیشتری رشد کرد. با این وجود، هنوز کسی بر آن نشده است تا نقدی جدی در مورد متون گوناگونی که غربی‌ها درباره‌ی کُردها نوشته‌اند، ارائه دهد. گرچه حتی بدون وارد شدن به جزئیات نیز تشخیص این امر دشوار نیست که بسیاری از این متون بر مبنای منافع استعماری شکل گرفته‌اند.

افزون بر این، بررسی‌های انتقادی بسیار اندکی در مورد متون علوم اجتماعی به ویژه در زمینه‌ی کار میدانی مردم‌شناختی صورت گرفته است. با وجود ارجاعات مختلف به زنان، نظریه و روش‌شناسی این آثار از فقدان رویکرد جنسیتی رنج می‌برند و زمانی هم که پای جنسیت در میان باشد، اغلب در رابطه با ازدواج و ساختارهای خویشاوندی است. این چارچوب تنگ ازدواج و خویشاوندی، به دلیل فقدان دیدگاه طبقاتی آگاهانه درباره‌ی روابط مالکیت و شیوه‌های تولید، تنگ‌تر و محدودتر هم می‌شود. با این حال، باید توجه داشت که مردم‌شناسی و سایر علوم اجتماعی پیش‌تر هنوز با نظریه و روش‌شناسی فمینیستی آشنا نشده بودند. گرچه جنسیت مورد مطالعه قرار می‌گرفت، اما هنوز چارچوب نظری و روش‌شناختی جنسیتی‌شده‌ای در کار نبود. سیاست‌پژوهانی هم که به مطالعه‌ی ناسیونالیسم کُردی پرداخته‌اند، فاقد چشم‌اندازی جنسیتی بودند و تا همین اواخر نیز رهیافتشان غیرنظری و غیرتاریخی بود. حتی متونی نیز که شوروی در مورد ناسیونالیسم کردی به رشته‌ی تحریر درآمده، به همان اندازه غیرتاریخی و توصیفی بوده و نتوانسته به صورت خلاقانه از مجادلات درونی نظریه‌های مارکسیستی و لنینیستی درباره‌ی ناسیونالیسم بهره ببرد. مباحثات نظری غربی اواسط دهه‌ی ۱۹۹۰ نیز در چارچوب نظریه‌های لیبرال دموکراتی که در تمایز نادقیق ناسیونالیسم‌های «مدنی» و «قومیتی» از هم ریشه داشتند، باقی ماند.

از آگاهی «قومیتی» تا هویت «ملی»

کُردها دست‌کم دوهزار سال است که در سرزمین کنونی خود زندگی می‌کنند. آن‌ها مدت‌ها پیش از ظهور ناسیونالیسم، تمایز عمیقی را با همسایگان خود، به ویژه با ترک‌ها، فارس‌ها و اعرابی که در دوران‌های مختلف بر آن‌ها حاکم بودند، احساس می‌کردند. نخستین نمود آشکار آگاهی ادبی و زبانی کُردها به قرن‌های پانزدهم و شانزدهم باز می‌گردد؛ هنگامی که ادیبان آن زمان، یعنی ملاها و شاگردانشان، سرودن شعر به زبان مادری خود را آغاز کردند. در ادامه *شرف‌نامه* در پایان قرن شانزدهم به رشته‌ی تحریر درآمد که در زمان نگارش آن، بیشتر کُردستان تحت حاکمیت مستقیم کوچک‌دولت‌هایی بود که باید خراج می‌پرداختند و از عثمانی‌ها یا فارس‌ها حمایت نظامی می‌کردند. در این میان، هدف نویسنده اثبات این بود که کُردها صاحب یک سنت حکمرانی بودند. یک قرن بعد، شاعری به نام احمد خانی از امارت‌ها به خاطر ناکامی‌شان در متحد شدن تحت لوای یک پادشاهی کُردی و عدم موفقیت در پایان دادن به «سرسپردگی» کُردها به حکومت‌های عثمانی و فارس انتقاد کرد. با وجود این، امارت‌ها متحد نشدند و ترک‌ها و فارس‌ها شش کوچک‌دولت قدرتمند پیشین را در اواسط قرن نوزدهم سرنگون کردند.

پس از سقوط امارت‌ها و در پایان قرن نوزدهم بود که کُردهای مهاجر و تبعیدی مقیم استانبول، به ابراز ایده‌هایی همچون مدرنیته، ملت و ناسیونالیسم پرداختند و مطالبه‌ی تشکیل دولت کُردی با جدیت بیشتری طرح شد. در واقع، آگاهی ناسیونالیستی و فمینیستی، کمابیش به طور همزمان، در امپراتوری عثمانی ظهور کرد. ناسیونالیسم کُردی گروه‌های تبعیدی در استانبول و در مقیاس محدودتری در محیط‌های شهری کردی پدیدار شد اما برخلاف همتایان عرب، فارس (ایرانی) و ترک خود، نتوانست به کشوری دست یابد.

اشراف و روشنفکران کُرد تبعیدی استانبول، محافل ادبی، سیاسی و روزنامه‌نگاری تشکیل دادند که به ترویج ایده‌ی ملت متمایز کردی می‌پرداخت که مدعی خودمختاری در داخل دولت عثمانی بود. این حلقه به رهبری حاکم بدرخانی امارت بوتان، نخستین روزنامه‌ی کُردی را تحت عنوان *کُردستان* در ۱۸۹۸ در قاهره راه‌اندازی کرد. حاجی قادر کویی (۱۸۹۷-۱۸۱۸)، ملا و شاعری که به استانبول مهاجرت کرده بود، از کُردها خواست به پا خیزند و دولت خود را بنا کنند. او خرافه‌پرستی مذهبی، بی‌سوادی، و لاقیدی روحانیون نسبت به خواندن و نوشتن به زبان مادری کُردی را به شدت محکوم می‌کرد و کُردها را ترغیب کرد تا از زبان خودشان استفاده کنند، ادبیات شفاهی و مکتوب خود را جمع‌آوری و منتشر کنند، علوم سکولار مدرن را فرا بگیرند، شرایط تحصیل زنان را فراهم سازند و به انتشار روزنامه و مجلات بپردازند. ناسیونالیست‌هایی مانند کویی و اشراف زمین‌دار، از استقلال یا خودگردانی در چارچوب امپراتوری عثمانی حمایت می‌کردند. آن‌ها از پیشرفت اروپا و ژاپن متأثر بودند

و از جنبش‌های آزادی‌بخش و ناسیونالیستی یونانی‌ها، بلغارها، صرب‌ها، سودانی‌ها و سایر خلق‌های تابع امپراتوری الهام می‌گرفتند.

افزون بر این، در آغاز قرن بیستم روشنفکران جدیدی ظهور کردند که در دانشکده‌های مدرنی که در حکومت‌های عثمانی و ایران تأسیس شده بود، تحصیل کرده بودند. این کنشگران در استانبول (پایتخت) و سایر مراکز مهم شهری به کار انتشار و سازمان‌دهی مشغول بودند. جنبش ناسیونالیستی *ترک‌های جوان* در اوایل قرن بیستم و همچنین جنبش‌های ملی و دموکراتیک اروپا و آسیا از ایده‌ی ملت و دولت-ملت مدرن کُرد حمایت می‌کردند. با این حال، رهبری این کنش‌ها در دستان طبقه‌ی اشراف زمین‌دار بود. (Klein, 2001) این نخبگان باسواد آشکارا تحت تأثیر جنبش‌های ناسیونالیستی بالکان، اروپای شرقی، آسیا، و آفریقا بودند و از ناسیونالیسم نوظهور ترک نیز که خواستار تبدیل رژیم مطلقه‌ی عثمانی به سلطنت مشروطه بود، الهام گرفته بودند. آن‌ها با *کمیته‌ی اتحاد و پیشرفت*[5] همکاری داشتند که از اصلاح‌طلبان لیبرالی تشکیل شده بود که به دنبال رژیم مشروطه‌خواهی بودند.

جنبش ناسیونالیستی کُردی (Kurdayetî) بر جنبش واحد و یکپارچه‌ای دلالت ندارد و با توجه به شرایط کُردستان که پیش‌تر به اختصار به آن اشاره شد، روشن است که این جنبش از جنبش‌ها و خیزش‌های گوناگون در بافت‌های مختلف تاریخی تشکیل شده است. محافل ناسیونالیستی اواخر قرن نوزدهم و اوایل قرن بیستم نیز از پیشینه‌های اجتماعی گوناگونی از جمله خاندان‌های امیرتبار آواره‌شده و فئودال‌های تبعیدی، رهبران مذهبی (شیوخ)، اشراف شهری و خرده‌بورژوازی برخاسته بودند؛ اما مطالباتشان مشخصاً از دستاوردهای دموکراسی‌های اروپای غربی و جنبش‌های آزادی‌بخش ملی آن زمان متأثر بود. طرح مسئله‌ی آن‌ها درباره‌ی وضعیت ملت کُرد، بر محور مسئله‌ی حاکمیت مستقل استوار بود. به بیان دیگر، برای آن‌ها مسئله‌ی اصلی سرسپردگی سیاسی و علاج آن استقلال از استانبول یا خودگردانی در چارچوب امپراتوری بود. سایر مسائل از جمله غلبه‌ی فئودالیسم-قبیله‌گرایی در مناطق روستایی، مناسبات توسعه‌نیافته‌ی سرمایه‌دارانه در مناطق شهری، عدم توسعه‌ی فرهنگی (بی‌سوادی، خرافه‌پرستی مذهبی، وضعیت فرودستانه‌ی زبان کُردی) و انقیاد زنان، همه تابع پروژه‌ی خودگردانی بودند. بنابراین مهمترین مانع دموکراتیک‌سازی، یعنی سلطه‌ی فئودالی بر اکثریت ملی که دهقان بودند، در دستورکار احزاب مختلف ناسیونالیست جایی نداشت. حملات ناسیونالیست‌ها بر دشمن خارجی یعنی حکومت عثمانی متمرکز بود و نظام رعیتی که تمام ملت را به زنجیر کشیده بود، نادیده گرفته می‌شد. در واقع سازش ناسیونالیستی با فئودالیسم و قبیله‌گرایی بسیار عمیق بود. به‌طوری که کنشگران ناسیونالیست به جای دعوت به اصلاحات ارضی

---

[5] Committee of Union and Progress

و جلب حمایت دهقانان، تقریباً همواره به امنیت روستاها پناه بردند؛ یعنی به همان جایی که قدرت رهبران فئودالی و قبیله‌ای از قدرت دولتی بیشتر بود. (Hassanpour, 1999)

بر سر دوراهی جنسیت و ملیت

روشنفکران نوظهور کُرد که عمدتاً مرد بودند، در بازه‌ی میان انقلاب مشروطه‌ی ۱۹۰۸ و تشکیل جمهوری ترکیه در ۱۹۲۳، ایده‌ی نوپای برابری جنسیتی را به گفتمان ناسیونالیستی تمام‌عیاری درباره‌ی «مسئله‌ی زن» بسط دادند. آن‌ها در تلاش‌های اولیه‌ی خود برای ترسیم موقعیت یک ملت مدرن کُرد نقش ویژه‌ای را برای زنان در نظر گرفتند زیرا زنان نیمی از ملت را تشکیل می‌دادند و باید در زمینه‌های خاصی مانند آموزش با مردان برابر می‌بودند. افزون بر این، زنان، به ویژه زنان روستایی، حاملان زبان و فرهنگ اصیل کُردی بودند که کُردها را از ترک‌ها متمایز می‌کرد و برای آن‌ها حقوق ملی از جمله حق تعیین سرنوشت قائل بود.

نخستین نمود ایده‌ی برابری زنان و مردان، به اواخر قرن نوزدهم و اشعار نخستین مبلغ ناسیونالیسم کُردی یعنی همان حاجی قادر کویی می‌رسد. مدافعه‌گری برای آموزش زنان بخشی از سیاست نوپای مدرنیستی او به عنوان یکی از ایدئولوگ‌های ناسیونالیسم کُردی بود. کویی با اشاره به فرموده‌ی پیامبر اسلام مبنی بر این‌که مسلمانان باید به جستجوی علم بپردازند حتی اگر در چین باشد، خطاب به کُردها گفت: «در این قول فرقی بین زن و مرد نیست و اگر ملایی آن [یعنی تربیت زنان] را ممنوع کند، کافر است.» (Koyi, 1986, pp. 186-87) اما ایده‌ی کویی درباره‌ی دسترسی برابر به آموزش که ظاهراً ملهم از شناخت او از غرب بود، به جای آن‌که از طرف یک رژیم حقوق و شهروندی حمایت شود، مورد پشتیبانی مرجعیت مذهبی قرار گرفت و در نتیجه هنگام مرگ او در ۱۸۹۷، زنان در هیچ کشوری از مقام شهروندی کامل برخوردار نبودند. پس از آن، نخستین بیان موضع ناسیونالیستی کُردی درباره‌ی زنان، در اجتماعات مهاجر و تبعیدی استانبول اظهار شد و در اشعار و مطبوعات آن‌ها به ثبت رسید. مجلاتی که در این دوره منتشر شدند، همزمان و پس از سرکوب شورشی که در ۱۹۲۵ در ترکیه رخ داد، ممنوع شدند و اکثراً از میان رفتند؛ هرچند برخی از مطالب این مجلات پس از دهه‌ی ۱۹۷۰ در اروپا و ترکیه تجدید چاپ شدند.

پس از این‌که *ترک‌های جوان* در ۱۹۰۸ موفق شدند قانون اساسی ثانویه‌ای را بر سلطان تحمیل کنند، جنبش‌های ناسیونالیستی آزادی‌بخش مخالف عثمانی تهاجم تازه‌ای را برای استقلال آغاز کردند. نخبگان ناسیونالیست کُرد نیز فعالانه درگیر اثبات این قضیه بودند که کُردها ملتی متمایز از ترک‌ها و شایسته‌ی برخورداری از حق تعیین سرنوشت هستند. روزنامه‌نگاری یکی از ابزارهای اصلی ساخت این هویت بود. مطبوعات کوشیدند تا کُردها را در قالب ملتی معرفی کنند که صاحب تاریخ،

زبان، سنت ادبی، و فرهنگ خاص خود است. این نبرد هویتی، پیکاری بسیار دشوار بود، زیرا ترک‌های عثمانی تأکید داشتند که آلبانیایی‌ها، کُردها، ترک‌ها و سایر مسلمانان، همگی به یک جامعه‌ی دینی (milla) واحد یعنی اسلام تعلق دارند و بنابراین به ضرورت دین خود باید به حکومت اسلامی عثمانی وفادار بمانند. در واقع سلاطین عثمانی که در قرون پانزدهم و شانزدهم بخش اعظم جهان اسلام را در ید قدرت خود داشتند، مدعی بودند که امپراتوری آن‌ها امتداد خلافت اسلامی است. بنابراین برساختن هویت کُردی مستلزم تقابل با مذهب، ناسیونالیسم ترکی و دولت عثمانی بود.

تا آن‌جا که به خود کُردها مربوط می‌شد، ناسیونالیست‌ها مجبور نبودند کسی را در مورد تمایز با ترک‌ها متقاعد کنند. در واقع ستمگری عثمانی چنان بی‌رحمانه بود که شمار کسانی که انتخاب دیگری داشتند بسیار اندک بود. با این حال، به حداقل رساندن پیوند مشترک دینی همچنان در دستورکار قرار داشت. ناسیونالیست‌های اواخر قرن نوزدهم و اوایل قرن بیستم، این پیوند مشترک دینی را به سادگی با ارجاع مداوم به مرجعیت شاعر یعنی همان احمد خانی کنار می‌گذاشتند. احمد خانی اصطلاح مذهبی "milla" را که عموماً برای نام‌گذاری غیرمسلمانانی مانند ارمنی‌ها به کار می‌رفت به اصطلاحی قومی بدل ساخت. او اقوام مسلمان از قبیل کُردها، ترک‌ها، اعراب و فارس‌ها را "millel" (جمع "milla") معرفی کرد؛ یعنی مردمانی که نه به لحاظ مذهب بلکه از نظر قومیت متمایز هستند. کویی در مورد حاکمان عثمانی چنین نوشت: «این اقتضای اقلیم و خاک سرزمین عثمانی است که . . . مجری قانونش راهزن باشد، قاضی‌اش دزدی باشد که آزادانه می‌چرخد، وزرا و وکلایش گرگ باشند و رعیت جز رمه نباشد . . . ستمگری آن‌ها بر عموم مردم [چنان] فراگیر است که **رعایا** هلاک شده‌اند.» (1986: 140) به عقیده‌ی او این فساد/ستمگری به این دلیل رخ داده بود که عثمانیان «با اسلام بیگانه و دوست غرب (فرنگ) بودند» (1986: 140) بنابراین دین آن پیوندی نبود که کُردها را برای همیشه به حکومت عثمانی گره بزند.

با این حال، ناسیونالیست‌ها باید دیگران، به ویژه عثمانی‌ها و قدرت‌های غربی را متقاعد می‌کردند که کُردها با ترک‌ها تفاوت دارند، زیرا دارای زبانی متمایز، ادبیاتی اصیل، سرزمین مادری خاص خود و سابقه‌ی خودگردانی هستند. گرچه تمایز قومیتی که معمولاً در زبان، فرهنگ و (بعدها در دوره‌ی پس از جنگ جهانی اول) نژاد پدیدار می‌شود، می‌توانست کُردها را از اکثر اقوام غیرکُرد متمایز کند، اما ناسیونالیست‌ها تصمیم گرفتند برای پیروزی در این جنگ هویتی به قومیتی‌سازی زنان بپردازند. در نتیجه‌ی همین تصمیم بود که زنان به دارایی ملت و شرف و خلوص ملی و یگانه ابزار بازتولید جسمی و فرهنگی ملت تبدیل شدند. آن‌ها در عین حال همچنان دارایی شوهرانشان نیز محسوب می‌شدند. این‌گونه بود که زنان بین مردان و ملت پیوندی ناگسستنی ایجاد کردند. این دارایی زنانه، در قیاس با سایر دارایی‌های مادی، مصونیت بیشتری داشت؛ «شرف» شوهر صراحتاً به «عفت» **(ناموس)** همسر و دیگر زنان عضو خانواده گره خورده بود. شوهر و همه‌ی اعضای خانواده یا حتی قبیله وظیفه داشتند از **ناموسشان** محافظت کنند. شاید جالب باشد که احمد خانی حتی پیش از ظهور

ناسیونالیسم مدرن نیز واژه‌ی **ناموس** را در معنایی سیاسی به کار برده است. او امیران را به دلیل عدم توفیق در اتحاد تحت لوای یک پادشاهی کُردی، عدم تشکیل یک دولت مستقل کُردی و ناکامی در رها ساختن کُردها از تسلط ترکان و ایرانیان آماج شدیدترین اتهامات قرار می‌دهد و به آن‌ها یادآور می‌شود که «محافظت از **ناموس** [کُردها] وظیفه‌ی حاکمان و امیران است و گناه شاعران و فقرا چیست؟»

طرح «مسئله‌ی زن» توسط ناسیونالیست‌ها

«مسئله‌ی زنان» برای نخستین بار در ۱۹۱۳ و در مجله‌ی ناسیونالیستی *خورشید کُردی*[6] مطرح شد. یکی از نویسندگان مرد به نام ارگنی مادنلی[7] مقاله‌ای پیرامون «جنبش موفق و برجسته‌ی زنان» در اروپای شمالی و غربی نوشت و یادآور شد که برخی از متفکران «قرن ما را قرن زنان می‌نامند.» او از این‌که خانواده «به منبع همه‌ی [انواع] فساد و اغتشاش اخلاق فردی و اجتماعی تبدیل شده» انتقاد کرد. نویسنده که تحت تأثیر دستاوردهای «نوع زن» در اروپای شمالی قرار گرفته بود، اعتقاد داشت که زنان اروپای غربی و مرکزی و ایالات متحده «از خواهران خود در شمال تقلید و پیروی می کنند.» هدف آن‌ها «کسب حقوق خود در زندگی و بقا و نیز به دست آوردن حقوق سیاسی و اجتماعی بود.» در این مقاله به روشنی به پیوند زن و ملت‌سازی اشاره شده است: «میزان پیشرفت ملت‌ها و مردمان همواره با موقعیت زنانشان در تناسب است. این قانون باید همواره و هرلحظه مد نظر قرار بگیرد.» نویسنده با آگاهی از «موقعیت حقارت‌آمیز زنان در مقابل مردان» بر این باور بود که این «بیماری» را می‌توان با داروی آموزش مدرن شفا داد. با این حال، انتشار مجله‌ی *خورشید کُردی* با شروع جنگ جهانی اول که ویرانی، قحطی، و تلفات زیادی را در اکثر مناطق کُردستان به بار آورد، به سرعت متوقف شد.

نخستین سازمان زنان با عنوان *انجمن پیشرفت زنان کُرد*[۸] در ۱۹۱۹ در استانبول دایر شد. نویسندگانی که با مجله‌ی *زندگی*[۹] همکاری می کردند و با انجمن نیز ارتباط داشتند، زنان را مادران ملت و آموزگاران کودکان حافظ ملت می‌دانستند. یکی از نویسندگان این مجله با نام عزیز یامولکی، ضمن تبریک تشکیل سازمان نوشت که زنان می‌توانند «آداب دینی و ملی و سنت‌های ملی را در ذهن کودکان القا کنند» و با این کار هم «بذرهای تعلق آتی خود به نژاد و ملتشان را می‌پرورانند و هم پایبندی صادقانه‌ی خود

---

[6] *Rojî Kurd*
[7] Ergenî Madenli
[8] Society for the Advancement of Kurdish Women
[9] Jîn

به ملت تاریخی شش‌هزارساله‌ی خود را تقویت می‌کنند» (به نقل از klein, 2001:28) در یکی از اشعار عبدالرحیم رحمی نیز خط‌مشی سیاسی مشابهی بیان شده است:

قرن ما را گفتند: «علم و ترقی‌ات را از که داری؟»

چنین پاسخ داد که «از زنان.»

بدین‌گونه که ایشان هرگز نمی‌ایستند و شبانه‌روز می‌کوشند

هم از این روست که توانا هستند در پروراندن کودکانشان؛

هستی کشور به هستی ایشان بسته‌ست

بشریت از بدو پیدایش نه خیر است و نه شر

خیر و شر کسان به پرورش مادرانه بسته‌ست

«بهشت زیر پای مادران است»

چنین فرمود پیامبر (به نقل از Klein, 2001: 29)

یکی از معدود زنانی که در مطبوعات کُردی می‌نوشت، معلمی به نام ملازاده بود که سخنانش درباره‌ی زن و ملت تا حدی با سخنان نویسندگان مرد تفاوت داشت. او با تأکید بر مباهات خود به کُرد بودن، تمایل داشت زنی قدرتمند باشد و ضمن ابراز بیزاری از «بداقبالی ناشی از این‌که نمی‌تواند آن‌طور که آرزو دارد یک معلم زن قدرتمند باشد»، چنین نوشت: «می‌خواهم این چشم‌انداز روشن را داشته باشم که نسل بعدی ما از تمام حقوق انسانی و فردی برخوردار می‌شود.» (Klein, 2001) آموزش در میان ملتی که آرزوی خودگردانی دارد باید به زبان مادری انجام می‌شد. کویی در اواخر قرن نوزدهم بر شناخت زبان در جایگاه مشخصه‌ی معرف کرد بودن تأکید کرده بود:

گر کُردی زبانش را نداند

بی‌شک مادرش ملحد است و پدرش زناکار

اگر کُردی زبانش را دوست ندارد، از او نپرسید «چرا؟» یا «چگونه؟»

از مادرش بپرسید این زنازاده را از کجا آورده است.

کوبی آن دسته از روحانیونی را که به زبان کُردی تدریس و کتابت نمی‌کردند، به باد انتقاد می‌گرفت و اهل ادب را به گردآوری چریکه‌های کُردی و بهره‌گیری از آن‌ها به منظور خلق آثار ادبی تشویق می‌کرد؛ با این هدف که جایگاه زبان کُردی از این رهگذر ارتقا یابد و هم‌سنگ زبان‌های فارسی و عربی و ترکی قرار گیرد. در دوران پس از جنگ نیز ناسیونالیست‌ها از طریق آموزش، مجلات و کتاب‌ها، تألیف واژه‌نامه‌ها و دستورزبان‌ها و کتاب‌های درسی، اصلاح الفبا و جمع‌آوری و نشر ادبیات شفاهی و مکتوب، به بهسازی و پرورش زبان پرداختند. گرچه کوبی ادبیات شفاهی را بستری برای کُرد بودن تلقی می‌کرد، اما ناسیونالیست‌های پساجنگی خلوص زبانی را نزد زنان روستایی و بی‌سوادان می‌جستند. یکی از روشنفکران دلبسته‌ی اصلاح زبان، به قاعده‌ای جهان‌شمول ارجاع می‌داد: «زبان خالص یک ملت همان زبانی است که توده‌های غیرروشنفکر و به ویژه زنان سالخورده با آن سخن می‌گویند.» (خلیل خیالی به نقل از Klein, 2001: 31)

تمایز میان شهری و روستایی نیز در این میان قابل توجه است. ناسیونالیست‌ها زنان شهرنشین را واجد درجات پایین‌تری از خلوص کُردی می‌دانستند، زیرا حضور پررنگ حکومت عثمانی در زندگی شهری، زبان و شیوه‌ی زندگی این زنان را با مؤلفه‌های ترکی آمیخته بود. به گفته‌ی یکی از نویسندگان ناسیونالیست «جدیت و قدرت، فعالیت و آزادی، یا به عبارت دقیق‌تر، ویژگی‌های اخلاقی‌ای که زنان روستایی را متمایز می‌کند، خصایصی هستند که به ندرت در میان زنان شهری یافت می‌شوند.» نکته‌ی مهم این است که هرچند این متن‌های نخستین بر خلوص زبانی دهقان‌ها تأکید می‌کند، اما باز هم روابط فئودالی ستمگرانه‌ی حاکم بر روستاها را نادیده می‌گیرد. برای نمونه، یکی از نویسندگان مجله‌ی *خورشید کُردی* که درباره‌ی لزوم مکانیزاسیون کشاورزی در روستاهای کُردنشین نوشته است، هیچ اشاره‌ای به روابط فئودالی حاکم بر تولید نمی‌کند؛ یعنی همان روابطی که بر اساس کار ارزان و اجباری بنا شده بود و به همین دلیل اجرای این پروژه را کمابیش ناممکن می‌کرد.

زنان همچنین تمایز کُردها از لحاظ خلوص اخلاقی و سیاسی را نیز میسر می‌کردند. ناسیونالیست‌ها هم مانند بسیاری از ناظران غربی کُردها ادعا می‌کردند که زنان کُرد در قیاس با زنان عرب و فارس از آزادی بیشتری برخوردارند. به زعم آن‌ها این تمایز، در شیوه‌ی حفظ وفاداری به شوهر در عین معاشرت با سایر مردان، نداشتن حجاب، رقص‌های مختلط و حتی در سنت شیوه‌ی عمل حاکمان قبایل مشهود بود. گرچه ادعای آزادی نسبی زنان کُرد همواره مورد تردید بوده است. (Mojab, 1987)

پس از سرنگونی امارت‌های کُردی توسط ترکیه‌ی عثمانی و ایران در اواسط قرن نوزدهم، نخستین رژیم خودمختار کُردی در حد فاصل ۱۹۲۳-۱۹۱۹ در کُردستان عراق تأسیس شد. در این حکومت خودمختار که تحت سلطه‌ی رهبران قبیله‌ای و فئودال بود، جایی برای زنان یا حتی بحث درباره‌ی نقش زنان در جامعه‌ی کُردی وجود نداشت. روزنامه‌نگاران فعال این حکومت از قدرت رسانه‌های

چاپی و آموزش سرخوش بودند، اما در زمینه‌ی مسائل زنان سکوت مرگباری حاکم بود. گرچه مقامات منطقه‌ی تحت قیمومیت بریتانیا سیاست‌گذاری مهار ناسیونالیسم کُردی را دنبال می‌کردند، اما آزادی‌های محدودی را در زمینه‌ی استفاده از زبان کُردی در آموزش ابتدایی (به میزان بسیار اندک) و در رسانه‌ها مجاز دانستند. دولت عربی عراق که تحت قیمومیت بریتانیا تشکیل شده بود با اکراه به این آزادی‌ها تن داد، اما همزمان، سیاست‌گذاری عرب‌سازی را نیز اعمال کرد. هرچند این آزادی‌ها به ایجاد «سپهری عمومی» یا «جامعه‌ی مدنی» منجر نشد، اما به هر حال فرصت محدودی برای روزنامه‌نگاری و بحث پیرامون موضوعات سیاسی فراوانی که «امنیت دولت عراق» و همسایگانش را تهدید نمی‌کرد و «مسائلی» کُردی محسوب می‌شد، ایجاد کرد. با وجود این، زنان و وضعیت آن‌ها، در این مقطع جایگاه قابل ذکری در دستورکار ناسیونالیست‌های کُرد نداشت و دغدغه‌ی اصلی به مسائل سیاسی عمده‌تر، یعنی مسائل مربوط به خودگردانی معطوف بود.

ظهور و سقوط جمهوری کُردستان ۱۹۴۶

همان‌گونه که در فصل نخست اشاره شد، مهمترین تحول ناسیونالیسم کُردی در اوایل دهه‌ی ۱۹۴۰ با تأسیس سازمان جدیدی به نام جمعیت *احیای کُردستان (کومله ژ.ک)* در کُردستان ایران رخ داد. نیروهای شوروی پس از پایان جنگ جهانی دوم و برخلاف توافق‌های قبلی از تخلیه‌ی ایران سر باز زدند. ناسیونالیست‌های آذربایجانی با حمایت این نیروها اعلام خودمختاری کردند و کُردها نیز تحت رهبری *حزب دموکراتیک کُردستان (ح.د.ک)* جمهوری خودمختار خود را تأسیس کردند. ح.د.ک در آگوست ۱۹۴۵ از بطن همان سازمان ناسیونالیستی منحل‌شده‌ی *کومله ژ.ک* شکل گرفته بود. این سازمان مخفی، مشغول پروپاگاندا برای شکل‌گیری دولتی کُردی بود که تمامی بخش‌های کُردستان بزرگ را در بر می‌گرفت و اعلامیه‌های متعددی در تبیین مواضع خود در قبال مسائل سیاسی منتشر می‌کرد و به انتشار مخفیانه‌ی اشعار ناسیونالیستی، تقویم‌های کُردی و مجله‌ی بسیار محبوب *نیشتمان*[10] (وطن) می‌پرداخت. این حزب اغلب به عنوان نخستین حزب کُردی همسو با نگرش‌هایی ناسیونالیستی و مدرنیستی شناخته می‌شود. بنیان‌گذاران آن مردان متعلق به خرده‌بورژوازی شهری و بورژوازی بودند. این سازمان قبیله‌گرایی و فئودالیسم یا به بیانی دقیق‌تر، اربابان قبیله‌ای و فئودالی غیرناسیونالیست را موانعی بر سر راه توسعه‌ی ملت کُرد و جنبش سیاسی آن تلقی می‌کرد. گرچه این حزب خواستار اصلاحات ارضی نبود، اما نخستین سازمانی بود که برای ضرورت بهبود شرایط زندگی دهقانان تبلیغ می‌کرد. دشمنان خارجی اصلی این حزب حکومت‌های ایران، ترکیه، عراق و سوریه

---

[10] *Niştman*

بودند که بر کُردستان سلطه داشتند و حقوق ملی کُردها را نفی می‌کردند. قبیله‌گرایی، بی‌سوادی و توسعه‌نیافتگی اقتصادی و صنعتی نیز دشمنان داخلی عمده‌ی آن محسوب می‌شدند.

هنگامی که جمهوری کُردستان ۱۹۴۶ در ایران تأسیس شد، جامعه‌ی کُردی دارای چنین مختصاتی بود: ۱) غالباً روستایی همراه با نظامی توسعه‌یافته از روابط فئودالی و تشکیلات عشایری قدرتمند اما رو به زوال؛ ۲) جمعیت شهری در حال رشد به صورت آهسته و پیوسته؛ ۳) بورژوازی خرد و سوداگرانه؛ و ۴) روشنفکران سکولار نوظهور. به جز صنعت نفت خام در حاشیه‌ی کُردستان در کرکوک و کرمانشاه، هیچ نشانی از توسعه‌ی صنعتی مدرن و وجود یک پرولتاریا به چشم نمی‌خورد. پراکندگی جنبش ناسیونالیستی در مرزهای دولت-ملت‌ها، پروژه‌ی ایجاد ملت و دولت جنبشِ ناسیونالیستی کُردی را پیچیده‌تر کرده بود.

تحت این شرایط ژئوپولتیکی، تشکیل دولتی کُردی امری ناممکن به نظر می‌رسید. اما جنگ جهانی دوم توازن قدرت در منطقه را دگرگون ساخت و شرایط مطلوبی را برای جنبش ناسیونالیستی در ایران ایجاد کرد. بی‌درنگ پس از حمله‌ی آلمان به شوروی در ۱۹۴۱، دو نیروی متفقین، یعنی بریتانیا و شوروی به ایران حمله کردند تا از اشغال ایران که در دوران رضا شاه به آلمان گرایش داشت، جلوگیری کنند. همزمان با اشغال شمال ایران از سوی نیروهای شوروی، بریتانیایی‌ها جنوب کشور را که توسط منطقه‌ی حائل کوچکی جدا شده بود، تصرف کردند.

کُردهای کُردستان شمالی از ورود ارتش سرخ استقبال کردند، زیرا این امر تا حدی به فروپاشی بی‌درنگ ارگان‌های سرکوب حکومت رضا شاه، یعنی پلیس، ارتش و ژاندارمری منجر شد. با تضعیف حکومت پهلوی، آگاهی ناسیونالیستی در میان کُردها و ترک‌های آذربایجانی همسایه آشکار شد. نیروهای اشغالگر شوروی در دوران جنگ ملزم بودند تا زمانی که کشور در تصرف آن‌ها است، به تمامیت ارضی حکومت ایران احترام بگذارند. آن‌ها همچنین از برقراری نظم در کُردستان و آذربایجان منتفع می‌شدند؛ یعنی همان مناطقی که از سوی بریتانیا و ایالات متحده به عنوان مسیری برای ارسال کمک‌های حیاتی به میادین نبرد از استالینگراد تا لنینگراد مورد استفاده قرار می‌گرفتند. بنابراین شوروی به ویژه در بین سال‌های ۱۹۴۱ تا ۱۹۴۵ از ابراز وجود ناسیونالیسم کُردی یا آذربایجانی ممانعت می‌کرد. اما ناسیونالیسم کُردی و آذربایجانی با وجود این محدودیت‌ها در حال تجربه‌ی یک رنسانس بود.

ایالات متحده حتی پیش از پایان جنگ به شاه جدید ایران برای تقویت ارتش و ژاندارمری کمک می‌کرد. مردم در سراسر ایران برای دموکراسی و استقلال از بریتانیا و سلطه‌ی فزاینده‌ی ایالات متحده در حال مبارزه بودند. شرکت‌های نفتی آمریکایی از دولت ایران حق بهره‌برداری از نفت شمال کشور را مطالبه می‌کردند که نزدیک به میدان‌های نفتی باکو بود. شوروی این درخواست را نقشه‌ی ایالات

متحده برای استقرار پایگاه‌های نظارتی در مرزهای جمهوری‌های قفقاز می‌دانست. گرچه قدرت‌های غربی به ویژه ایالات متحده مایل به شکست آلمان بودند، اما از پیروزی شوروی و موفقیت احزاب کمونیست در یونان، آلبانی، یوگسلاوی، چین و دیگر نقاط جهان احساس خطر می‌کردند. این پیروزی‌ها جنبش‌های آزادی‌خواهانه‌ی سوسیالیستی و ملی را در ایران و دیگر کشورهای آسیایی تقویت کرده بود. در شرایط سیاسی متغیر آخرین سال جنگ، قدرت‌های غربی در تلاش بودند تا مانع خیزش جنبش‌های ضداستعماری شوند. ایالات متحده در واقع ایران، ترکیه و یونان را مناطق کلیدی و استراتژیک برای استقرار پایگاه‌های خود برای مقابله با اتحاد شوروی و مهار جنبش‌های کمونیستی بالکان و آسیای غربی تلقی می‌کرد. با پایان جنگ در ۱۹۴۵، منازعات قدیمی و جدید دیگری میان شوروی سوسیالیستی و قدرت‌های غربی در اروپا و آسیا آشکار شد.

در چنین شرایطی بود که شوروی پس از پایان جنگ از خروج نیروهای خود از شمال ایران سر باز زد. افزون بر این، مسکو از ناسیونالیست‌های آذربایجان و کُردستان حمایت کرد تا دولت‌های خودمختار خود را در چارچوب قانون اساسی ایران تشکیل دهند. به این ترتیب «دولت ملی آذربایجان» در دسامبر ۱۹۴۵ و «جمهوری کُردستان» در ۲۲ ژانویه‌ی ۱۹۴۵ در مهاباد اعلام موجودیت کرد. این دو رژیم خودمختار به کانون منازعه‌ی غرب به رهبری ایالات متحده و بریتانیا، سلطنت ایران، شوروی، و کُردها و آذربایجانی‌ها تبدیل شدند. ایران به کمک غرب پرونده‌ی امتناع شوروی از خروج نیروهایش را به *سازمان ملل* برد که به تازگی تأسیس شده بود. آخرین یگان‌های شوروی در ماه می ۱۹۴۶ از ایران خارج شدند. شش ماه بعد ارتش ایران با ادعای «حفظ نظم و قانون» در جریان انتخابات مجلس آتی ایران، به رژیم‌های خودمختار کُردستان و آذربایجان حمله کرد. این رژیم‌های خودمختار که توسط شوروی متقاعد شده بودند، مقاومتی نکردند و در دسامبر ۱۹۴۶ با عملیات نظامی سرنگون شدند و این وضعیت به اعدام صدها نفر از رهبران و شرکت‌کنندگان جنبش منجر شد.

سیاست ملت‌سازی در جمهوری کُردستان

گرچه عمر جمهوری کُردستان کوتاه بود اما ناسیونالیست‌ها این تجربه را نقطه‌ی عطف بسیار مهمی می‌دانند، زیرا نخستین تجربه‌ی کُردها در تشکیل یک کوچک‌دولت خودمختار مدرن، عملاً مستقل از حکومت ایران بود و بنیان‌گذار آن نه رهبری قبیله‌ای یا فئودال، بلکه حزبی سیاسی بود که توسط اقشار متوسط شهری تأسیس شده بود.

از منظر جمعیت‌شناختی، پایتخت جمهوری یعنی مهاباد در برابر نواحی روستایی که رهبران قبیله‌ای و زمین‌داران فئودال بر آن حاکم بودند، اهمیت کمتری داشت. ح.د.ک نه تنها برای براندازی بلکه

حتی برای اصلاح روابط زمین‌دارانه‌ی فئودالی نیز اقدامی نکرد و این امر موجب شد تا طبقه‌ی دهقانی در شرایط نظام ارباب و رعیتی باقی بماند. ناکامی در برچیدن روابط فئودالی به فاجعه انجامید. از منظر سیاسی، اکثریت جمعیت تحت کنترل مستقیم رهبران فئودال و قبیله‌ای باقی ماندند؛ از این‌رو دهقانان هرگز شهروندان جمهوری محسوب نمی‌شدند و از حقوق برابر با مردم پایتخت برخوردار نبودند. افزون بر این، به رهبران قبیله‌ای و فئودال مناصب مهمی در اداره‌ی امور نظامی و غیرنظامی داده شد. گرچه این رهبران در حکومت رضاشاه (۱۹۲۵-۴۱) سرکوب شدیدی را متحمل شده بودند، اما بسیاری از آن‌ها با اکراه به جمهوری پیوستند و به انتظار سقوط آن و استقرار دوباره حکومت مرکزی نشستند. آن‌ها از حضور شوروی، خطر کمونیسم، قدرت روزافزون سیاست شهری کُردستان و تبعیت احتمالی خود از اقتدار شهر بیمناک بودند. گرچه ناسیونالیست‌های شهری خواستار الغای فئودالیسم و قبیله‌گرایی نبودند، اما از شرایط سرکوبگرانه‌ی نواحی روستایی انتقاد می‌کردند و از خیانت سران قبایل به جنبش ناسیونالیستی خشمگین بودند.

جمهوری کُردستان وارث نظامی اداری بود که حکومت ایران در شهر مهاباد و منطقه ایجاد کرده بود. ح.د.ک بوروکراسی مدنی را کُردسازی کرد و در همان حال، ارتش و ژاندارمری برچیده شد و «ارتش ملی» جایگزین آن شد که عمدتاً زیر نظر افسران کُردی فرماندهی می‌شد که از نیروهای مسلح عراق و ایران گریخته بودند. کابینه و شورا تشکیل شد و نهادهای فرهنگی همچون کتابخانه‌ها، ایستگاه رادیویی، سینما، چاپخانه‌ها و روزنامه‌نگاری دایر شدند. این حزب فعالیت‌های خود را با تشکیل بخش جوانان و سازمان زنان گسترش داد و تمهیداتی برای بهبود موقعیت کاسبان خُرد و فقیر اندیشیده شد. با این حال، با وجود وعده‌ی مداخله به نفع دهقان‌ها و زمین‌داران، روابط زمین‌دارانه‌ی فئودالی در روستا دست‌نخورده باقی ماند. (Farshi, 1995: 31)

منطقه‌ی نفوذ جمهوری به نواحی شمالی کُردستان ایران محدود ماند. پایتخت آن یعنی شهر مهاباد حدود ۱۶۰۰۰ نفر جمعیت داشت و متوسط جمعیت مهمترین شهرها حدود ۲۵۰۰ نفر بود. طبق آمار دولتی، جمعیت مهاباد در پایان ۱۹۴۸ حدود ۱۶۴۵۵ نفر بود که ۸۱۸۹ نفر آن را زنان و ۸۲۶۶ نفر آن را مردان تشکیل می‌دادند. با این حال، ارائه‌ی اطلاعات دقیق در مورد زندگی زنان، به دلیل فقدان داده‌های سرشماری از آن دوره امر دشواری است. نخستین سرشماری سراسری ایران که در نوامبر ۱۹۵۶ انجام شد، ارقام آماری بسیار مهمی را در مورد شهر و کل استان ارائه داد. با وجود گذشت ده سال، شکل ظاهری مهاباد تغییر محسوسی نکرد و براساس این داده‌ها تنها ۱۰ درصد از جمعیت زنان ۱۰ ساله و بالاتر توانایی خواندن و نوشتن داشتند. در ۱۹۵۶ تنها ۶/۴ درصد از زنان گروه سنی ۲۵ تا ۳۴ سال (۸۵ نفر از ۱۳۲۱ نفر) باسواد بودند (این زنان در ۱۹۴۶ بین ۱۵ تا ۲۴ سال سن داشتند) نرخ باسوادی گروه‌های سنی بالاتر کاهش شدیدی را نشان می‌داد و به ۳/۷ درصد برای گروه سنی ۴۴-۳۵ و ۰/۸ درصد برای گروه سنی ۵۴-۴۵ می‌رسید. (Mojab, 2001)

کمتر از دو ماه پیش از تأسیس جمهوری، ح.د.ک در قانون اساسی خود که در دسامبر ۱۹۴۵ منتشر شده بود، اعلام کرد که در کُردستان و نیز تمامی استان‌های ایران که کُردها در آن زندگی می‌کردند، «باید از منافع توده‌های مردم بر پایه‌ی دموکراسی محافظت شود» (فصل ۲، ماده‌ی ۴) همچنین این سند به همان زبانی که در مرامنامه‌ی *کومله ژ.ک* به کار رفته بود تصریح کرد که «هدف حزب گسترش دموکراسی و بر این اساس، مبارزه در راه سعادت انسان‌ها است» (ماده‌ی ۵) برابری مردان و زنان نیز به روشنی بیان شده است: «زنان در تمامی امور سیاسی، اقتصادی و اجتماعی باید از حقوق برابر با مردان برخوردار باشند.» (فصل ۴، ماده‌ی ۲۱: ۱-۳۰)

ح.د.ک در طول عمر پرتلاطمش نتوانست مجمعی را که در قانون اساسی خود وعده داده بود، تشکیل دهد و همچنین موفق به ایجاد سازوکارهای انتخابات و دموکراسی پارلمانی نشد. این حزب توسط رئیس جمهوری سرپرستی می‌شد و خود نقش قوه‌ی مقننه، مجریه و قضاییه را اجرا می‌کرد. سیاست جنسیتی حزب در واقع از نگرش ناسیونالیستی رهبری مردانه‌ی آن و شیوه‌ی تلاش این رهبران و زنان برای تغییر وضع موجود در محدوده‌ی بافت اجتماعی، فرهنگی و سیاسی آن زمان متأثر بود.

شمایی از وضعیت زنان در جمهوری کُردستان ۱۹۴۶

هرچند حضور زنان در حیات آموزشی و سیاسی جمهوری کُردستان بی‌درنگ آن را از تمامی اشکال پیشامدرن حاکمیت مستقل کُردی متمایز می‌سازد، اما در نهایت اعمال قدرت دولتی در این جمهوری دارای خاستگاه جنسیتی مردانه بود. در واقع، مبارزه‌ی ناسیونالیستی در راه حاکمیت مستقل، درست مانند قوانین بین‌المللی حامی خودگردانی کُردها[۱۱]، سیاستی کاملاً مردانه است.

بررسی نقش زنان در حوزه‌های سنتاً مردانه‌ی سیاست در جمهوری کُردستان بر مبنای مطالعه‌ی نشریات و اسناد دولت و مصاحبه با زنان و مردانی است که در جمهوری کُردستان زیسته‌اند. این دولت مستعجل گام‌هایی چند در جهت مشارکت زنان در حیات عمومی برداشت. با این حال زنان به جای این که در مقام کنشگرانی در جنبش زنان یا رهبران یا کادرهای فعال حزب حاکم فعالیت کنند، در حمایت از حرکت‌های ناسیونالیستی وارد سپهرهای غیرخانگی شدند. رهبران مرد این جنبش ناسیونالیستی نقشی «شایسته» و «شرافتمندانه» برای زنان متصور بودند و آن‌ها را نماد ملت مدرن و «مادران نام‌آور وطن» می‌دانستند.

---

[۱۱] به McDonald مراجعه کنید.

در این شرایط از زنان خواسته می‌شد به مردان بپیوندند و در آزادسازی سرزمین مادری مشارکت کنند. در شعری تحت عنوان «گفتگوی خواهران و برادران» که در *نیشتمان* منتشر شد، خواهری به برادرش می‌گوید که چون تمام خلق‌های دیگر آزاد شده‌اند، نباید در برابر انقیاد تسامح نشان داد و باید زندگی و دارایی خود را وقف سرزمین مادری کرد. برادرش پاسخ می‌دهد:

خواهر عزیزم، ای دختر زیبا و حساس کُرد،
دامنت پاک است به دور از هر لکه‌ای،
لنین برخاست و ستم حجاب برچیده شد،
تو اما همچنان در زیر چادر محبوسی،
دختران در میان همه‌ی مردمان دیگر اکنون آزادند،
تنها حقوق دختران کُرد است که پایمال می‌شود،
غل و زنجیر پاهایت را بشکن،
به کمک برادرت خواهر عزیزم!
به امید خدا و به خاطر مام میهن،
بیائید تا باهم به سان خواهران و برادران کار کنیم،
همانند ژاندارک، برخیز بسان مردان،
دشمن را از سرزمین کُردها بیرون ران! (1944a: 23-4)

در طول این قرن، این درون‌مایه در بسیاری از اشعار ناسیونالیستی کُردی تکرار شده است. زن کُرد عفیف و زیبا، همچون مردان، تحت ستم دشمن است. او با کمک مردان می‌تواند مانند ژاندارک سرزمین مادری را آزاد کند. در همین شماره از نشریه، مقاله‌ی کوتاهی در مورد «شاعر زن کُرد، حیران خانم دنبلی» منتشر شده است. حیران خانم اشعارش را به فارسی سروده است و ظاهراً تنها برای نشان دادن دستاوردهای فکری زنان کُرد در شعر از او نام برده شده است. (1944a: 29-30)

آخرین شمارهٔ نیشتمان (۷-۸-۹- تابستان ۱۹۴۴:۱۰) عکسی از دو زن کُرد را که در ترکیه اعدام شده‌اند چاپ کرده است. شعرهای زیرِ عکس نمونه‌ای از چگونگی تصویر کردن زن از جانب ملی‌گرایان را به دست می‌دهد.

هر آنکس که بخواهد به شخص دیگری دشنانم دهد می‌گوید، «برو،
همانند زنان بیغیرت باشی، شلوارت مثل شلوار زنانه باشد!»،
در کجای گیتی پسری می‌توان یافت بسان این دو دختر،
که سمبلی باشند در سیاست برای آرمان میهن؟

این دو نونهال فدای میهن کُردها شدند،
خوشا به حال آن پسری که بتواند همانند این دو دختر باشد! (1944b:10)

این شعر تنها زنانی را می‌ستاید که با دشمن مبارزه می‌کنند، اما با تقبیح خود زنان و حتی جامه‌ی آن‌ها به اتهام «بزدلی»، تمامی زنان را در معرض خشونت نمادین مردسالارانه قرار می‌دهد. زنان و مردان تنها در هنگام مبارزه در راه آزادسازی ملت می‌توانند به برابری دست یابند؛ اما در مورد زنان، سکسوالیته از پروژه‌ی ملت‌سازی و قدرت و خلوص ملت نیز از عفت (*dawênpakî, be namûsî*) زنان آن جدایی‌ناپذیر است. اگر سرزمین مادری باید از سلطه‌ی خارجی رهایی یابد، زن نیز باید باکره و به لحاظ قانونی در تملک باشد.

کومله ژ.ک بر آن بود تا از طریق تشکیل دولتی که بر کُردستان بزرگ حکومت می‌کند، ملت کُرد واحدی را بسازد. گرچه ماهیت این دولت به وضوح شرح داده نشده بود، اما این سازمان اعلام کرد که «دموکراسی» به عنوان یکی از مواد مرامنامه‌ی آن خواهد بود. با این وجود این حزب تنها به یک اصل از اصول دموکراسی، یعنی استقلال از سلطه‌ی خارجی می‌پرداخت و گرچه مجیز سایر الزامات حیات دموکراتیک مانند رهایی زنان را می‌گفت، اما حتی به برچیدن روابط فئودالی هم توجهی نداشت. از این منظر بود که زنان کماکان دارایی و مادر عفیف ملت محسوب می‌شدند.

کومله ژ.ک علاوه بر پروپاگاندا به واسطه‌ی نشر و شعر، از تئاتر نیز به خوبی برای ترویج آرمان ناسیونالیستی خود بهره می‌برد. نخستین اجرای نمایشی در بخش‌های شمالی کُردستان ایران که توسط *کومله* نوشته و به روی صحنه آورده شد، «دایکی نیشتمان»[12] یا «مام وطن» نام داشت. در این نمایش مام وطن گرفتار زنجیر، پوشیده در جامه‌ای سیاه و با گیسوانی سپید، با اندوه از «پسران» خود می‌خواهد تا او را از یوغ حاکمان ایران، ترکیه و عراق رهایی بخشند. این پرده از نمایش اشک به دیدگان تماشاگران می‌آورد. در پرده‌ی بعدی پسران مام وطن تقاضای او را اجابت می‌کنند، اسلحه به دست می‌گیرند، اشغالگران را فراری می‌دهند و «مادر» خود را آزاد می‌کنند. آخرین پرده به قدرت رسیدن مام میهن ـ تشکیل دولت کُردستان ـ را به تصویر می‌کشد. اشعار حاجی قادر کویی و چندین آهنگ ناسیونالیستی در جای‌جای پنج پرده‌ی این نمایش و آنتراکت‌هایش پخش می‌شود. تأثیر این نمایش که بارها و بارها در سالن‌های مملو از جمعیت مهاباد و سایر شهرها اجرا شد، بسیار عمیق بود و به عنوان برهه‌ای غرورآمیز در حافظه‌ی توده‌ی مردم منطقه باقی ماند. البته جای تعجب نیست که تمامی بازیگران آن مرد بودند. تهیه‌کننده‌ی نمایش، یعنی *کومله ژ.ک*، نتوانست یا نخواست بازیگر زنی برای ایفای نقش مام وطن بیابد. حتی برخی از بازیگران و خوانندگان مرد جوان با ممانعت از سوی پدران مرفه خود مواجه شدند؛ زیرا نمایش و اجرا را به دیده‌ی تحقیر می‌نگریستند

---

[12] Dayk-î Niştman

و آن را مشاغلی خاص طبقات پایین می‌دانستند که با شرافت و اعتبار طبقه‌ی خودشان همخوانی ندارد.

تشکیل حزب زنان

رهبری جمهوری کُردستان گرچه حقوق دموکراتیک را از اکثریت جمعیت، یعنی دهقان‌ها دریغ می‌کرد، اما برای زنان اهمیت قابل‌توجهی قائل بود. جشن‌های «استقلال [Serbexoyî] کُردستان» در ۱۸ ژانویه‌ی ۱۹۴۶ برگزار شد و در چندین شماره از روزنامه‌ی *کُردستان* نیز بازتاب یافت. از شانزده نفری که سخنرانی کردند دونفرشان زن بودند و مدرسه‌ی دختران یکی از چهار مدرسه‌ای بود که سرودهای میهن‌پرستانه اجرا کرد.[۱۳] سخنران‌های زن که هر دو معلم دبستان بودند، استقلال کُردستان را گرامی داشتند و بر لزوم مشارکت فعال زنان در مبارزه تأکید کردند. خجیجه صدیقی، یکی از معلمان گفت: «خواهران عزیز، اکنون بیایید به برادران عزیزمان بنگریم و دست‌هایمان را به سوی یکدیگر دراز کنیم، زیرا می‌بینم سرزمین مادری چشم‌انتظار است که دخترانش کنش و آموزش را آغاز کنند تا ما نیز به پای برادران عزیزمان برسیم؛ جهان امروز نیازمند دختران و پسران است تا برای آزادی سرزمین مادری همچون خواهر و برادر به یکدیگر بپیوندند.»[۱۴]

این خط‌مشی سیاسی که پیش‌تر در نشریات *کومله ژ.ک* به روشنی بیان شده بود، بارها و بارها در سخنرانی‌های زنان و مردان، مطبوعات و اشعار بازگو شده است. برای مثال مجله‌ی کودکانه‌ی *شیرین‌زبانی کودکان کُرد*[۱۵] این شعر را منتشر کرده بود:

به دختران
دختر کُرد! تو هم مثل برادر بزرگت تحصیل کن
عزیزم هرگز از تحصیل فرار نکن
برادرت به کمک تو نیاز دارد
به شدت به فکر زیبای تو نیازمند است
ناامیدم نکن، تحصیل کن
چون هر که بی‌سواد است، حیوان است

---

[13] *Kurdistan* 10 (4 February) 1946:1; 4
[14] *Kurdistan* 13 (11 February) 1946:1
[15] *Girûgalî Mindalanî Kurd*

حدود دو هفته بعد از برگزاری جشن استقلال، معلمان مدرسه‌ی دخترانه به منظور گرامیداشت «استقلال و معرفی رهبر کُردستان» تجمعی را در سالن اداره‌ی آموزش‌وپرورش ترتیب دادند.[16] بر اساس گزارش روزنامه‌ی *کُردستان* همسر قاضی محمد یعنی «بانوی رهبر کُردستان»، تعداد زیادی از زنان عضو ح.د.ک و مردمی از تمامی طبقات جامعه در این رویداد شرکت کردند. بانوی اول در مورد «پیشرفت و هدایت زنان» سخنرانی کرد و سپس یک جفت گوشواره‌ی طلا را به ویلما صیادیان، مدیر مدرسه‌ی دخترانه، هدیه داد. او در سخنرانی خود به همه یادآور شد که زنان ما باید از زنانی که «در جنگ جهانی اول کمک مهمی برای همسران خود بودند» درس بگیرند. او گفت: «ما نباید همیشه انتظار داشته باشیم که همسرانمان به ما پول، لباس و طلا بدهند. خانم‌های عزیز، فرزندان خود را [با نگه داشتن آن‌ها] در چهاردیواری خانه بدبخت نکنید. آن‌ها را به مدرسه بفرستید تا مانند مردان و زنان بی‌سواد نباشند و بتوانند از حقوق ملی خود دفاع کنند و به ویژه زنان کُرد قادر باشند تا همپای زنان متمدن خارجی حرکت کنند.» سخنران بعدی مدیر مدرسه‌ی دخترانه بود که بر آموزش زنان و اتحاد آن‌ها با مردان تأکید کرد تا ملت خود را قادر سازند به سوی پیشرفت گام بردارد. سخنران سوم، عصمت قاضی «دختر رهبر کُردستان»، گفت که ما زنان باید جشن‌های متعددی برای آزادی خود برگزار کنیم تا «تمام دنیا بدانند که زنان کُرد بسیار بیشتر از مردان آزادی را دوست دارند.» چهارمین سخنران معلمی به نام کبری عظیمی بود که زنان مهاباد را به شدت مورد انتقاد قرار داد:

> از آن‌جایی که ما دچار عقب‌ماندگی بیشتری هستیم، پس وظیفه‌ی دشوار و بار سنگین‌تری بر دوش خواهیم داشت. باید بدانیم چگونه این بار سنگین را بر زمین بگذاریم. بی‌شک این امر به کمک نیروی خرد و علم محقق خواهد شد. اما متأسفانه مردم مهاباد با این مسئله موافق نیستند. مثلاً آن‌ها دختران خردسال خود را بدبخت و بی‌سواد می‌کنند و به آن‌ها می‌گویند که جوراب ببافند یا روسری بدوزند، یا می‌گویند: «من دخترم را به مدرسه نمی‌فرستم زیرا بی‌نزاکت خواهد شد.» خانم‌های عزیز، بی‌نزاکتی ما چیست؟ کسانی که این‌گونه فکر می‌کنند از حقیقت بسیار دورند و مسئله را درک نکرده‌اند. مثلاً من خودم شنیده‌ام که در بسیاری از گردهمایی‌ها هر وقت ما را می‌بینند می‌گویند: «بازهم این معلم‌ها» و نسبت به ما نگاه از بالا به پایین دارند. اگر به نوشته‌ها و کتاب‌های خارجی‌ها نگاه کنیم، بسیار اندوهگین خواهیم شد و می‌پرسیم «خدایا، آیا ما نیز مانند آن‌ها انسان هستیم؟ چرا در شهری مثل مهاباد نباید یک جراح، پزشک، دندان‌پزشک زن یا حتی یک مامای دوره‌دیده داشته باشیم؟»

---

[16] *Kurdistan* 27 (25 March) 1946: 2-3

سخنران سپس از زنان خواست تا از سقوط دیکتاتوری رضاشاه بهره ببرند و «در فرستادن دختران خود به مدرسه» یعنی جایی که به زبان مادری خود آموزش خواهند دید، «تردید نکنند.» در پایان شرکت‌کنندگان به ح.د.ک کمک مالی کردند. روزنامه‌ی *کُردستان* فهرست ۴۱ زنی را که پول و طلا اهدا کرده بودند را منتشر کرد.[17] طنز روزگار این‌جا بود که تمامی این زنان با نام شوهرانشان شناخته می‌شدند؛ مثلاً خانم آقای صالح شاطری. یک هفته بعد، روزنامه‌ی *کُردستان* گزارشی از کنوانسیون کنفرانس بانوان در مهاباد منتشر کرد:

کنفرانس بانوان در انجمن فرهنگی شوروی-کُردستان

> در روز جمعه ۸ مارس ۱۹۴۶ به منظور روشنگری اذهان جامعه‌ی زنان کُردستان کنفرانسی در انجمن فرهنگی شوروی-کُردستان توسط بانوی رهبر [یعنی رئیس‌جمهور] کُردستان برگزار شد. شمار زیادی از بانوان [همسران] اعضای کمیته‌ی مرکزی [حزب دموکرات کُردستان]، معلمان و دانش‌آموزان مدرسه‌ی دخترانه، کارکنان حزب و ادارات دولتی، تجار و کسبه، مدعوین این کنفرانس بودند. ابتدا بانوی رهبر کُردستان در مورد اهمیت آموزش زنان و دختران، پیشرفت اتحادیه‌ی زنان شوروی و لزوم آشنایی با آن‌ها صحبت کرد. سپس شمار زیادی از معلمان و دانش‌آموزان و دیگر بانوان سخنرانی کردند. این کنفرانس که از ساعت ۲ بعدازظهر آغاز شده بود، در ساعت ۵ عصر پایان یافت.[18]

در این گزارش به تاریخ ۸ مارس یعنی «روز جهانی زنان» که همیشه در شوروی جشن گرفته می‌شد، اشاره‌ای نشده است. یک هفته بعد یک سازمان زنان تأسیس شد. در این مورد نیز گزارش مختصری در روزنامه‌ی *کُردستان* منتشر شد:

تشکیل حزب دموکرات (توسط زنان کُردستان)

> در روز جمعه ۱۵ مارس ۱۹۴۶، شمار زیادی از زنان اندیشمند کُردستان به دعوت بانوی رهبر کُردستان در ساعت ۳ بعدازظهر در انجمن فرهنگی کُرد هم

---

[17] *Kurdistan* 29 (30 March) 1946: 4
[18] *Kurdistan* 24 (13 March) 1946: 7

> آمدند و *حزب دموکرات زنان کُردستان* را به ریاست بانوی رهبر کُردستان (بانو مینا[19] ...) تأسیس کردند. زنان زیادی عضو شدند و تعهد دادند که از یک تا ده تومان حق عضویت پرداخت کنند.[20]

نام این سازمان در شماره‌های مختلف روزنامه متفاوت است و برای نمونه از *اتحادیه‌ی زنان دموکرات کُردستان*[21] و *حزب بانوان*[22] برده شده است. در واقع این سازمان شاخه‌ی زنان *ح.د.ک* بود. این حزب نه تنها حاصل جنبشی فمینیستی نبود، بلکه توسط سازمانی سیاسی ایجاد شد که کاملاً در تسلط مردان بود و چهره‌ی اصلی این سازمان یعنی بانو مینا، همسر رئیس‌جمهور بود.

حزب زنان در ظاهر سازماندهی نامنسجمی داشت. در کنار بانو مینا که رهبری سازمان را بر عهده داشت، رؤسای ۱۰ محله‌ی مهاباد حضور داشتند. در گزارشی از دخل و خرج *حزب زنان* در ماه سوم بهار ، اسامی رؤسا و درآمد (حق عضویت) هر محله منتشر شده است.[23] مخارج عبارت بودند از اجاره‌بها، تعویض مبلمان و رومیزی، دو ماه حقوق یک کارمند زن، سه ماه حقوق یک کارمند دیگر، اسباب‌کشی و زغال، و جارچی.[24] در یادداشتی کوتاه از «بانوان باسواد» علاقه‌مند خواسته شد که برای این مشاغل درخواست دهند: حسابدار، خزانه‌دار، منشی و صندوق‌دار.[25]

هدف اولیه‌ی *حزب زنان*، بسیج زنان بالغ در حمایت از جمهوری و ملت بود. از آن‌جایی که اکثریت این زنان بی‌سواد بودند، حزب کلاس‌های سوادآموزی و نیز گردهمایی‌های غیررسمی را ترتیب داد. جمع‌آوری اعانه برای ارتش ملی، شرکت در راهپیمایی‌ها، تظاهرات و نوشتن در روزنامه از دیگر فعالیت‌های حزب بودند. کمک به ارتش ملی شامل بافتن لباس و جوراب برای پیشمرگه‌ها بود. سازمان زنان وجهه‌ی دولت مدرنی را به جمهوری بخشید که به پیشرفت زنان علاقه‌مند است.

گرچه ناسیونالیست‌ها از اواخر قرن نوزدهم بر آموزش به عنوان شرط اصلی آزادی ملی تأکید کرده بودند، اما برخی والدین از جمله مادران مهابادی در برابر آموزش دخترانشان مقاومت می‌کردند. انتقادی که پیش‌تر توسط کبری عظیمی درباره‌ی والدینی که از تحصیل دختران خود ممانعت می‌کردند مطرح شده بود، از تعارض مهمی پرده برمی‌دارد: تعارض میان منافع ناسیونالیستی در ادغام زنان در ملت با رویکردی سنتی که نظم اجتماعی پیشاسرمایه‌داری را بدون اصلاح روابط جنسیتی بازتولید می‌کند. در واقع رهبری تماماً مردانه‌ی جمهوری کُردستان، به ویژه شخص رئیس‌جمهور بیش

---

19 Lady Mina
20 Kurdistan 24 (13 March) 1946: 3
21 Union of Democratic Women of Kurdistan (Yeketî Jinanî Demokratî Kurdistan)
22 Ladies' Party (Hizbî Yayan)
23 *Kurdistan* 77 (15 August) 1946: 4
24 *Kurdistan* 77 (15 August) 1946: 4
25 *Kurdistan* 85 (5 September)

از بسیاری از زنان به ترویج آموزش زنان علاقه‌مند بود. مثلاً رئیس ح.د.ک، در شهر کوچک شینو نخستین مدرسه‌ی دخترانه‌ی شهر را افتتاح کرد. در گزارشی که مدیر مدرسه درباره‌ی مدرسه نوشت، خاطرنشان شده است که «لازم است تمام مردم [شهر] بابت این خدمت مهم [از رئیس حزب] تشکر کنند و دختران خود را با شوق و اشتیاق به مدرسه بفرستند...».[۲۶] در این گزارش تأکید شده است که کُردستان آزاد به زنان تحصیل‌کرده نیاز دارد. رهایی، آزادی و آموزش جدایی‌ناپذیرند. عالی‌ترین دستاورد [برای زنان] این است که همانند مردان باشند. زن بی‌سواد باری بر دوش ملت و مرد تحصیل‌کرده است. یکی از مردان در مقاله‌ی خود در مورد «آموزش زنان» چنین می‌نویسد:

> روزی از اداره‌ی آموزش و پرورش به خانه می‌رفتم. زنی را دیدم که جلوی ستاد *حزب دموکرات کُردستان* ایستاده بود. صورتش را به سوی من چرخاند و به زبانی که مختص زنان بی‌سواد و ساده‌ی ماست، پرسید «برادر! اینجا کجاست؟». فکر کردم که اگر پاسخ بدهم این‌جا ستاد *حزب دموکرات کُردستان* است، او نه معنای «ستاد» را می‌فهمد، نه «حزب» و نه «دموکرات» را. لحظه‌ای مأیوسانه فکر کردم و گفتم: «برخی از کُردهای مهم در این‌جا گرد هم می‌آیند و به امور کشور رسیدگی می‌کنند...»

نویسنده در ادامه استدلال می‌کند تا زمانی که زنان آموزش ببینند و از حقوق سیاسی و اجتماعی خود آگاه شوند، کُردها نباید گمان کنند که گام بزرگی در مسیر آزادی و تمدن برداشته‌اند (Mika'ili, 1946: 4) اعضای حزب از طریق اعطای کمک‌های مالی و جمع‌آوری پول از افراد غیرعضو از دولت حمایت کردند. رئیس‌جمهور زمانی به بانو مینا گفت که «ملکه‌ی فرانسه انگشتر خود را به مردم فرانسه اهدا کرد. چرا شما از او تبعیت نمی‌کنید و من مطمئن هستم که این امر سایر زنان را ترغیب خواهد کرد تا از جمهوری حمایت مالی کنند.»

عمر حزب *زنان* به یک سال نرسید و بر اثر سرکوب‌ها به کلی از بین رفت.

دارایی زنانه: رمانتیک‌سازی روابط جنسیتی فئودالی

تشکیل حزب *زنان* برجسته‌ترین گام رهبری ح.د.ک برای بسیج زنان در فرایند ملت‌سازی بود. اقدامات دیگری نیز صورت گرفت که علاقه به مداخله در روابط جنسیتی سنتی را نشان می‌داد. یکی

---

[26] *Kurdistan* 24 (13 March) 1946: 5

از این آن‌ها، سیاست‌گذاری‌های مرتبط با ممنوع ساختن و مجازات کردن انواع مشخصی از فرار با معشوق بود. یکی از تصمیمات *شورای ملی* که به طور مرتب در چند شماره از روزنامه تجدید چاپ شد، از این قرار است:

(توجه)
فرار دختران و زنان با معشوق ممنوع است

> *شورای ملی کُردستان* حکم می‌کند هر مردی که به زور با زنی متأهل یا با زنی که [به خانه‌ی شوهر] نقل مکان نکرده باشد فرار کند، به اعدام محکوم خواهد شد. اگر فرار با دختر صورت گیرد مرد باید کشته شود، اما اگر مردی از دختری خواستگاری کند و دست رد بر سینه‌اش زده شود، در صورتی که مانعی شرعی [بر سر راه ازدواج آن‌ها] نباشد و [دختر] مجرد و راضی به ازدواج باشد، مجازاتی در کار نخواهد بود؛ در غیر این صورت از سه ماه تا سه سال زندان در پی خواهد داشت. ۱۳ فوریه‌ی ۱۹۴۶، رئیس *شورای ملی کُردستان*، حاجی بابا شیخ.[۲۷]

گرچه این حکم استقلال جمهوری کُردستان از نظام حقوقی دولت ایران را نشان می‌داد، اما عمدتاً معطوف به مناطق قبیله‌ای و روستایی بود که در آن‌ها زن‌ربایی(jin heĺgirtin)/ فرار با معشوق انجام می‌شد و از آن‌جا که از سمت رهبری جمهوری در پایتخت صادر شده بود، به منزله‌ی بسط قدرت مرکز/شهر بر مناطق غیرشهری بود که کماکان تحت حاکمیت رهبران عشایری-فئودالی بودند. افزون بر این، حکم از جانب *شورای ملی* و توسط مرجعیتی مذهبی امضا شده بود و همین امر موجب تحمیل اصول اسلامی بر نظام روابط جنسیتی شد که در برابر قدرت مذهب مقاومت کرده بود. متن این قانون، چه از لحاظ زبان و چه از لحاظ ماهیت حکم، آشکارا مردسالارانه و غیرسکولار است. در عنوان آن، هم سمت مردانه‌ی ماجرا و هم عمل او، یعنی زن‌ربایی، حذف شده است. افزون بر این، این حکم با محکوم کردن رباینده به اعدام، در واقع حق مرد متأهل در کنترل یا مالکیت بر همسرش را به رسمیت می‌شناسد. اهمیت شرعی این حکم در صدور مجازات اعدام برای رباینده‌ی دختران مجرد است. با این حال، حکم مذکور برای زنان دو امتیاز قائل می‌شود: نخست این‌که برخلاف قوانین نانوشته‌ی قبیله‌ای-فئودالی، در همه‌ی موارد ذکرشده در حکم فقط مرد مجازات می‌شود؛ دوم این‌که رضایت دختر مجرد به ازدواج با رباینده‌ی احتمالی، مجازات مرد را تعلیق می‌کند. اما در صورتی که رباینده خطر حبس سه ماه تا سه سال را بپذیرد، می‌تواند زن مجرد (دختر) را با

---

[27] *Kurdistan* 16 (18 February) 1946: 4

وجود عدم تمایل و موانعی که بر سر راه ازدواج وجود دارد، برباید. با تمام این‌ها، حتی الغای زن‌ربایی/فرار با معشوق نیز چندان موفق نبود.

اطلاعات بیشتری درباره‌ی این حکم یا سایر اصلاحات جمهوری در دست نیست. در یکی از اظهارات مرتبط، محمدامین منگوری، یکی از دست‌اندرکاران اداره‌ی نظامی جمهوری، خاطرنشان می‌کند حکمی که درباره‌ی زن‌ربایی/ فرار با معشوق صادر شده با سنت‌های عشیره‌ای بلباس که قلمرو غرب مهاباد را اشغال کرده، در تعارض است. بر اساس اطلاعات منابع آگاه، مردم منطقه این حکم را «سرکوبگرانه و ناخوشایند» می‌دانستند، زیرا «آزادی عشق‌ورزی، عشوه‌گری، عاشق شدن، رقص مختلط و زن‌ربایی را جایز نمی‌دانست ... و جوانان را عزلت‌نشین و دنیای عشق را از نظرشان پنهان می‌کرد.» به گفته‌ی منگوری، صدور این حکم در مناطق قبیله‌ای انتقادهای بسیاری را برانگیخته بود، زیرا فرار با معشوق یک افتخار محسوب می‌شد. اگر زنی فرار نمی‌کرد، مورد احترام قرار نمی‌گرفت. همین امر در مورد مردان نیز صادق بود: اگر مردی زنی را نمی‌ربود، به او گفته می‌شد «تو مرد نیستی، اگر مرد بودی زنی را می‌ربودی.» منگوری مدعی بود کُردها در آزادی «میل عاشقانه و جنسی» از اروپایی‌ها جلوتر بودند. او همچنین اشاره می‌کند که این رویه کارکردی اقتصادی نیز دارد. ماجرای فرار با معشوق همیشه پرمخاطره است و گاهی به قتل زوج می‌انجامد، اما تمام طرفین با شیوه‌ی حل این مناقشه آشنا هستند. مرد و زن به مکانی (نزد رئیس قبیله یا ارباب، مرجعی مذهبی یا هر فرد محترم و بی‌طرفی) پناهنده می‌شوند و تا زمانی که توافقی صورت بگیرد، در امان خواهند بود. معمولاً به پدر دختر «عروس‌بها» یا «شیربها» (şîrbayî) داده می‌شود و دیگران نیز ممکن است به لحاظ مادی سود ببرند.

یکی از افسران سیاسی بریتانیایی به نام ادموندز که در دوران قیمومیت بریتانیا بر عراق به کُردستان فرستاده شده بود، فرار با معشوق/زن‌ربایی را با زنان عضو عشیره‌ی بلباس که به گونه‌ای علاج‌ناپذیر رمانتیک بودند، مرتبط می‌دانست. در میان بلباس‌ها «بسیاری از دختران پرشور هرگز رؤیای ازدواج بدون فرار را نمی‌بینند.» (Edmonds 1957: 225-6) با این حال، فرار با معشوق «ممکن است حق پیشینی خواستگاری نخستین پسرعموی بزرگ دختر را از او نقض کند یا امید پدر به دریافت عروس‌بهای مناسب را بر باد دهد.» گرچه زوج فراری زندگی خود را به خطر می‌اندازند، اما همه‌ی طرف‌های درگیر از یک توافق مناسب سود می‌برند. پدر زن عروس‌بها می‌گیرد و شخص میانجی که معمولاً **آقا** (ارباب یا رئیس قبیله) یا پیشوای مذهبی (مثلاً یک شیخ) بود نیز جریمه (cerîme) و/یا حق‌الزحمه‌ی ازدواج (sûrane) را دریافت می‌کند.

ازدواج عموزاده‌ها (ازدواج پسرعمو با دخترعمو) و معاوضه‌ی زنان[۲۸] (jin-be-jine) که مانند مسئله‌ی فرار با معشوق به ویژه در بافت‌های قبیله‌ای و فئودالی انجام می‌شد، آشکارا نشان می‌دهد که زنان مجرد جزو دارایی پدرانشان محسوب می‌شدند. به طور کلی زن آزادی اندکی برای انتخاب خریدار یا تغییر شرایط معامله داشت. با این حال، فرار با معشوق به زن امکان می‌داد که معشوق/خریدار خود را، ولو با خطر از دست دادن جانش، انتخاب کند. بنابراین چنین حکمی باعث می‌شد که «رمانتیسیسم» زنان بلباس زیر وحشیگری نظم مردسالارانه مدفون شود.

مداخله‌ی ناسیونالیستی شهری در روابط جنسیتی قبیله‌ای-فئودالی، مبتنی بر ایده‌های حقوق زنان یا برابری جنسیتی نبود. شهر اغلب فرار با معشوق و معاوضه‌ی زنان را نشانه‌های عقب‌ماندگی می‌دانست. این به آن معنا نیست که زنان شهری در انتخاب شوهر از آزادی کامل برخوردار بودند. از منظر برخی ناسیونالیست‌های شهری، علاقه به مدرن‌سازی ملت یکی از انگیزه‌های ممنوع کردن فرار با معشوق محسوب می‌شد. این دیدگاه در ظاهر با تمایلات اسلامی برای تنظیم سکسوالیته‌ی زنان بر اساس ملاحظات مردسالارانه نیز هم‌گرایی داشت. جالب این بود که رهبری جمهوری هرگز مداخلات مشابهی را در روابط استثمارگرانه‌ی زمین در روستاهایی که بر اساس نظم فئودالی سازمان یافته بودند، انجام نمی‌داد و زنان را از حق مالکیت بر زمین کماکان محروم می‌کرد. در واقع سلب حق مالکیت و ارث بردن زنان از اراضی زراعی، نقض *شریعت* اسلامی (شریعت وحیانی یا مبتنی بر قوانین شرع) بود که ارثی معادل با نصف سهم مرد را برای زنان در نظر می‌گیرد.

یکی از اصلاحات دیگری که توسط رهبری اجرا شد، فرمان اقامه‌ی خطبه‌های نماز جمعه برای نخستین بار به زبان کُردی بود. شماری از موضوعات برای طرح در خطبه‌ها مورد تأکید قرار گرفتند که یکی از آن‌ها این بود: «زنان در جامعه چگونه باید رفتار کنند.» موضوعات دیگر عبارت بودند از: «مبارزه با خرافه‌پرستی، احترام به قوانین مذهبی، بهداشت عمومی و ساخت بیمارستان‌ها، تأثیر امنیت بر پیشرفت وطن، و تمدن کهن کُردستان.»[۲۹]

تمام این‌ها در حالی اتفاق می‌افتاد که در حکومت خودمختار همسایه، یعنی آذربایجان، زنان برای نخستین بار در ایران از حق رأی برخوردار شدند. گرچه در جمهوری کُردستان رأی دادن به عنوان یک مسئله مطرح نشد، اما رئیس‌جمهور از حق رأی عمومی حمایت می‌کرد. در مصاحبه‌ای مطبوعاتی از قاضی محمد پرسیدند «حزب دموکرات آذربایجان به زنان حق رأی در انتخابات را اعطا کرده است؛ آیا شما هم همین کار را کرده‌اید؟» او پاسخ داد «گرچه من اقدام آذربایجان را مثبت می‌دانم،

[۲۸] زمانی که خانواده‌ای دختر خود را به شرطی به عقد فردی از خانواده‌ی دیگر درمی‌آورد که در ازای آن دختری را از آن خانواده به عقد ازدواج دربیاورد.

[29] *Kurdistan* 10 (4 February) 1946: 3

اما باید به شما اطلاع دهم که ما نتوانسته‌ایم به چنین موفقیتی دست یابیم.» (Mohammed 1946:4)

مسئله‌ی آگاهی فمینیستی

تا این‌جا بر مبنای شواهد ارائه‌شده روشن شد که زنان «حرفه‌ای» یا کنشگر کم‌شماری که در جمهوری کُردستان حضور داشتند، نسبت به رهبران مرد، تصور متفاوتی از روابط جنسیتی نداشتند. شکی نیست که زنان تحصیل‌کرده به آموزش زنان و برابری رسمی با مردان باور داشتند، اما روابط مردسالارانه را به طور جدی به چالش نکشیدند. رادیکال‌ترین نقد همان چیزی بود که توسط کبری عظیمی مطرح شد و به آزردگی بسیاری از زنان انجامید. فقدان هرگونه آگاهی فمینیستی حتی از نوع لیبرال را می‌توان با خواندن صفحات *کُردستان* اثبات کرد. یکی از معلمان «نصیحتی برای زنان» نوشته بود که به این موارد اشاره داشت:

هر روز پیش از این‌که شوهر به بازار برود، زن باید از او بپرسد «آیا اوامری داری؟»

زن خوب و راستگو تاج سر شوهر است.

اگر شوهرتان رفتاری را نمی‌پسندد، شما هم نباید آن را بپسندید و انجام دهید.

در مورد مرد غریبه با محبت صحبت نکنید، وگرنه شوهرتان بدگمان خواهد شد.

حتی اگر خیلی غمگین هستید، وقتی شوهرتان به خانه می‌آید عبوس نباشید.[۳۰]

اکثر مردان و زنانی که در مورد مشارکت زنان در زندگی ملت می‌نوشتند، زنان «کشورهای خارجی» (اعم از اروپا و شوروی) را به عنوان الگویی معرفی کردند که باید از آن‌ها سرمشق گرفت. در این الگو، زن خارجی در علم، فناوری و هنر تحصیل کرده است، با مردان برابر است و همچون مردان در ملت‌سازی مشارکت دارد. هر از گاهی نیز به توصیه‌ی پیامبر اسلام در باب آموزش مردان و زنان نیز اشاره می‌شد. همچنین یکی از سخنرانان با اشاره به این‌که دختران خود را به مدرسه فرستاده است، در نطقی بر حمایت از رئیس جمهور در زمینه‌ی آموزش زنان تأکید کرد.[۳۱]

---

[30] *Kurdistan* 27 (25 March) 1946: 3

[31] *Kurdistan* 72 (30 July) 1946: 4

موضوع دیگر توانایی زنان برای تبدیل شدن به مبارزانی کارآزموده بود. در مقاله‌ای پیرامون زنان آذربایجان شوروی (برگرفته از منابع شوروی)، بر استانداردهای بالای آموزش زنان و نیز همکاری نظامی آن‌ها در جنگ ضدفاشیستی میهن‌پرستانه تأکید شده است.[۳۲] در مقاله‌ی دیگری به «آزادی مذهب در روسیه‌ی سوسیالیستی» بر آزادی زنان شوروی در فعالیت‌های بیرون از خانه و در تمامی حوزه‌ها تأکید و اشاره می‌شود که زنان روس دوشادوش مردان کار می‌کنند. روزنامه‌ی *کُردستان* نیز درست مانند ناسیونالیست‌های پیش از دوران جنگ جهانی اول، به خوانندگان یادآوری می‌کرد که زنان و مردان در کُردستان قبیله‌ای با هم برابر بودند: «اگر به وضعیت قبایل کُردستان نگاه کنید خواهید دید که مردان و زنان کنار هم (در درو کردن، کاشتن و خرمن‌کوبی) کار می‌کنند و کمک‌کار یکدیگرند، و افزون بر این، زنان از خانه و فرزندان نیز نگهداری می‌کنند. با این حال آن‌چه زنان روس انجام می‌دهند بسیار ارزشمند است، زیرا آن‌ها آگاه و تحصیل‌کرده هستند؛ زنان ما بسیار ناآگاهند.»[۳۳] این‌گونه بود که جمهوری کُردستان زنان را تشویق کرد تا در فعالیت‌های غیرخانگی نقش ایفا کنند اما محدودیت‌های متعددی برای حضور عمومی آن‌ها ایجاد کرد: زنان تنها در صورتی به حساب می‌آمدند که در راه رسیدن به آرمان ناسیونالیستی به مردان یاری رسانند.

جمهوری کُردستان ۱۹۴۶ نخستین دولت کُردی بود که ادعا داشت دموکراتیک و مدرن است. تشکیل حزب *زنان* نیز این تصور را تقویت کرد: زنان از آغاز این رژیم خودمختار در فضاهای عمومی حضور داشتند و وجود حزب *زنان* به حضور زنان در حیات سیاسی جمهوری رسمیت بخشید اما همزمان محرومیت آن‌ها از حضور در رتبه‌های تصمیم‌سازی ح.د.ک را نیز توجیه می‌کرد. این حزب به عنوان سازمان زنان ح.د.ک، تفکیک کادرها بر اساس جنسیتی را به رسمیت شناخت؛ به‌طوری‌که هر کدام سازمان خاص خود را داشتند. روشن است که این دو در یک موقعیت مشابه قرار نداشتند.

روزنامه‌ی *کُردستان* که یک روز در میان منتشر می‌شد و بعدها چندین مجله و ایستگاهی رادیویی را راه‌اندازی کرد، سرابی از یک سپهر عمومی در حال ساخت را ترسیم می‌کرد. اما این نخبگان و ثروتمندان بودند که به گیرنده‌های رادیویی دسترسی داشتند و باقی جمعیت پایتخت تنها می‌توانستند به بلندگوهای نصب‌شده در تقاطع اصلی شهر گوش کنند. از سوی دیگر، گرچه مطبوعات فضایی را برای پوشش فعالیت‌های زنان و سیاست‌گذاری رسمی جنسیتی فراهم کرده بود اما ح.د.ک مالک و گرداننده‌ی همه‌ی مطبوعات و ایستگاه رادیویی بود و این وضعیت شباهتی به سپهری عمومی با گویندگان/شنوندگان گوناگون نداشت.

---

[32] *Kurdistan* 73 (15 August) 1946: 2
[33] *Kurdistan* 72 (30 July) 1946: 4

دولت همسایه

دولت ملی آذربایجان، رادیکال‌تر از جمهوری کُردستان بود. آذربایجان برخلاف کُردستان، اصلاحات ارضی را هر چند به صورت محدود اجرایی کرد و حق رأی زنان را به رسمیت شناخت. مرکز آذربایجان یعنی شهر تبریز، دومین شهر بزرگ ایران و تا پایان قرن نوزدهم بزرگترین مرکز شهری کشور محسوب می‌شد. تبریز همچنین قطب رادیکال *انقلاب مشروطه‌ی ایران* در سال‌های ۱۹۱۱-۱۹۰۶ بود. میر جعفر پیشه‌وری، رهبر *فرقه‌ی دموکرات آذربایجان*[۳۴] و نخست‌وزیر دولت ملی، به عنوان یکی از شخصیت‌های اصلی جنبش کمونیستی ایران شناخته می‌شد. حضور نیروهای شوروی در این منطقه را نیز می‌توان یکی از عوامل مؤثر بر رویکرد دولت همسایه نسبت به مسئله‌ی زنان دانست. جایگاه ارتقایافته‌ی زنان در جامعه‌ی شوروی به یکی از موضوعات تکراری رسانه‌های چاپی و رادیویی تبدیل شده بود و مطبوعات آذربایجان (و البته کُردی) همواره مشارکت زنان شوروی در جنگ علیه فاشیسم را به عنوان سند رهایی آن‌ها مطرح می‌کردند. زنان آذربایجان تنها دو سال پس از زنان فرانسوی که در ۱۹۴۶ به حق رأی دست یافتند.

جمع‌بندی: تقدم ناسیونالیسم کُردی

به زعم ناسیونالیست‌ها، زنان با ملت و وطن رابطه‌ای ناگسستنی دارند. زنان یگانه ابزار بازتولید جسمی و فرهنگی ملت و منبع خلوص زبانی و اخلاق و مهمترین دارایی مردان و ملت کُرد یعنی ناموس آن‌ها هستند و شرف هر مردان و ملت به عفت زنان وابسته است. مواجهه با مسئله‌ی زن برای ناسیونالیست‌ها در خلال مبارزه برای دولتمندی پدیدار شد. مبارزه برای دولتمندی، محور جنبش‌های ناسیونالیستی کُردی در طول قرن بیستم بود و مهمترین تجربه‌ای که می‌توان آن را از صورت‌بندی‌های دولتی پیشامدرن متمایز کرد، جمهوری کُردستان ۱۹۴۶ بود که در شمال‌شرق کُردستان که اکنون بخشی از شمال‌غربی ایران است، تأسیس شد. این حکومت را می‌توان از پیشینیان پیشامدرن آن متمایز کرد و این تمایز نه تنها بر قالب جمهوری‌خواهانه‌ی این حکومت که با یک حزب سیاسی و کابینه اداره می‌شد، بلکه همچنین بر نظام آموزشی مدرن، رسانه‌های مدرن، ارتش ملی، نظام مالیاتی، سرود ملی، پرچم ملی، زبان ملی و آماده‌سازی زنان برای حیات آموزشی، فرهنگی و سیاسی استوار است.

با این وجود، تجربه‌ی جمهوری کُردستان مؤید روندهایی است که سایر پژوهشگران جنبش‌های ناسیونالیستی در سراسر جهان مشاهده کرده‌اند. در این‌جا جنبش فمینیستی از جنبش ناسیونالیستی

---

[34] Democratic Party of Azerbaijan

عقب افتاده بود، آگاهی ناسیونالیستی گسترده‌تر و بسیار باسابقه‌تر بود و با این‌که آزادی زنان، حقوق برابر و مشارکت در مبارزه در دستورکار ناسیونالیسم کُردی قرار داشت، اما این شکل از آگاهی به چیزی بیش از مطالبات برخاسته از یک خط‌مشی فمینیستی لیبرال صرف منجر نشد.

یکی از تفاوت‌های کُردستان و غرب، پیروزی ناسیونالیسم در «دموکراسی‌های غربی» است. ناسیونالیسم‌های غربی از اواخر قرن هجدهم قدرت دولتی را به دست گرفتند و ملت و دولت-ملت خاص خود را ایجاد کردند. «ملت» از همان آغاز زنان را کنار گذاشت. زنان هیچ‌کجا «شهروند» کامل محسوب نمی‌شدند و بیش از یک قرن مبارزه‌ی فمینیستی زمان لازم بود تا بتوانند از حقوق شهروندی بنیادین مانند حق رأی استفاده کنند. زنان از طریق مبارزات سیاسی سازمان‌یافته و مواجهات نظری گسترده با مردسالاری موفق شدند برابری قانونی را در بسیاری از «دموکراسی‌های غربی» به دست آورند. اما نابرابری عمیقاً در جامعه‌ی سرمایه‌داری ریشه دوانده و تضاد ناسیونالیسم و فمینیسم، حل‌نشده باقی مانده است. این تضاد در جنبش‌های ناسیونالیستی کشورهای در حال توسعه آشکارتر است. ناسیونالیسم‌های ترک، عرب و فارس نیز در سال‌های پس از جهانی اول قدرت دولتی را به دست گرفتند. اما کارنامه‌ی آن‌ها در زمینه‌ی برخورد با مسائل جنسیتی هرگز بهتر از همتایان غربی‌شان نبود. در مقابل، هدف جنبش‌های ناسیونالیستی کُردی دستیابی به قدرت دولتی است.

به نظر می‌رسد که نیم‌قرن پس از تشکیل حزب *زنان*، جنبش زنان در کُردستان همچنان از جنبش ناسیونالیستی عقب مانده است. ستم ملی وحشیانه‌ای که بر آن‌ها روا می‌شود، ستم جنسیتی و طبقاتی را به محاق برده است. افزون بر این، تأکید رهبران ناسیونالیست بر مبارزه‌ی ملی نقش بازدارنده‌ای ایفا می‌کند. آن‌ها برای مبارزات ملی آشکارا امتیاز ویژه‌ای نسبت به مبارزات جنسیتی و طبقاتی قائلند. اکثر احزاب ناسیونالیست اواخر قرن بیستم، در مقایسه با پیشینیان خود در اوایل قرن بیستم چندین گام به عقب رفته‌اند. درحالی‌که حاجی قادر کویی در اواخر قرن نوزدهم خرافات مذهبی را به باد انتقاد گرفت و از دیدگاه‌های روشنفکرانه حمایت کرد، دو حزب عمده‌ی ناسیونالیستی کُردستان عراق (در فصل بعدی به آن خواهیم پرداخت) که قدرت سیاسی را به طور مشترک در دست دارند، بر خرافه‌پرستی و زن‌ستیزی گروه‌های اسلامی که عمدتاً از جانب ایران و سایر رژیم‌های اسلامی منطقه تأمین مالی شده‌اند، صحه می‌گذارند. (Begikhani, 1998) درحالی‌که ناسیونالیست‌ها، اعم از جدید و قدیمی، به آزادی زنان کُرد می‌بالند، گروه‌های اسلامی پول و نفوذ خود را در کُردستان عراق به کار می‌گیرند تا با استفاده از فقر حاکم، حجاب و جداسازی جنسیتی را به ویژه در مناطق هم‌مرز با ایران تحمیل کنند.

تاریخ جنبش رهایی زنان کُرد، همانند خود مردم کُرد سرکوب شده است و اطلاعات بسیار اندکی درباره‌ی دستاوردها و شکست‌هایش در اختیار ماست. واکاوی این تاریخ به پیشرفت خود این جنبش

بستگی دارد. گسترش شهرنشینی، تشکیل طبقات متوسط و کارگر، پیشرفت آموزش، و پیدایش دیاسپورای کُردی در غرب، همگی در پیشرفت جنبش فمینیستی و تماس فزاینده‌ی آن با فمینیست‌های سوسیالیست و رادیکال سهیم هستند. نقد نظام مردسالارانه توسط فمینیست‌های کُردی که به هیچ حزبی تعلق ندارند از مدت‌ها پیش آغاز شده است. نویسندگان کُرد، چه زن و چه مرد، خشونت مردسالاری کُردی در کُردستان و دیاسپورا را زیر سؤال برده‌اند. آینده نشان خواهد داد که آیا فمینیست‌های کُرد اجازه خواهند داد تا ناسیونالیسم همچنان نگهبان مردسالاری باقی بماند یا خیر. با این حال همان‌طور که پیش‌تر اشاره شد، ساده‌انگارانه است که فرض کنیم ناسیونالیسم یگانه مانع بر سر راه آزادی زنان است. فمینیسم در مقام جنبشی آگاهانه برای پایان دادن به مردسالاری، از درون مغلوب مواضع نظری‌ای است که نسخه‌هایی سازشکارانه تجویز می‌کنند. «فمینیسم‌های بومی» که در غرب از سوی فمینیست‌های پست‌مدرن و نظریه‌پردازان سیاست‌های هویتی ساخته شده، از سازش با مردسالاری قومیتی، ناسیونالیستی و مذهبی حمایت می‌کند. در حالی که ناسیونالیسم کُردی توانسته در نقش نگهبان مردسالاری عمل کند، بومی‌گرایی و نظریه‌های «بومی» نیز از فمینیسم می‌خواهند تا سگ دست‌آموز ناسیونالیسم باشد. اگر فرایند غلبه‌ی این رویکردهای نظری تداوم پیدا کند، همواره این خطر وجود دارد که فمینیست‌های کُرد با وجود ستم ملی وحشیانه‌ای که بر کُردها اعمال می‌شود، ممکن است به خاطر مذهب، ملت و یکپارچگی قومیتی از مطالبات خود علیه مردسالاری دست بکشند.

منابع

Begikhani, N. (1998). Jinî Kurd û Islamizm [Kurdish women and Islamism]. *Gzing, 21*,19-23.

Edmonds, C. J. (1957). *Kurds, Turks, and Arabs.* Oxford University Press. https://doi.org/10.1126/science.128.3322.470.a

Farshi, B. (1995). Kurteyek le ser Şanoy Daykî Niştman [A Brief (Note) on the Play, 'The Motherland']. *Gzing: 7:*23-8.

Greenspan, K. (1994). *The timetable of women's history.* Simon & Schuster.

Grewal, I., & Kaplan, C. (Eds.). (1994). *Scattered hegemonies: Postmodernity and transnational feminist practices.* University of Minnesota Press.

Hassanpour, A. (1999). Berengarî Barî Baw Bûn: Awiŕêk le Jiyan û Beserhatî 'Ebdulrehmanî Zebihi [Resisting the Status Quo: A Look at the Life of Abdulrahman Zebihi]. In A. Karimi (Ed.), *Le Mer Jiyan û Beserhatî 'Ebdulrehmanî Zebîhî* [On the Life of Abdulrahman Zabihi]. Zagros Media.

Jayawardena, K. (1986). *Feminism and nationalism in the third world.* Zed.

Klein, J. (2001). En-gendering nationalism: The "woman question" in Kurdish nationalist discourse in the late Ottoman Period. In S. Mojab (Ed.), *Women of A Non-State Nation: The Kurds* (pp.25-51). Mazda Publishers.

Koyî, H. G. (1986). *Dîwanî Hacî Qadirî Koyî* [Collected Poems of Hajî Qadir Koyî]. Emîndarêtî Giştî Roşinbîrî w Lawanî Nawcey Kurdistan.

Kurdish Democratic Party. (1970). Maramname-ye Hezb-e Demokrat-e Kordestan. *Tudeh,* 19, Tir 1349 (1970).

Lister, R. (1997). *Citizenship: Feminist perspectives.* New York University Press.

MacKinnon, C. (1993). Difference and dominance: On sex discrimination. In D. Kelly Weisberg (Ed.), *Feminist Legal Theory: Foundations* (pp.276-287). Temple University Press.

Manguri, M. A. (1958). *Beserhatî Siyasî Kurd le 1914-ewe heta 12-ey Temûzi 1958* [The political story of the Kurds from 1914 to the 12th of Tamuz 1958]. Kurdistans Folkforbund i Sverige.

Mika'ili, Rasul. (1946). *The Education of Women. Kurdistan* 75 (August 11): 4.

Mohammed, Qazi. (1946). *Kurdistan* 2 (January 13): 4.

Mojab. S. (Ed.). (2001). *Women of a Non-State Nation: The Kurds*. Mazda.

Niştman. (1944a). 3-4: 23-4.

——— (1944b).7-8-9:10.

Pettman, J. J. (1996). *Worlding women: A feminist international politics*. Routledge. https://doi.org/10.4324/9780203991442

Ward, V. C. (1997). On difference and equality. *Legal Theory*, 3(1), 65-99. https://doi:10.1017/S1352325200000641

Waylen, G. (1996). *Gender in third world politics*. Lynne Rienner Publishers.

Weisberg, D. K. (Ed.). (1993). *Feminist legal theory: Foundations*. Temple University Press.

Yuval-Davis, N. (1997). *Gender & nation*. Sage.

فصل چهارم

زنان کُرد در منطقه‌ی نسل‌کُشی و جنسیت‌کُشی

در این فصل به بررسی جنبه‌های مختلف تجربه‌ی زیسته‌ی زنان کُردی می‌پردازیم که در دهه‌های اخیر با خشونت جنسیتی (به ویژه در کُردستان عراق) در ابعاد وسیعی دست به گریبان بوده‌اند و نظرگاه محققان و کنشگرانی را مرور می‌کنیم که مشخصاً به این دغدغه پرداخته‌اند. بخش اول فصل، به مطالعه‌ی مفهوم «جنسیت‌کشی» در منطقه‌ی جنگی کُردستان عراق اختصاص دارد و قصد دارد از نظرگاهی مارکسیستی-فمینیستی و با استناد به تجربیات انضمامی نویسنده از سفر به کُردستان عراق، شمایی تاریخی از خشونتی که به مردم این منطقه به ویژه زنان اعمال شده، ارائه دهد.

بخش دوم به بررسی تجربه‌ی زیسته‌ی زنان کُرد ساکن کُردستان عراق در پی جنگ خلیج فارس و ارتباط میان خشونت سیاسی و جنسیتی، «ناموس» و ناسیونالیسم و جنگ و قتل ناموسی می‌پردازد و حاوی بینش‌های ژرفی در باب پیچیدگی‌های سرکوب و مقاومت دائمی است.

و سرانجام بخش پایانی، با بازخوانی پرونده‌ی قتل «فدیمه شاهیندال»، به برخی از مسائل پیرامون سیاست و فرهنگ قتل ناموسی در دیاسپورای کُردی اشاره می‌کند و سیاست‌گذاری‌های عمومی کشور میزبان، واکنش‌های ناسیونالیستی کُردی و نظریه‌های آکادمیک مرتبط را به نقد می‌کشد؛ نقدی که هدف اصلی آن کمک به مبارزه با قتل ناموسی و سایر اشکال خشونت علیه زنان است.

بخش اول: جنسیت‌کشی در کُردستان عراق

نخستین مبارزات سیاسی برای رهایی زنان همزمان با ظهور ملت‌ها، ناسیونالیسم و دولت-ملت در جریان انقلاب‌های بورژوا دموکراتیک اواخر قرن هجدهم ظهور کرد. این شکل‌گیری دولت-ملت

های مدرن عموماً با استفاده از خشونت همراه بوده و جنگ، قتل عام، نسل‌کشی و پاکسازی قومی از انواع خشونت‌هایی است که توسط دولت‌های پیشامدرن و مدرن در سراسر جهان استفاده به کار رفته‌اند. همه‌ی این اشکال خشونت مردسالارانه بوده اند. در واقع، خشونت دولتی و خشونت مردسالارانه همواره دو مقوله‌ی جدایی‌ناپذیر بوده و هستند.

نسل‌کشی به معنای از بین بردن عامدانه‌ی کل یک مردم یا بخشی از آن‌ها، در طول شکل‌گیری بسیاری از دولت‌های مدرن اعمال شده است. همه می‌دانند که جنگ‌افروزان از تجاوز به زنان برای رام کردن یا مجازات دشمن، استفاده کرده‌اند. در برخی موارد، برای مثال در مورد تشکیل امارت اسلامی افغانستان توسط طالبان، خشونت علیه زنان در ابعاد یک نسل‌کشی اتفاق افتاده است.

اصطلاح «جنسیت‌کشی» نخستین بار توسط ماری آن وارن[۱] در کتاب *جنسیت‌کشی: پیامدهای تعیین جنس*[۲] مطرح شده است. با این حال، با تلاشی که دو دهه‌ی پیش توسط نویسندگان شماره‌ی ویژه‌ی *مجله‌ی پژوهش نسل‌کشی* (مارس ۲۰۰۲) انجام شد، مفهوم‌پردازی ابتدایی وارن در مورد جنسیت‌کشی توسعه یافت. این اقدام به مدد ادعای پیشین آدام جونز[۳] مبنی بر محدود بودن تحلیل وارن به «جنسیت‌کشی ضدزنانه» (Jones, 2000:186) صورت گرفت.

بخش اعظم این ادبیات شامل رویکرد جامعه‌شناختی عمیقی به تحلیل نسل‌کشی و بخشی مربوط به جنسیت‌کشی آن است. این بحث پیرامون برخی از تمایزات فمینیستی ریشه‌دار میان «جنس» به عنوان مبنایی برای تمایزات زیست‌شناختی در مقابل «جنسیت» به عنوان تمایزی جامعه‌شناختی تکامل یافته است. بنابراین یکی از انتقادهای کلی در زمینه‌ی مطالعات نسل‌کشی این است که آن‌ها توجه اندکی به پیامدهای قتل عام مردان و پسران در شرایط منازعه، به عنوان موضوعی برای سیاست‌گذاری یا مفهوم‌پردازی، داشته‌اند.

این مجموعه‌ی ادبیات از مرور تاریخی پرمایه‌ای درباره‌ی موارد نسل‌کشی از دوران باستان گرفته تا نازیسم، رواندا و کوزوو برخوردار است و همچنین از باب معاهدات بین‌المللی و کنوانسیون‌های *سازمان ملل* مورد بررسی قرار گرفته است. مستند ساختن همین پیچیدگی‌ها به غنای این تحلیل منجر شده است. انجام مطالعات بین‌المللی و تطبیقی بیشتر اغلب به عنوان هدفی تحقیقاتی در این زمینه مد نظر قرار گرفته است. با این حال، این نتیجه‌گیری استوارت استاین[۴] به واقعیت نزدیک‌تر است: این حوزه‌ی مفهومی شلوغ «... تا حد زیادی وسیله‌ای برای نام‌گذاری، یا خصلت‌نمایی نمونه‌ها یا

---

[1] Mary Anne Warren
[2] *Gendercide: The Implications of Sex Selection*
[3] Adam Jones
[4] Stuart D. Stein

دسته‌بندی‌های قتل‌عام است.» (Stein, 2002: 57 and 55) با تمام این‌ها، این مفهوم اجازه می‌دهد تا بینش تازه‌ای پیرامون خشونت گسترده علیه زنان شکل بگیرد.

هنگام خواندن این بخش چهار نکته باید مد نظر قرار داد: ۱) گرچه مردان نیز هدف قتل عام قرار می‌گیرند اما مراد ما از به کار بردن اصطلاح جنسیت‌کشی در این‌جا قتل‌عام زنان است. ۲) جنسیت‌کشی هم در زمان صلح و هم در زمان جنگ رخ می‌دهد. ۳) فرهنگ مردسالارانه و دولت‌سازی-ملت‌سازی دو منبع نسل‌کشی ویژه‌ی زنان است و ۴) مطالعه‌ی اشکال محلی و جهانی مقاومت فمینیستی می‌تواند به ما در ایجاد یک استراتژی صلح فمینیستی جهانی پایدار کمک کند.

زنان کُرد در منطقه‌ی نسل‌کشی

افسانه‌ی رایجی درباره‌ی امپراتوری عثمانی وجود دارد: ناسیونالیست‌های ترک و بسیاری از تاریخ‌نگاران غربی ادعا می‌کنند که دولت عثمانی کثرت‌گرا بود و به مردم غیرمسلمان آزادی‌های مذهبی اعطا کرده بود. در واقع، این افسانه بر مبنای **سیستم ملت** (milla) که در فصل پیش به آن اشاره شد، شکل گرفته است. در این سیستم همه‌ی **ملت‌های** غیرمسلمان امپراتوری عثمانی از حق حفظ و انجام امور دینی خود برخوردار بودند. واقعیت این است که اجتماعات غیرمسلمان این امپراتوری در مورد انجام امور دینی از آزادی برخوردار بودند. اما دو جعل عمده پیرامون رویه‌های آن صورت گرفته است: نخست این‌که تبعه‌های این امپراتوری اعم از مسلمان و غیرمسلمان همواره مورد قتل‌عام قرار گرفتند. دوم این‌که همه‌ی امپراتوری‌های پیشامدرن غیرمتمرکز بودند و قدرت یا وسیله‌ای برای از بین بردن امپراتوری‌های خودمختار یا نیمه‌مستقل نداشتند. اگر تاریخ امپراتوری عثمانی را از منظر مسیحیان ارمنی و آشوری و حتی کُردهای مسلمان نگاه کنیم، ادعای تکثرگرایی دولت عثمانی بدعتی بیش نیست. مارک لوین،[5] محقق مطالعات نسل‌کشی، نشان می‌دهد که نوسازی دولت عثمانی که از قرن نوزدهم آغاز شد، مستلزم ایجاد یک منطقه‌ی نسل‌کشی در کرانه‌ی شرقی این امپراتوری بوده است. در اواخر قرن نوزدهم، دولت عثمانی کشتار سیستماتیک ارامنه را آغاز کرد و در ۱۹۱۵ مردم ارمنی را نابود کرد. آشوری‌ها نیز در طول جنگ جهانی اول نابود شدند. گرچه عثمانی‌ها از کُردها در مقابل ارمنی‌ها و آشوری‌ها استفاده کردند، اما خود کُردها نیز هدف چندین کارزار نسل‌کشی قرار گرفتند که بدترین مورد آن در سال‌های ۱۹۳۷-۱۹۳۶ در نسل کشی دِرسیم رخ داد. دولت صدام حسین در عراق، که در ۱۹۱۷ توسط بریتانیا از امپراتوری عثمانی خارج شده بود، در ۱۹۸۸ با اسم رمز *انفال* به نسل‌کشی کُردها دست زد.

---

[5] Mark Levene

استعمار غربی که محصول ظهور سرمایه‌داری است نیز به همین اندازه ریشه در خشونت نسل‌کشی دارد. حذف بسیاری از مردم بومی در قاره‌ی آمریکا و بقیه‌ی جهان، بخشی از شکل‌گیری امپراتوری‌های مدرن است. در دوران اخیر، دولت آلمان تحت حاکمیت نازی‌ها میلیون‌ها تن از یهودی‌ها، همجنس‌گرایان، کمونیست‌ها و افراد معلول را حذف کرد. پدیده‌ی هولوکاست محصول یکی از «متمدن‌ترین ملت‌های» اروپا بود.

تعداد زیادی از مناطق جنگی دیرپای جهان از جمله افغانستان، اسرائیل-فلسطین، کُردستان (به ویژه در عراق، ترکیه و ایران) و سودان در خاورمیانه و شمال آفریقا واقع شده است؛ جایی که گاهی در آن جنسیتی خاص مورد هدف قرار می‌گیرد. در افغانستان، سیاست‌گذاری‌های جنسیتی رژیم طالبان و جنگ‌سالاران آن، خشونت علیه زنان را تشکیل می‌داد. زنان که داغ جنسیت فرودست را بر پیشانی داشتند، مورد سرکوب جسمی، روانی، اخلاقی و فرهنگی قرار گرفتند. این افراط‌گرایی شاید در خاورمیانه‌ی مدرن بی‌سابقه باشد؛ با این حال، موارد دیگری از قتل‌عام جنسیت‌محور مربوط به جنگ در کُردستان عراق رخ داده است. خودسوزی‌های گسترده‌ی زنان و وقوع قتل‌های ناموسی در عراق (در پی جنگ ۱۹۹۱ خلیج فارس) را نیز می‌توان به عنوان مواردی از جنسیت‌کشی در نظر گرفت. گرچه جنسیت‌کشی می‌تواند در زمان صلح نیز اتفاق بیفتد، اما بیشتر در دوره‌ی نسل‌کشی، منازعات قومی و پاکسازی قومی روی می‌دهد. منطقه‌ی جنگی اصلی جهان از کشمیر و پاکستان در شرق آغاز می‌شود و تا قبرس و سودان در غرب امتداد می‌یابد و آبستن منازعات بالقوه و بالفعل بسیاری است. کُردستان در منطقه‌ای در آسیای غربی واقع شده که از آغاز کارزارهای نسل‌کشی علیه مردم ارمنی در ۱۸۷۸ بخشی از «منطقه‌ی نسل‌کشی» بوده است. تحقیق در مورد مؤلفه‌ی جنسیتی این منطقه‌ی جنگی، نه تنها به عنوان آورده‌ای برای دانش آکادمیک بلکه برای ارتقای صلح، برابری جنسیتی و حقوق بشر ضروری است. ما باید درک موجود از ماهیت جنسیتی‌شده‌ی قتل‌عام را که در «کنوانسیون پیشگیری و مجازات جنایات نسل‌کشی»[6] *سازمان ملل* (مصوب ۱۹۴۸) نادیده گرفته شده، ارتقا دهیم.

«پناهگاه امن»

ایالات متحده در طول جنگ خلیج فارس در ۱۹۹۱ که توسط جورج بوش رهبری شد، کُردهای عراق را به شورش علیه بغداد تشویق کرد. اما با شروع شورش، آن‌ها را به حال خود رها کرد. ارتش عراق به کُردها حمله کرد و حدود سه میلیون نفر در اواخر ماه مارس و آوریل ۱۹۹۱ به کوه‌های پوشیده از برف گریختند. ایالات متحده با این استدلال که این یک جنگ قبیله‌ای باستانی است، از

[6] Convention on the Prevention and Punishment of the Crime of Genocide

قبول هرگونه مسئولیت سر باز زد. هنگامی که ایالات متحده و بریتانیا، به دلیل حضور دوربین‌های تلویزیونی و افکار عمومی مجبور شدند وارد عمل شوند، برای آن‌ها به اصطلاح «پناهگاه امن» ایجاد کردند که دارای منطقه‌ی پرواز ممنوعی بود که توسط نیروهای هوایی آمریکایی و بریتانیایی محافظت می‌شد. مختل شدن زندگی میلیون‌ها نفر در این بخش از کُردستان تا سرحد فاجعه پیش رفت. «پناهگاه امن» کُردهای محصور در خشکی، گرفتار تحریم خود عراق، تحریم عراق علیه کُردها و تحریم‌های سه‌گانه‌ی دولت‌های همسایه بود. بنابراین کُردستان عراق که از ۱۹۶۱ به منطقه‌ای جنگی تبدیل شده بود، در وضعیت جنگ ادواری قرار گرفت. تغییر قابل‌مشاهده‌ای که در طول چهل سال جنگ رخ داد، تبدیل این بخش از «منطقه‌ی نسل‌کشی» به «منطقه‌ی جنسیت‌کشی» بود. صدها زن به دلایلی مرتبط با شرف کشته شدند؛ (Mojab, 2004) وضعیتی که پیش از آن در این منطقه سابقه نداشت.

چه کسی مسئول ایجاد «منطقه جنسیت‌کشی» در کُردستان عراق بود؟ شکی نیست که خاستگاه آن جنگ خلیج فارس در ۱۹۹۱ بود. من در اکتبر ۲۰۰۰، تقریباً یک دهه پس از جنگ، به شمال عراق سفر کردم و در روایت این سفر، اغلب اشاره کرده‌ام که همه‌ی طرف‌ها از جمله عراق، ترکیه، ایران، ایالات متحده، *سازمان ملل*، احزاب سیاسی کُرد در قدرت و ان‌جی‌اوها، هر یک به طریقی در استمرار وضعیت «جنسیت‌کشی» زنان کُرد دخیل هستند. این برداشت بر اساس مشاهدات فشرده و بحث‌های مفصل با اقشار مختلف شکل گرفت. به بیان دیگر، آن‌چه در کُردستان عراق اتفاق افتاده را می‌توان به بهترین شکل به عنوان کارکردهای یک نظم ملی، منطقه‌ای و بین‌المللی درک کرد. شاید بهتر باشد تا پیش از تحلیل بیشتر از وضعیت، بخشی از داستان سفر خود را روایت کنم.

وضعیت «پناهگاه امن» پس از یک دهه: سفر به کُردستان عراق[۷]

بازارهای سلیمانیه و دیگر شهرهای مهم مانند دهوک و زاخو مملو از کالاهای وارداتی بود که شامل مقادیر زیادی مواد غذایی بسته‌بندی‌شده و تنقلاتی مانند شکلات *کیت‌کت*، *اسنیکرز*، آدامس، چیپس و نوشیدنی‌هایی مانند *کول‌اِید* و انواع نوشیدنی‌های محبوب پرطرفدار بود. در ورودی دهوک، مرکز خرید بزرگی وجود داشت که از فروشگاه‌های زنجیره‌ای غربی الگو گرفته بود و بخش غذایی آن شامل انواع مربا و ترشی‌های وارداتی بود که به صورت عمده به فروش می‌رسید. باید توجه داشت که تهیه‌ی مربا و ترشی از جمله فعالیت‌های خانگی است که پیامدهای ضمنی اجتماعی قابل‌توجهی

---

[۷] بی‌شک وضعیت در شمال عراق از زمان این سفر به طور قابل‌توجهی تغییر کرده است. این تغییر سریع در صحنه‌ی سیاسی منطقه، واکنشی به تحولات اخیر در طرح ایالات متحده، روسیه و چین پیرامون طراحی دوباره‌ی خاورمیانه است. خیزش‌های گسترده زنان و جوانان در چند دهه اخیرو تحولات در روژئاوا بدون شک در تحولات سیاسی و اجتماعی کل منطقه تاثیر بسیاری داشته است.

برای زنان دارد. این کار اغلب به صورت جمعی انجام می‌شود و منبعی برای جامعه‌پذیری زنان است. این مرکز خرید همچنین دارای بخش عظیمی برای لوازم الکترونیکی بود که عمدتاً فناوری روز دنیا را ارائه می‌داد. میزان انبوه مواد مصنوعی مانند گل مصنوعی و وسایل پلاستیکی خانگی قابل‌توجه بود و به زعم من فراوانی اسباب‌بازی‌های نظامی بیش از هرچیزی تکان‌دهنده بود. کلاشنیکف‌ها، تفنگ‌ها و نارنجک‌های دستی پلاستیکی که تقریباً در اندازه‌ی واقعی بود، در کنار عروسک‌های پرزرق‌وبرق کن و باربی[8] قرار گرفته بودند.

در خیابان زاخو بازار دیگری از کالاهای وارداتی غربی به چشم می‌آمد. همه‌ی لباس‌های اهدایی غربی و وسایل دیگری مانند پتو، حوله یا ملحفه، در امتداد بخش بزرگی از خیابان اصلی، روی هم چیده شده بودند؛ شلوارهای جین مردانه روی هم، پیراهن‌های مردانه روی هم و اقلام زنانه و بچه گانه نیز به همین ترتیب قرار گرفته بودند. اقلام اهدایی برای فروش گذاشته شده بود. این پیاده‌رو را می‌شد از پنجره‌های هتلی که تلویزیون دیواری مهمترین بخش لابی کوچکش بود، مشاهده کرد. این رسانه‌ی فرهنگی، شبانه‌روز، در حال پخش برنامه‌ها و شوهای موسیقی اروتیک یا پورنوگرافیک ترکیه بود و سایر اوقات به پخش شوهای تلویزیونی پوچ سبک آمریکایی، سریال‌های کمدی آبکی اختصاص داشت. مردان مصرف‌کنندگان اصلی این رسانه‌ی فرهنگی بودند. در اقامت کوتاهی که در آن هتل داشتم، با زن دیگری برخورد نکردم. هتل مملو از مردان بود؛ کسانی که عمدتاً رانندگان کامیون‌هایی بودند که در مرز عراق و ترکیه، در گمرک، پاسگاهی معروف به ابراهیم خلیل گرفتار شده بودند. غالباً یک ماه طول می‌کشید تا این کامیون‌ها ترخیص شوند. این مدت اقامت باعث می‌شد که ضرورت استفاده از خدمات شهری از جمله هتل‌ها، رستوران‌ها و مخابرات راه دور ایجاد شود و میزان تن‌فروشی در شهر افزایش یابد. اکثر مردم، وقتی مورد پرسش قرار می‌گرفتند، افزایش میزان تن‌فروشی را تأیید می‌کردند؛ با این وجود این مورد از جمله «خدماتی» نبود که آشکارا درباره‌ی آن صحبت شود. وزارت کار و خدمات اجتماعی که متولی همه‌ی گروه‌های اجتماعی نیازمند مانند یتیمان، خانواده‌های شهدا، آوارگان داخلی و زنان بود، اطلاعات کافی در مورد وضعیت تن‌فروشی در شمال عراق نداشت. در واقع، گفتگوی من با وزیر این تصور را ایجاد کرد که موضوع تن‌فروشی از اهمیت خاصی برخوردار نیست: در آن زمان نه اطلاعات دقیقی درباره‌ی آن وجود داشت و نه برنامه‌ریزی اجتماعی برای مقابله با آن تدوین شده بود.

تخریب بافت اجتماعی زندگی در کُردستان عراق با دیدن صف کیلومتری کامیون‌هایی که در مرز عراق و ترکیه ایستاده بودند، بیشتر به چشم می‌آمد. کامیون‌های هجده‌چرخی که سپر به سپر، گاهی در ردیف‌های دوتایی، در دو طرف جاده پارک شده بودند به‌طوری‌که تردد فقط به صورت یک‌طرفه امکان‌پذیر بود. این صف از بسیاری از روستاهای کوچک عبور می‌کرد و جمعیت روستا را برای

---

[8] Ken and Barbie

مبادله کالا به کنار جاده‌ها می‌کشاند. همه، از دختران و پسرانی که فقط ۵ سال داشتند گرفته تا مردان و زنان مسن، در همین وضعیت بودند. خدماتی مانند کوتاه کردن مو، تهیه‌ی غذا، تنباکو، تنقلات، برخی از وسایل حمام (حوله و وسایل اصلاح برای مردان) و لباس را نیز می‌شد در کنار جاده خریداری کرد. در نقاطی خاص، تعداد زیادی از کودکان طوری از مخزن نفتی کامیون‌های هجده‌چرخ بالا می‌رفتند که گویی در زمین بازی هستند. جذابیت این شکل فروشندگی کنارجاده‌ای، روستاها را از جمعیت شاغل خود خالی کرده بود و بخش باقی‌مانده‌ی فعالیت تولیدی کشاورزی محلی را نیز به تعطیلی کشانده بود.

با این حال، حضور کامیون‌ها در مرز تنها عامل تخریب تولید کشاورزی در کُردستان عراق نبود. چندین عامل دیگر، از جمله واردات ارزان گندم، برنج و سایر غلات، سرنوشتی جز نابودی کشاورزی محلی در پی نداشت. کشاورزان نمی‌توانستند محصولات خود را به قیمتی بفروشند که بتواند با برنج یا گندم ارزان وارداتی آمریکایی رقابت کند. در نوامبر ۲۰۰۱، هیئت مشورتی *مؤسسه‌ی کُردی واشنگتن*[۹] گزارشی با عنوان «تناقض میان قطعنامه‌ی ۹۸۶ *سازمان ملل* و منطقه‌ی موسوم به پناهگاه امن برای کُردها»[۱۰] نوشت. گزارش‌های این مؤسسه نشان می‌داد که «تناقض دیگری وجود دارد که مانع نوسازی روستایی کُردستان و تشویق مردم روستایی برای بازگشت به روستاهای ویران‌شده به منظور ادامه‌ی فعالیت کشاورزی می‌شود: رژیم بغداد از هرگونه تلاش دولت منطقه‌ای و آژانس‌های غذایی برای خرید محصولات محلی به جای واردات همه‌ی اقلام جلوگیری می‌کند.» این در حالی است که ارزش مغذی غلات وارداتی ضعیف بود و در نتیجه باعث کاهش سلامت مردم می‌شد.

یکی از ارزشمندترین درس‌های این سفر برای من درک عمیق‌تر نقش *سازمان ملل* به عنوان یک قدرت استعماری نوظهور بود. اکثر کُردها و همچنین مقامات کُردی به این نکته اذعان داشتند. بوروکراسی بزرگ، فساد و عدم پاسخگویی از مشکلات *سازمان ملل* بود. با این حال، فهرست مشکلات به این موارد محدود نمی‌شد: عدم هماهنگی بین آژانس‌های این سازمان، عدم وجود اختیارات کافی و ظرفیت فنی در بین کارکنان آن و ارعاب آن‌ها از سوی دولت عراق، به ویژه اگر ارتباط نزدیک و یا صمیمانه‌ای با کُردها داشتند. در این‌جا می‌توان با ارجاع به وست‌وود و فایزکلی[۱۱] (2000:1) روابط استعماری *سازمان ملل* در شمال عراق را به خوبی ترسیم کرد. آن‌ها از واژه‌ی فراملی‌گرایی استفاده می‌کنند تا «... توجه را به دو فرایندی جلب کنند که به طور همزمان کار می‌کنند. از یک سو، اهمیت پایدار مفهوم ملت و تعلقات عاطفی وابسته به آن و از سوی دیگر، فرایندهایی مانند مهاجرت به آن سوی

---

[9] Washington Kurdish institute

[10] The contradiction between UN Resolution 986 and the so-called Safe Haven for Kurds

[11] WestWood and Phizachlea

مرزها که صورت فراملی دارند.» این دو فرایند در مورد کُردها صدق می‌کند؛ کسانی که اگر بخواهند از قسمتی از کُردستان به قسمت دیگر بروند یا بخواهند از دیاسپوراهای خود وارد کُردستان شوند، به طور معمول از مرزهای بین‌المللی عبور می‌کنند. در این فرایند، عنصری قوی از پیوندهای فرهنگی و عاطفی وجود دارد که بدون آن‌ها، درد این عبور مرزی تحمل‌ناپذیر می‌شود.

بگذارید صحنه‌ی ورود به کُردستان را توصیف کنم: ورود از نقطه‌ای انجام می‌شد که در آن مرزهای سه دولت-ملت مجاور سوریه، ترکیه و عراق به هم می‌رسیدند. برای ورود به کُردستان باید مسافتی کمتر از یک کیلومتر را طی می‌کردم که بخش از آن طریق رودخانه بود. قبل از رسیدن به این نقطه، باید از سه ایست بازرسی عبور می‌کردم و چندین امضا می‌گرفتم. در هر نقطه مقادیر مشخصی پول نقد از من دریافت شد و دلار آمریکا تنها واحد پول قابل‌قبول بود. پس از عبور از ایست‌های بازرسی زمینی، در یک طرف قایق موتوری کوچکی وجود داشت که مسافران و چمدان‌های آن‌ها را به طرف دیگر حمل می‌کرد. همین فرایند نیز در کُردستان عراق تکرار می‌شد. ساختمان اداره‌ی مهاجرت و گمرک کُردها با پرچم کُردستان و بنری بزرگ که روی آن نوشته شده بود «به کُردستان خوش آمدید» مشخص شده بود.

آن قایق‌سواری کوتاه و رسیدن به طرف دیگر تجربه‌ای به یادماندنی بود. کُردهایی که با اعضای خانواده و چمدان‌های بزرگ از اروپا آمده بودند، همگی سوار قایق کوچکی شده بودند که از حداکثر ظرفیتش استفاده شده بود؛ تا حدی که لبه‌ی قایق با آب در یک سطح قرار گرفته بود. جمعیت قابل‌توجهی از بستگان و دوستان در آن سو منتظر بودند تا از مسافران استقبال کنند؛ مواجهه‌ای که سرشار از احساسات بود. مسافران خسته بودند چون به طور متوسط، سه روز در سفر بودند: از اروپا به یکی از شهرهای اصلی ترکیه یا سوریه پرواز کرده بودند و سپس به مرز زمینی آمده بودند، سوار قایق شده بودند و در ادامه سفر زمینی دیگری به شهر یا روستای خود در کُردستان داشتند. قایق فقط در ساعات خاصی از روز حرکت می‌کرد که معمولاً از ساعت ۹ صبح شروع می‌شد و فقط مسافرانی را که از خارج از کُردستان وارد می‌شدند، به آن‌جا می‌آورد، زیرا می‌خواستند به دلیل اهداف امنیتی حرکت جمعیت را تا حد قابل کنترلی کاهش دهند. سپس قایق بین ظهر تا ۳ بعدازظهر، مسافرانی را جابه‌جا می‌کرد که قصد خروج داشتند. استثنائاتی وجود داشت که فقط در مورد اتباع اروپایی به ویژه کارکنان *سازمان ملل* اعمال می‌شد. برخورد متفاوت با کُردها و غیرکُردها در گذرگاه مرزی یادآور ذهنیت ریشه‌دار استعمار بود. برای نمونه، زمانی که زیر گرمای سوزان برای عبور از رودخانه در نوبت بودم، متوجه شدم که ناگهان کل عملیات برای مدتی متوقف شد. یک ون *سازمان ملل* وارد شد و در پشتی آن به سمت آب باز شد. راننده چهار جلیقه‌ی ایمنی که پرچم هلند رویشان نقش بسته بود را به قایقران داد. قایق این بار بدون مسافر از رودخانه عبور کرد و دقایقی بعد، با چهار مسافر هلندی که همگی جلیقه‌ی ایمنی به تن داشتند، بازگشت و آن‌ها بی‌درنگ سوار ون

سازمان ملل شدند. مسافران کُردی که شاهد این صحنه بودند، از این تفاوت رفتار با شهروندان غربی رنجیده‌خاطر شدند.

آشکال مقاومت زنان

گرچه جنگ خشونت علیه زنان در کُردستان عراق را افزایش داد، اما به مقاومت در برابر خشونت نیز منجر شد. افراد و سازمان‌های مختلفی در کُردستان به خشونت مردانه اعتراض کرده‌اند.

اتحادیه‌ی زنان کُردستان[۱۲] که در نوامبر ۱۹۸۹ تأسیس شد، به ترویج حقوق زنان پرداخته و به زنانی که با تروما دست‌وپنجه نرم می‌کنند، یاری می‌رساند. *سازمان مستقل زنان*[۱۳] که در می ۱۹۹۳ تشکیل شد، در افشای قتل ناموسی و سایر انواع خشونت فعال بوده است. در مارس ۱۹۹۸، *خانه‌ی امن زنان* در سلیمانیه افتتاح شد که جان بسیاری را نجات داد. در ۱۹۹۹، این گروه از کنشگران که به *حزب کمونیست کارگران*[۱۴] عراق وابسته بودند، از لندن کارزاری بین‌المللی برای دفاع از حقوق زنان در کُردستان عراق راه‌اندازی کردند. بر اساس خبرنامه‌ی آن‌ها، *خانه‌ی امن زنان* طی شش ماه در ۱۹۹۹، به ۲۳۳ مورد رسیدگی کرده است: ۱۸ زن کشته شدند؛ ۵۷ نفر تهدید به قتل شدند؛ ۳۸ نفر خودکشی کردند؛ ۶۹ نفر تحت فشارهای مختلف قرار گرفتند؛ شش نفر مورد تجاوز جنسی قرار گرفتند و سه مورد نیز مثله شدند. در فوریه‌ی ۲۰۰۰، نماینده‌ی *سازمان مستقل زنان* در بریتانیا نامه‌ای به کوفی عنان دبیرکل *سازمان ملل* نوشت تا از این سازمان برای جایگزینی قانون احوال شخصیه‌ی عراق و قانون مجازات در کُردستان درخواست حمایت کند. این سازمان همچنین با استفاده از شبکه‌ی گروه‌های زنان در سراسر جهان و همچنین امکانات اینترنتی برای جمع‌آوری دادخواست و بسیج گروه‌های بین‌المللی زنان و حقوق بشر در حمایت از زنان کرد، کارزاری را برای طرح دادخواست بین‌المللی علیه این قوانین برپا کرد. *مرکز اطلاعات زنان*[۱۵] در ۴ آوریل ۱۹۹۷ توسط *اتحادیه‌ی زنان کُردستان* در سلیمانیه تأسیس شد که وظیفه‌ی آموزش حقوق زنان از طریق کارزارهای رسانه‌ای و ارائه‌ی آموزش رهبری برای زنان را بر عهده داشت. این مرکز در سازمان‌دهی هم‌اندیشی‌ها، برگزاری سمینارهای مربوط به خشونت علیه زنان و سازمان‌دهی تجمعات ۸ مارس فعال بود و در یکی از کارزارهایی که علیه قتل ناموسی فعالیت می‌کرد، ۵۰/۰۲۵ امضا جمع‌آوری شد. این مرکز همچنین کمیته‌ای در دفاع از کژال خدیر[۱۶] تشکیل داد و در پرونده‌ی دادگاه صبیحه عبدالله

---

[12] The Women's Union of Kurdistan
[13] The Independent Women's Organization (IWO)
[14] Workers Communist Party
[15] Women's Information Center

[۱۶] به بخش دوم همین فصل مراجعه کنید.

احمد که در ۱۴ اکتبر ۱۹۹۷ توسط گروهی مسلح به ضرب گلوله کشته شد، مشارکت فعال داشت. *مرکز اطلاعات زنان* در یادداشتی خطاب به رئیس‌جمهور *دولت اقلیم کُردستان*، مطالبات زیر را مطرح کرد:

۱. از بین بردن روابط خانوادگی قبیله‌ای که با زنان به عنوان مایملک برخورد می‌کند.

۲. منع خشونت علیه زنان با محاکمه‌ی قاتلان. این حق شامل محاکمه‌ی کسانی است که قصد کشتن زنان را بیان کنند.

۳. احزاب سیاسی کُرد نباید به پناهگاه قاتلان تبدیل شوند و احزابی که به قاتلان پناه می‌دهند باید به عنوان شریک جنایت در نظر گرفته شوند.

۴. لغو قانون احوال شخصیه‌ی دولت عراق.

کنشگری زنان کُرد در دیاسپورا نیز از اهمیت مشابهی برخوردار است؛ از جمله سمیناری که توسط *اقدام زنان کُرد علیه قتل‌های ناموسی*[۱۷] در ۱۸ ژوئن ۲۰۰۰ با حضور متخصصان کُرد، وکلا، کنشگران و دیگران در لندن سازمان‌دهی شد. این کار اقدام عمومی دیگری برای اذعان به وجود پدیده‌ی گسترده‌ی قتل «ناموسی» در کُردستان عراق بود. یکی دیگر از نشانه‌های مقاومت و افزایش آگاهی در میان زنان، شکل‌گیری مطبوعات زنان کُرد در دهه‌ی ۱۹۹۰ است. اکثر این مجلات در کُردستان عراق، اروپا و ترکیه و توسط سازمان‌های زنان وابسته به احزاب سیاسی منتشر می‌شوند. در حالی که تحقق بخشیدن به یک «سپهر عمومی» فمینیستی پرتکاپو دشوار است، اما برخی از این نشریات سکوت را شکستند و تعدادی نیز فعالانه با خشونت مردسالارانه مبارزه کردند. این اعمال فشار و لابی، در اوایل سال ۲۰۰۰، منجر به اصلاحات حقوقی اندکی در منطقه‌ی شرقی کُردستان عراق شد.

مسائل مفهومی، نظری و سیاست‌گذاری

اصطلاح جنسیت‌کشی این امکان را فراهم می‌کند که به نوعی پیشرفت نظری در درک خشونت علیه زنان برسیم. مورد کُردستان نشان می‌دهد که گرچه خشونت در قالب اقدامات فردی قطعاً در مقیاس وسیعی رخ می‌دهد اما خشونت مردسالارانه را نمی‌توان به اقدام یک مرد به عنوان یک فرد تقلیل داد. افزون بر این، زنان همیشه به صورت منفرد مورد هدف خشونت قرار نمی‌گیرند. جنسیت‌کشی با

---

[17] Kurdish Women Action Against Honor Killings

تأکید بر خشونت توده‌ای علیه زنان به عنوان موضوعی برای سیاست‌گذاری توسط دولت، اجتماعات غیردولتی، نهادهای مذهبی و/یا ارتش در جنگ، گشایش مفهومی مهمی را ایجاد می‌کند.

قتل ناموسی و خودسوزی که در کُردستان عراق مورد چشم‌پوشی و مدارای حکومت کُردستان قرار می‌گیرد، می‌تواند به عنوان مصادیق یا شرایط جنسیت‌کشی تلقی شود. این اشکال خشونت را نمی‌توان در چارچوب مفهوم‌سازی‌های کنونی «خشونت علیه زنان» توضیح داد. از این رو، مفهوم جنسیت‌کشی با افزودن یک عنصر جنسیتی به تعریف نسل‌کشی، امکان اصلاح *کنوانسیون پیشگیری و مجازات جنایات نسل‌کشی سازمان ملل* (مصوب ۱۹۴۸) را فراهم می‌کند. ماده‌ی دوم این کنوانسیون نسل‌کشی را این‌گونه تعریف می‌کند:

... هریک از این اعمال که به نیت نابودی تمام یا بخشی از یک گروه ملی، قومی، نژادی یا مذهبی اعمال شود. از جمله:

- قتل اعضای یک گروه.
- ایجاد آسیب شدید به سلامت جسمی یا روحی افراد یک گروه.
- قراردادن عمدی یک گروه در معرض وضعیت زندگی نامناسبی که به زوال قوای جسمی کلی یا جزئی آن منجر شود.

مفهوم جنسیت‌کشی، جنسیت را به «گروه‌های ملی، قومی، نژادی یا مذهبی» می‌افزاید و این امر فرصت‌های تازه‌ای را برای کنشگری در راستای جلوگیری از جنسیت‌کشی، برای سیاست‌گذاری و برای نظریه‌پردازی دولت‌سازی و ملت‌سازی ارائه می‌دهد.

بخش دوم: منطقه‌ی امنی برای زنان کُرد وجود ندارد

خشونت علیه زنان در سراسر جهان رخ می‌دهد و اشکال گوناگون آن بر اساس زمینه‌ای که در آن روابط جنسیتی مردسالارانه با صورت‌بندی‌های اجتماعی از قبیل فرهنگ، مذهب، طبقه، نژاد، قومیت و ملیت در تعامل قرار می‌گیرد، پدیدار می‌شود. گزارش‌های سالانه‌ی *سازمان ملل* درباره‌ی وضعیت زنان تصویر هولناکی از فراگیری این خشونت ارائه می‌دهد؛ خشونتی که بعضاً در قالب اشکال وحشیانه‌ای چون قتل و شکل نسبتاً متداول آن در خاورمیانه، یعنی قتل ناموسی، رخ می‌دهد.

همان‌گونه در بخش قبل اشاره شد، جنگ ۱۹۹۱ خلیج به حدی استعماری بود که قدرت بزرگ غربی یعنی ایالات متحده، متحدان اروپایی آن و برخی از کشورهای منطقه را به منظور گوشمالی دادن دولت نافرمان به منطقه کشاند. این جنگ با اعلام پایان جنگ از سوی طرفین، تمام نشد و

پس از حمله‌ی مرگبار ارتش صدام به کوردها و شیعیان و آواره شدن جمعیت قابل‌توجهی از مردمان منطقه، واشنگتن که در ابتدا این منازعه را نادیده گرفته بود، به سرعت وارد عمل شد و بخش عمده‌ای از کوردستان را «منطقه‌ی پرواز ممنوع» اعلام کرد و مانع استقرار ارتش عراق و نیروی هوایی آن شد. (Schorr, 1991) نتیجه‌ی این اقدام، ایجاد «پناهگاه امن» بود که پناهندگان به آن بازگشتند. ایجاد این «پناهگاه امن» تحت حفاظت ایالات متحده و متحدان اروپایی‌اش، برای ناسیونالیست‌های کُرد به منزله‌ی تحقق رویای استقلال یا خودمختاری بود. طی یک سال، انتخابات پارلمان کُردی استانی برگزار و دولت تأسیس شد. با این حال، وضعیت جنگ ادواری همچنان زندگی مردم منطقه را به تباهی می‌کشاند. در چنین شرایطی دامنه و گستره‌ی خشونت علیه زنان افزایش یافت که «قتل ناموسی» نیز یکی از انواع آن بود.

این بخش به بررسی یکی از انواع اعمال قدرت جنسیتی یعنی کشتن زنان به مثابه ابزاری برای تأدیب و مطیع‌سازی، تسلط بر سکسوالیته و حفظ عفت، نزاکت و شرافت زنان و به تبع آن خانواده و ملت می‌پردازد. این شکل از خشونت جنسیتی «قتل ناموسی» نام دارد. ما به واکاوی این واقعیت می‌پردازیم که «منطقه‌ی امن» خاورمیانه چگونه به قتلگاه زنان تبدیل شد و چه نیروهایی، اعم از محلی، منطقه‌ای و بین‌المللی، در این جنایت‌ها دست داشتند.

آشکال و گستره‌ی خشونت علیه زنان با توجه به شرایط رخ دادن آن، متفاوت است. اشکال متفاوتی از خشونت در دو زمینه‌ی جنگ و صلح به کار گرفته می‌شود. برای مثال، هدف گرفتن زنان «دشمن» در دوران جنگ به اشکالی از آزارگری مانند تجاوز دسته‌جمعی منجر می‌شود. قتل ناموسی نیز در دوران جنگ و صلح به اشکال متفاوتی عمل می‌کند. با وجود دگرگونی رادیکال جامعه‌ی کُردی که از تشکیلات اجتماعی عمدتاً روستایی به اجتماعی غالباً شهری و فراملی تبدیل شده، عمل قتل ناموسی امر کهنه را به امر جدید و سرزمین مادری را به دیاسپورا پیوند می‌دهد. گرچه مؤلفه‌های اقتصادی-اجتماعی مانند طبقه در پرورش این شکل از خشونت دخیل است، اما تداوم آن را نمی‌توان تنها با عوامل اقتصادی تبیین کرد. پس از زوال روابط فئودالی-قبیله‌ای، فرهنگ قتل ناموسی در کُردستان پابرجا مانده است. مسئله‌سازی پیرامون این‌که چرا تاریخ قتل ناموسی به جای گسست امتداد یافته، صرفاً موضوعی «آکادمیک» نیست. در واقع بدون درک فراگیری و تداوم این شکل از خشونت، بر انداختن آن امری دشوار خواهد بود.

ما در این‌جا به منظور واکاوی و تدقیق مفهوم این شکل از خشونت به بررسی نمونه‌ی انضمامی کُردستان عراق در بین سال‌های ۱۹۹۱ تا ۲۰۰۳ می‌پردازیم. جمع‌آوری داده‌های آماری رسمی درباره‌ی خشونت‌های ناموسی علیه زنان در هیچ‌یک از دولت‌های حاکم بر کُردها امکان‌پذیر نبوده است. با این حال، همه درباره‌ی این واقعیت هم‌صدا هستند: قتل ناموسی در کُردستان عراق، پیش از این‌که در ۱۹۶۱ به منطقه‌ای جنگی تبدیل شود، غالباً در مناطق روستایی رخ می‌داد. اما پس از

جنگ خلیج فارس در ۱۹۹۱، یعنی دوره‌ای که نیروهای غربی «منطقه‌ی امنی» را با هدف «حفاظت» از کُردها در برابر ارتش صدام تشکیل دادند، به شدت افزایش و گسترش یافت.

قتل ناموسی در «منطقه‌ی امن»

کُردهای عراق، با وجود تمام مصائب اقتصادی و سیاسی منطقه‌ی امن، به خاطر رهایی از حکومت صدام خشنود بودند. تحولات پس از جنگ به احزاب سیاسی کُرد اجازه داد تا به طور همه‌جانبه از سازمان‌های چریکی به احزاب سیاسی حاکمی تبدیل شوند که قدرت دولتی را اعمال می‌کنند. با وجود این‌که ایالات متحده به کُردهای منطقه‌ی امن هشدار داده بود که از هرگونه حرکت سیاسی تهدیدکننده‌ی تمامیت ارضی عراق، خودداری نمایند، اما آن‌ها از آزادی عمل همه‌جانبه‌ای برای ایجاد ساختار قانونی و سیاسی متفاوت برخوردار بودند. این‌گونه بود که ناسیونالیسم کُردهای بی‌دولت عملاً مورد آزمون قرار گرفت. اما آیا آن‌ها زمانی که در مسند قدرت قرار گرفتند، بهتر از کشورهای عربی، ترک و فارس عمل کردند؟

با وجود این‌که قوانین کُردی نمی‌توانست تمامیت ارضی کشور عراق را به خطر بیاندازد، اما پارلمان کُردی آزاد بود تا هر قانونی را که به تمامیت کشور عراق آسیب نمی‌رساند الغا یا اصلاح کند. یکی از قوانینی که به میدان نبرد میان حکومت *اقلیم کُردستان* و زنان کُرد تبدیل شد، قانون احوال شخصیه‌ی زن‌ستیز عراق بود. دولت عراق تحت حاکمیت *حزب بعث* سکولار، ناسیونالیست و مردسالارانه بود. در این دولت زنان برای پیوستن به پروژه‌های ملت‌سازی دولت ترغیب می‌شدند، اما اجازه‌ی سازمان‌دهی مستقل نداشتند. اندکی پس از به قدرت رسیدن دولت اسلامی، رژیم عراق نیز همانند سایر کشورهای خاورمیانه، قوانین اسلامی بیشتری را به ویژه در ارتباط با تنظیم روابط جنسیتی آماده ساخت. برای مثال قوانین احوال شخصیه به مردان اجازه می‌داد تا وارد روابط چندزنی شوند و همسران، خواهران و دختران عمو/عمه/خاله/ دایی خود را به اتهام نقض آبروی خانواده به قتل برسانند.

اندکی پس از تشکیل منطقه‌ی امن، شمار زنان کُردی که به دست مردان خانواده و بستگانشان کشته می‌شدند، به شدت افزایش یافت. برخی از زنانی که در جریان عملیات نسل‌کشی اواخر دهه‌ی ۱۹۸۰ توسط ارتش عراق مورد تجاوز قرار گرفته بودند، به کُردستان بازگشتند. گزارش‌ها از اذیت و آزار این زنان و حتی به قتل رسیدن آن‌ها حکایت دارد. با این حال، میزان قتل ناموسی و خودسوزی رواج بی‌سابقه‌ای یافت. به‌طوری‌که اجساد زنان در خیابان‌ها و جاده‌ها پیدا می‌شد.

زنان، بی‌درنگ پس از تأسیس پارلمان کُردی، در دادخواستی برای لغو قوانین مدنی عراق تنظیم کردند که به امضای حدود پانزده هزار تن رسید. مطالبات آن‌ها عبارت بودند از: الغای چندزنی، به رسمیت شناختن حق طلاق زنان و تساوی ارث. اما پارلمان از توجه به این مطالبات خودداری کرد. (Begikhani, 1996) حکومت *اقلیم کُردستان* و بعدها دو دولت جایگزین آن در شمال غربی و جنوب شرقی کُردستان عراق، هرگز اطلاعات آماری مرتبط با قتل زنان را ارائه نکرده‌اند و شواهد موجود توسط گروه‌های حمایتی زنان جمع‌آوری شده است. گرچه آن‌ها داده‌ها را به طور مستقل و از منابع مختلف گرد آورده‌اند، اما از نظر دامنه و فراوانی جنایات صورت گرفته علیه زنان هیچ تفاوتی بین آن‌ها وجود ندارد.

بر اساس گزارش مطالعه‌ای که توسط *سازمان مستقل زنان* انجام شده، ۵۳۸ زن در بین سال‌های ۱۹۹۱ تا ۱۹۹۸، جان خود را به علت قتل ناموسی و خودسوزی از دست داده‌اند. باید توجه داشت که این رقم تمامی بخش‌های کُردستان عراق را در بر نمی‌گیرد، مبتنی بر تحقیقات میدانی و گزارشات مطبوعاتی است و در آن اطلاعات مختصری در مورد اسامی قاتلان و قربانیان، علت قتل، مکان و تعدادی عکس ارائه شده است.

طبق مطالعه‌ای که در دوهفته‌نامه‌ی *ژیانه‌وه*[18] کُردستان عراق منتشر شد، ادارات دولتی کُردستان حتی از فراگیری این قتل‌ها مطلع نیستند. پلیس سلیمانیه تعداد زنان کشته‌شده از ابتدای ۱۹۹۸ تا مارس ۱۹۹۹ را ۳۲ نفر اعلام کرده است. رقم ارائه شده توسط دادگاه ۳ نفر بود، در حالی که *انجمن حقوق بشر*[19] به ۱۴۰ قتل و ۳۶ مرگ بر اثر خودسوزی اشاره کرده است. (Jiyanewe, 1999: 5) بیشتر این ارقام مربوط به بخش‌های شرقی کُردستان هستند. در ۲۰۰۱، بیمارستان آموزشی سلیمانیه پیکر سوخته‌ی ۱۰۵ زن را پذیرش کرده بود که به دلایلی مانند مشکلات خانوادگی (۸۰ مورد)، ازدواج اجباری (۱۳ مورد) و اختلاف با خانواده‌ی شوهر (۷ مورد) دست به خودکشی زده بودند. (Mihammad Amin, 2002: 6) وضعیت در ناحیه‌ی غربی ظاهراً وخیم‌تر بود. طبق یکی از گزارش‌ها بیمارستان جمهوری (کومار) در هه‌ولیر در ۱۹۹۲ اجساد ۱۶۰ زن کشته شده تحویل گرفته شد. نیمی از آن‌ها به ضرب گلوله به قتل رسیدند و سایرین خفه شده و یا چاقو خورده بودند. (Qeredaxî, 1996: 3) براساس گزارشی دیگر، در کُردستان عراق هر بیست‌وچهار ساعت یک زن به قتل رسیده و یا اقدام به خودکشی کرده است. (Hewalekanî têror û xokujî" 1998: 4) پدران، شوهران، برادران، پسران، پدرشوهرها، برادرشوهرها، عموها و نیز مادران و خواهران همگی در این قتل‌ها دست داشته‌اند. بسیاری از خودکشی‌ها به دلیل ازدواج‌هایی بود که از سوی خانواده به زنان تحمیل می‌شد، از جمله رسم مبادله‌ی دختر یا خواهر در ازدواج. در شرایط فقر مطلق،

---

[18] *Jiyanewe*

[19] Human Rights Association (Mektebî Mafî Mirov)

تن‌فروشی نیز متداول بود و روسپی‌ها نیز هدفی برای پاکسازی ناموسی بودند. باید توجه داشت که انسجام داده‌ها در اکثر مطالعات اصلاً رضایت‌بخش نبود و همچنین اشتباهات چاپی بسیاری وجود دارد: مثلاً تعداد کل زنان کشته شده با حاصل جمع رده‌های مختلف قتل و خودکشی در جداول متفاوت بود.

شکل متداول دیگر خشونت علیه زنان از شکل انداختن چهره‌ی زنی است که به نقض اصول اخلاق، آبرو و نجابت متهم شده بود. این نوع از خشونت شامل بریدن بینی، گوش‌ها و لب‌های قربانی است. کژال خدیر یکی از قربانیان از شکل انداختن توانست در سال ۲۰۰۰ به کانادا پناهنده شود. او زن بیست‌وهشت ساله‌ای از شهر دیانا بود که توسط بستگان شوهرش مورد حمله قرار گرفته و بینی‌اش بریده شده بود. گزارش پرونده‌ی او در مطبوعات کُردی منتشر شد. کژال در مصاحبه با *تورنتو استار* گفت گفته بود که او «مادر دو پسر و در ماه چهارم بارداری سوم خود بوده که بستگان شوهر سابقش او را به ناحق به داشتن رابطه‌ی غیراخلاقی با همسایه‌اش متهم کردند. شش نفر از مردان اقوام شوهرش او را کتک زدند، بستند، بینی‌اش را بریدند و در خیابان انداخته و رهایش کردند و این بارداری بود که مانع از کشتن او شده بود. کسانی که به او حمله کرده بودند به زندان افتادند، اما پس از یک روز بدون هیچ اتهامی آزاد شدند» (Infantry, 2000: B2) چنین موردی غیرمتداول نبود و گزارش‌هایی درباره‌ی پرونده‌های مشابه در مطبوعات کُردی عراق و خارج از کشور منتشر می‌شد.

رهبری ناسیونالیست کُردی که توسط دو حزب اصلی (*حزب دموکرات کُردستان* و *اتحادیه‌ی میهنی کُردستان*) نمایندگی می‌شد، در ایجاد یک نظام حکمرانی دموکراتیک و کارآمد شکست خورد. در این شرایط آشوب و اغتشاش، قبیله‌گرایی که قبلاً توسط حکومت عراق در دهه‌ی ۱۹۸۰ تقویت شده بود، به نیرویی قدرتمند تبدیل شد.[۲۰] این دو حزب سیاسی پس از تشکیل «منطقه‌ی امن» کوشیدند رهبران قبایل و افراد مسلح آن‌ها را به سازمان خود جذب کنند. پس از تأسیس حکومت *اقلیم کُردستان* در ۱۹۹۲، این دو حزب قدرت را به حکومت واگذار نکردند و در عوض تقویت پیشمرگه‌های مسلح خود را در دستور کار قرار دادند. این نوع رابطه با قبایل که پیشاپیش نگرشی مردسالارانه بر آن حاکم بود، به سازشی بزرگ در مورد وضعیت زنان انجامید. روابط قبیله‌ای و فئودالی بر پایه‌ی خشونت علیه زنان توسعه یافت و این دو حزب، حتی رهبری ناسیونالیست شهری *اتحادیه‌ی میهنی کُردستان* نیز از آن تبعیت کردند. نخستین پارلمان کُردستان از لغو قوانین احوال

[۲۰] برای اطلاعات بیشتر پیرامون نوقبیله‌گرایی به McDowall, 1996:354-57, 385-87 مراجعه کنید.

شخصیه و قوانین جزایی عراق امتناع کرد و با این کار حق زندگی را از زنان کُردستان مضایقه کرد؛ زنان را می‌شود به قتل رساند، حتی اگر مظنون به صحبت با یک غریبه باشند.[۲۱]

گرچه این دو حزب ناسیونالیست پیش از به قدرت رسیدن حکومت تئوکراتیک اسلامی در ایران احزابی سکولار بودند، اما مواضع اسلام‌دوستانه‌ای در پیش گرفتند و دست تهران را در کسب نفوذ، ایجاد گروه‌ها و احزاب اسلامی، ساختن مساجد و مسلح ساختن گروه‌های اسلامی خود باز گذاشتند. در این شرایط پارلمان کُردستان از وضع قوانینی که معطوف به استقرار یک رژیم خودمختار سکولار مبتنی بر جدایی دولت از مذهب باشد اجتناب کرد. در همان زمان، برخی از ملاهای کُردی که مورد حمایت ایران بودند، دست به اقداماتی زدند تا جامعه‌ی کُرد را اسلامیزه کنند: اقداماتی از قبیل تحمیل حجاب بر سر زنانی که هرگز آن را تجربه نکرده بودند، ترویج تفکیک جنسیتی، ارعاب فمینیست‌ها و زنان کنشگر، و حمایت از خشونت علیه زنان.[۲۲]

گرچه *اتحادیه‌ی میهنی کُردستان* در آوریل سال ۲۰۰۰ دو مصوبه برای اصلاح قوانین جزایی عراق صادر کرد اما فقدان یک حکومت کارآمد تنها مجموعه‌ای از اصلاحات بر روی کاغذ را بر جای گذاشت. در مصاحبه‌هایی که سه ماه پس از تصویب این مصوبات درباره‌ی تأثیرات آن‌ها صورت گرفته بود (این مصاحبه‌ها را روزنامه‌ی *اتحادیه‌ی میهنی کُردستان* به نام *کُردستانی نو*[۲۳] انجام داد و منتشر کرد)، زنان منطقه‌ی گرمیان اعلام کردند که تصویب این مصوبات چیزی را تغییر نداده است. به گفته‌ی یکی از مصاحبه‌شوندگان، شوهرش به محض شنیدن در مورد مصوبه‌ی ۶۲ که چندزنی را محدود می‌کرد ولی ممنوع نمی‌کرد، همسر دومی اختیار کرد. او چنین کرد تا به همسر اول خود ثابت کند که حتی با وجود وضع چنین مصوبه‌ای، او همچنان فاقد قدرت باقی مانده است. وقتی زن به دادگاه مراجعه کرد، به او گفته شد که هنوز مصوبه‌ای به آن‌ها ابلاغ نشده است. در چنین مواردی یکی از مشکلات اعمال مصوبه‌ی چندزنی عبارت بود از ناآشنایی همسر اول با قانون و عدم حمایت خانواده‌ی او در صورت تصمیم‌گیری برای اقدام قانونی علیه شوهر. بی‌درنگ پس از تصویب مصوبه‌ی ۵۹ (در خصوص قتل ناموسی) یک زن کشته شد، اما قاتل شناسایی نشد. طبق اظهارات یکی از مصاحبه‌شوندگان، در حالی‌که مردان قاتل قبل از این مصوبه خود را پنهان نمی‌کردند، اما اکنون دیگر خودنمایی نمی‌کردند و شناسایی آن‌ها دشوار شده بود. یکی از زنان که کارمند دولتی بخش

---

[۲۱] در بازدید از یکی از پناهگاه‌های زنان در سلیمانیه (کُردستان عراق، ۲۹ سپتامبر، ۲۰۰۰)، زن جوانی به من گفت گرچه اتحادیه‌ی میهنی کُردستان با خشونت مردسالارانه مخالف است، اما در موقعیتی نیست که بتواند عضوی از قبیله‌ی مشخصی را به علت ارتکاب به قتل ناموسی تحت پیگرد قانونی قرار دهد، زیرا قبیله سیصد تفنگدار در اختیار این سازمان قرار داده است.

[۲۲] برای اطلاعات بیشتر پیرامون رویه‌ی اسلام‌گرایان در مواجهه با زنان کُرد به Begikhanki, 1997 مراجعه کنید.

[23] *Kurdistanî Nö*

کشاورزی بود چنین گفت: «اجرای این مصوبه‌ها مستلزم مبارزه و تلاش افزونتری است، زیرا زنان ما نمی‌دانند چگونه عدالت را در دادگاه‌ها طلب کنند.» (Sa'id 2000: 10)

قتل ناموسی در جایگاه یک سنت ملی

پیش از این‌که دو حزب اصلی *حکومت اقلیم کُردستان* در قدرت شریک شوند، در جنگی چریکی علیه دولت عراق شرکت داشتند. هر دوی این احزاب سازمان زنان داشتند، با این حال آگاهانه از نقش‌آفرینی زنان در صفوف سیاسی و نظامی ممانعت کردند و از این سازمان‌ها عمدتاً برای بزک کردن چهره‌ی به شدت مردسالارانه‌ی ساختارهای حزبی خود استفاده کردند. پیشرفت در زمینه‌ی آزادی زنان به آینده و فردای دستیابی به خودمختاری موکول می‌شد. در واقع، ملیت در اولویت قرار گرفت و رسیدگی به مسائل زنان، کارگران، دهقانان و کودکان به آینده واگذار شد.

احزاب ناسیونالیستی کُرد، مثبت‌ترین عناصر روابط جنسیتی روستایی، یعنی معاشرت نسبتاً آزادانه‌ی زنان و مردان و فقدان حجاب را کنار گذاشتند و سرکوبگرانه‌ترین ابعاد مردسالاری را به عنوان مصادیق فرهنگ اصیل ملی قلمداد کردند. برای مثال، *حزب دموکرات کُردستان* استدلال کرد که اشکال قبیله‌ای-فئودالی و اسلامی سرکوب زنان، از اجزای اساسی فرهنگ ملی کُردها است. در همین راستا، با قتل ناموسی نیز مانند وجهی از فرهنگ ملی برخورد شد. برای نمونه می‌توان به مصاحبه‌ای اشاره کرده که در ۱۹۹۳ با چهار تن از رهبران *اتحادیه‌ی زنان کُردستان* که زیر نظر *حزب دموکرات کُردستان* بود، انجام گرفته است. یکی از مصاحبه‌شوندگان کشتار گسترده‌ی زنان را تکذیب می‌کند و مدعی می‌شود که ممکن است تنها چند زن در سلیمانیه کشته شده باشند. (Çingiyanî, 1993: 122) یکی دیگر از مصاحبه‌شوندگان در پاسخ به پرسشی درباره‌ی موضع این جمع نسبت به فرار با معشوق به عنوان راهی برای اجتناب از ازدواج‌های تنظیم‌شده، مبادله‌ی دختر یا خواهر و فروش دختران، با این عمل مخالفت می‌کند، زیرا آن را خلاف سنت مردم کُرد می‌داند. مصاحبه‌شونده‌ی دیگری نیز ضمن ابراز مخالفت می‌گوید: «نمی‌توانم مستقیماً بگویم که [فرار با معشوق] چیز خوبی است. باید جامعه‌ای را که در آن زندگی می‌کنیم به خوبی درک کنیم. فرهنگ ما چیست؟ اگر در چارچوبی بسیار گسترده از حقوق زنان حرف بزنیم، خود جامعه (komeĺ) در برابر ما خواهد ایستاد. باید پا به پای جامعه حرکت کنیم. فرهنگ اسلامی و فرهنگ کُردی به قانون اجتماعی (yasay komeĺayetî) بدل شده‌اند؛ اگر از این مرز عبور کنیم، موفق نخواهیم شد.» (Çingiyanî, 1993: 124)

این نمونه‌ی بارزی از موضع محافظه‌کارانه‌ی ناسیونالیستی این احزاب است. مصاحبه‌شونده سیاست‌های مردسالارانه‌ی سازمان زنان خود را با مردمحوری کل ملت تلفیق می‌کند. او روابط

جنسیتی اسلامی و فئودالی را هنجارهایی اجتماعی و ملی می‌داند که با تغییر سر سازگاری ندارد. یکی از مصاحبه‌شوندگان در پاسخ به این پرسش که چرا زنان روسپی کشته می‌شوند و مردانی که با آن‌ها در ارتباط هستند از مجازات در امان می‌مانند، استدلال کرد که هر دوی آن‌ها باید، نه با اعدام، بلکه با صد ضربه شلاق مجازات شوند.

قوانین مدنی عراق که در پارلمان کُردستان نیز تصویب شد، به مرد اجازه می‌دهد تا اعضای زن خانواده‌ی خود (همسر، خواهر، دختر، مادر) را به اتهام تخطی از موازین ناموسی به قتل برساند. *حکومت اقلیم کُردستان* با عمل در این چارچوب قانونی، از مداخله در پرونده‌های قتل ناموسی سر باز می‌زد. بنابراین مردان مجاز بودند بر مسند قضاوت بنشینند و هر زنی را که به گمانشان از موازین ناموس آن‌ها تخطی کرده باشد را به قتل برسانند. طبق قوانین مدنی عراق حتی اگر قاتل یک زن را به دادگاه می‌بردند، مقتول به زنای محصنه متهم می‌شد قاتل آزاد می‌شد. این امر حتی ناقض این قانون اسلامی است که رأی چهار «شاهد عادل» را برای اثبات مسئله‌ی زنا ضروری می‌داند. معاینات پزشکی زنان مقتول نشان داده است که شمار زیادی از قربانیان بین سیزده تا بیست ساله بودند و تجربه‌ی رابطه‌ی جنسی نداشته‌اند. (Begikhani, 1998)

فقدان اطلاعات کافی درباره‌ی قتل ناموسی در کُردستان عراق و بسیاری از کشورهای خاورمیانه مانعی بر سر راه پژوهش و کنش است. درحالی‌که اطلاعات مربوط به زمان صلح نیز در دسترس نیست، اما اکثر ناظران شواهد ناقص دهه‌ی ۱۹۹۰ را شگفت‌آور می‌دانند. این وضعیت که در کُردستان «کشتار گسترده‌ی زنان» (reşkujî jinan) نامیده شده، با مواردی که در یوگسلاوی سابق وجود داشت متمایز است، زیرا نه به دست گروه قومی یا دولتی دیگر، بلکه توسط مردان خانواده‌ی خود زنان انجام شده است.

عوامل متعددی در بروز این خشونت افسارگسیخته علیه زنان در منطقه‌ی امن دوره‌ی پس از جنگ خلیج فارس نقش داشتند. با آوارگی کل جمعیت شهرهای کُردستان نشین در آوریل ۱۹۹۱ و اسکان بسیاری در ایران و در نهایت بازگشت آن‌ها، بافت روابط اجتماعی و جنسیتی از هم گسیخت. این آشوب بزرگ در شرایطی روی داد که رژیم عراق از ۱۹۷۵ تا جنگ خلیج فارس چندین هزار روستا را تخریب کرده بود. این رخدادها پیشاپیش ترکیب جمعیتی جامعه‌ی کُردستانی را تغییر داده بود و بر وسعت مناطق شهری افزوده بود. فقر مطلق پساجنگی نیز عامل مهمی بود. در نظامی از روابط جنسیتی که مبتنی بر قوانین عرف، عفت و حیا بود و همگی این موارد در قالب پنداشت ناموس ثبت شده بود، زنان که غالباً مایملک خانواده محسوب می‌شدند، بیش از پیش کالایی شدند.

عامل دیگری که نقشی واپسگرایانه‌ای را در افزایش خشونت جنسیت‌محور ایفا کرد، ظهور «بنیادگرایی» اسلامی بود که توسط ایران در میان روحانیون کُرد رواج یافت. احزاب همیشه سکولار

ناسیونالیست کُردی در کُردستان عراق بر آن شدند تا در درگیری میان ایران و حکومت عراق، از ایران حمایت کنند. دو حزب اصلی (*حزب دموکرات کُردستان* و *اتحادیه‌ی میهنی کُردستان*) در مذاکراتشان با تهران به تشکیل و اداره‌ی سازمان‌های اسلامی حامی ایران یاری رساندند. گرچه این احزاب هرگز مذهب را عنصری از هویت ملی کُردی نمی‌دانستند، اما در همان زمانی که *اتحادیه‌ی میهنی کُردستان* سکولار مشغول سازش با نیروهای مذهبی بود، *حزب دموکرات کُردستان* نیز اسلام را یکی از اجزای سازنده‌ی حیات ملی می‌دانست و بیانات رسمی خود را با «بسم الله الرحمن الرحیم...» آغاز می‌کرد. هرجا که گروه‌های اسلامی مسلط شدند، حجاب را در بخش‌هایی از کُردستان به زنان تحمیل کردند؛ بخش‌هایی که در آن زنان عموماً جداسازی یا حجاب اسلامی را تجربه نکرده بودند.

مقاومت در برابر قتل ناموسی

گرچه ناسیونالیست‌های محافظه‌کار مردسالاری فئودالی-اسلامی را نوعی هنجار ملی در زمینه‌ی روابط جنسیتی تلقی می‌کنند، اما از پذیرش سنت مقاومت در برابر سرکوب مردسالارانه به عنوان یکی دیگر از مؤلفه‌های فرهنگ سیاسی ملت خودداری می‌کنند. در این‌جا هیچ تناقضی وجود ندارد. دفاعیه‌ی ناسیونالیستی از روابط جنسیتی سرکوبگرانه تنها می‌تواند از طریق نوعی انکار موفق شود: انکار این‌که جامعه‌ی کُردی به سرعت در حال تغییر است؛ انکار ظهور نیروهای اجتماعی جدید؛ و انکار تاریخ مقاومت علیه مردسالاری فئودالی-اسلامی. با این حال حتی روابط جنسیتی نسبتاً انعطاف‌ناپذیر قبیله‌ای و فئودالی، مقاومت ولو حداقلی علیه روابط سرکوبگرانه‌ی تأهل را مجاز می‌دانست؛ روابطی که زنان را در زمان ازدواج به مایملکی قابل مبادله تبدیل می‌کرد.

در سراسر قرن بیستم بسیاری از شاعران، نویسندگان، روزنامه‌نگاران و سازمان‌های زنان، روابط جنسیتی سرکوبگرانه‌ی کُردستان را زیر سؤال برده‌اند. همان‌طور که پیش‌تر اشاره شد، کیفرخواست قدرتمندی درباره‌ی قتل ناموسی و سایر اشکال سرکوب زنان در آثار عبدالله گوران نگاشته شده است. شعری که در ادامه می‌آید (Goran, 1980: 209–11) بدون تاریخ است اما بدیهی است که پیش از مرگ او در ۱۹۶۲ سروده شده است. این شعر داستان عشق دختر جوانی است به پسری از خانواده‌ای ثروتمند که با دختر همبستر می‌شود اما از ازدواج با او سر باز می‌زند. دختر به دلیل لکه‌دار کردن آبروی خانواده، به دست پدرش کشته شد. این شعر وحشت یک تراژدی را به نمایش می‌گذارد که در آن پدران و برادران و مادران، روحشان، عزیزترینشان، یعنی دختران و خواهرانشان را به قتل می‌رسانند.

سنگ‌نوشته‌ای (Berde-nûsêk) بر گور دختری نوجوان

ای رهروی گورستان! در خاک گور من،
آهی دفن کن؛
بر مرمرِ قبرم،
اشکِ تَر بیفشان.
در جهان روشن‌ات، من نیز روحی بودم،
در تنی زیبا.
می‌آمدم و می‌رفتم، همچو پروانه،
در میان گل‌ها!
آغوش گرم مادرم محل شرمم بود،
من جانِ پدرم بودم؛
آوازه‌ی چشمان سیاهم، رمز و رازم،
بدل به آوازی شد.
اما افسوس که آوازهای بی‌امان پسران،
از خود بیخودم کرد
تسلیم عشق پاک شدم، و گناه
به انحرافم کشاند.
در مسیرم به جوانی غدار برخوردم،
با سوگند و با عهد،
پیچید همچو مار، خزید در تختم،
شرافتم را تکه‌تکه کرد.
مار پس از ریختن زهرش،
به لانه خزید...
چهره‌های ملتمسِ رنگ‌باخته‌ی مادرم، پدرم و خودم
بی‌ثمر بودند،
او تف انداخت، همچو پدرش
بی هیچ اعتنایی!
او پسر بود و وانگهی بانفوذ،
به زعمِ سنت رایج،
تردید نبود در پستی کردارش.
اما ای سرنوشت!

من دختر بودم، غزالِ زندانِ زندگی.
مجازاتِ گناهم،
بریدنِ سرم به دست پدرم بود...!
گیسوانِ پریشانم
غرق در خون، روی چشمانم بود،
این‌گونه بود که ندیدم
آیا سر بریده‌ام
زحمی شد در قلب پدرم؟
یا مادر مهربانم جرئت داشت، بدون شرمساری،
بر دخترِ مرده‌ی جوانش،
از عمق جان سوگواری کند، همچو یک مادر؟
و رخت سیاه به تن کند...؟

این شعر نقطه‌ی عطفی در اعتراض به قتل ناموسی بود و در زمانی سروده شد که خشونت علیه زنان مسئله‌ای جدی در نظر گرفته نمی‌شد و در نتیجه مقاومت علیه آن نیز در دستور کار جنبش‌های دموکراتیک و سوسیالیست قرار نداشت. همان‌طور که پیش‌تر اشاره شد، فیلم معروف *راه* اثر ییلماز گونی نیز نقطه‌ی عطف دیگری بود که این شکل از خشونت مردسالارانه را به شدت محکوم کرد.

گرچه جنگ زنان کُردستان عراق را آماج خشونت فراگیرتری قرار داد، اما به شکل‌گیری مقاومت علیه خشونت نیز منجر شد. افراد و سازمان‌های مختلفی در اعتراض به خشونت مردانه مشارکت داشتند. برای مثال، جلال طالبانی از *اتحادیه‌ی میهنی کُردستان* و رهبر حکومت *اقلیم کُردستان* در بخش شرقی کُردستان عراق، در غیاب مجلس دو مصوبه در آوریل سال ۲۰۰۰ صادر کرد که هدف آن اصلاح قوانین احوال شخصیه‌ی عراق بود. همزمان با مصوبه‌ی ۵۹ که توسط هیئت وزیران تصویب شده بود و قتل ناموسی را جرم‌انگاری کرد، مصوبه‌ی ۶۲ برای چندزنی محدودیت قائل شد. در آگوست سال ۲۰۰۲ پارلمان کُردستان در منطقه‌ای که تحت کنترل حزب دموکرات کُردستان بود، قانون جزای عراق را اصلاح کرد تا قتل ناموسی را جرم‌انگاری کند.با این حال، گرچه تصویب این مصوبات مورد تحسین بسیاری قرار گرفت، اما در نهایت واقعیت‌های بی‌رحمانه‌ی میدان‌های کشتار را تغییر نداد.

قتل ناموسی در منطقه‌ی نه جنگ-نه صلح

جنگ خلیج فارس در ۱۹۹۱ بسیار بیشتر از جنگ عراق و ایران (۱۹۸۸-۱۹۸۰) نظم سیاسی، اقتصادی و اجتماعی کل منطقه را به طور جدی بر هم زد؛ بدون این‌که نظمی دموکراتیک‌تر و عادلانه‌تر را جایگزین کند. در نتیجه‌ی این جنگ، خشونت به بخشی از تجربه‌ی روزمره‌ی همه‌ی عراقی‌ها بدل شد.

در تجربه‌ی کُردها که در این بخش به اختصار بیان شد، مجموعه‌ای از ساختارهای اجتماعی، اقتصادی، فرهنگی، سیاسی و مذهبی منجر به تولید و بازتولید قتل ناموسی می‌شود؛ ساختارهایی که بی‌شک از انقیاد زنان نفع می‌برند. قتل ناموسی که به لحاظ تاریخی با سازمان فئودالی-قبیله‌ای جامعه پیوند تنگاتنگی داشت، با ترویج شدن از سوی اسلام‌گرایی‌هایی که از نو احیا شده بودند، در مراکز شهری روبه‌رشد کُردستان عراق که تحت حاکمیت خودگردان کُردها بود، به سرعت افزایش یافت. این شکل از خشونت نه تنها در حاشیه‌ی جامعه‌ی کُردی بلکه در نظام قانونی سکولار ترکیه و عراق نیز به قوت خود باقی ماند. پس قتل ناموسی صرفاً و اساساً مسئله‌ای قانونی نیست و پیامدهای نهفته‌ی اقتصادی، اجتماعی، مذهبی، سیاسی و فرهنگی دارد. این پدیده حتی پس از بروز تغییرات گسترده در جامعه‌ی کُردی در اواخر قرن بیستم، به ویژه شهرنشینی، نیز به بقای خود ادامه داده است.

قتل ناموسی در زمان صلح و جنگ روی می‌دهد. با این حال جنگ خشونت بیشتری علیه زنان به بار می‌آورد. افزایش دامنه‌ی خشونت در کُردستان عراق را می‌توان در کنار سایر عوامل، با این موارد توضیح داد: (۱) از هم پاشیدن بافت سیاسی، اجتماعی و اقتصادی جامعه‌ی کُرد به سبب شرایط حاکم بر منطقه‌ی جنگی؛ (۲) ناکامی خودگردانی کُردها در دموکراتیک‌سازی روابط جنسیتی؛ (۳) سیاست‌های ناسیونالیستی روابط جنسیتی؛ (۴) جهش بی‌سابقه‌ی کنشگری اسلام سیاسی؛ (۵) احیای روابط قبیله‌ای و فئودالی؛ و (۶) ضعف آگاهی فمینیستی، به ویژه سازمان‌دهی زنان.

در واقع می‌توان به اختصار این‌گونه جمع‌بندی کرد که منطقه‌ی جنگی کُردستان عراق به نیروهای خشونت مردسالارانه میدان داد و اتحاد میان ناسیونالیسم، مذهب و قدرت مردانه‌ی قبیله‌ای-فئودالی را تقویت کرد. اما این اتحاد در عین حال انگیزه‌ای برای مقاومت زنان و مردانی شد که به دموکراتیک‌سازی روابط جنسیتی اهمیت می‌دادند. گرچه سرکوب ملی وحشیانه همچنان به جلب حمایت برای آرمان ناسیونالیستی ادامه می‌دهد، اما زنان پیشاپیش مقاومت در برابر سرکوبگران «خود» را آغاز کرده‌اند. آگاهی فمینیستی در کُردستان نیروی در حال ظهوری است که به جای سازگاری با ناسیونالیسم، آن را به چالش می‌کشد.

بخش سوم: سیاست و فرهنگ قتل ناموسی در دیاسپورا

رحمی شاهیندال، مرد کُردی که در ۱۹۸۰ از ترکیه به سوئد مهاجرت کرده بود، در ۲۱ ژانویه‌ی ۲۰۰۲ دخترش فدیمه را در شهر اوپسالای سوئد به قتل رساند. رحمی و پسرش مسعود احساس می‌کردند که فدیمه با سرپیچی از ازدواج تنظیم‌شده و انتخاب مردی سوئدی به عنوان یار خود، موجب شرمساری خانواده شده است. او بر اساس سنت، موازین ناموس را نقض کرده بود و با مقاومت در برابر تهدیدهای مرگبار پدر و برادرش، افشای نیت آن‌ها، کشاندنشان به دادگاه و راه‌اندازی کارزاری علیه قتل ناموسی، آن‌ها را بیش از پیش «شرمسار» کرده بود. رحمی به پلیس گفته بود که مجبور شده با کشتن دخترش از ناموس خود (خانواده) دفاع کند.

قتل فدیمه، با وجود این‌که نخستین یا تنها نمونه‌ی چنین جنایتی در سال‌های اخیر نبود، اما جامعه‌ی سوئد را به شدت تکان داد. مهاجران و پناه‌جویان، به ویژه کُردها، بیم آن را داشتند که این رویداد موج جدیدی از نژادپرستی و حملات نژادپرستانه را به راه بیاندازد. حاکمیت به دلیل عدم ادغام مهاجران و سیاست‌گذاری «استاندارد دوگانه» یعنی تحمل خشونت مردان در میان مهاجران (غیرغربی) و ترویج برابری جنسیتی برای شهروندان متولد سوئد، با انتقاداتی مواجه شد. کُردهای سوئد این قتل را محکوم کردند؛ گرچه برخی از آن‌ها تمایل داشتند آن را به رویدادی منفرد و مشکل فردی شخصی پریشان‌حال تقلیل دهند. رسانه‌های سوئد و سراسر جهان این رویداد را گزارش کردند. در سوئد، پوشش رسانه‌ای گسترده‌ای در مورد قتل، تشییع جنازه‌ی فدیمه، سیاست‌گذاری‌های عمومی و تصادم فرهنگ‌ها وجود داشت و پرسش‌هایی از این دست مطرح شد: آیا قتل ناموسی بخشی از فرهنگ کُردی است؟ آیا قتل ناموسی سنتی اسلامی است؟ آیا قتل فدیمه مسئله‌ی تعارض میان دو فرهنگ بود؟ نقش دولت سوئد چیست؟ نقش نژاد و نژادپرستی چیست؟ برای جلوگیری از قتل ناموسی و سایر انواع خشونت‌های مردانه علیه زنان چه کاری می‌توان انجام داد؟

روایتی کوتاه از زندگی و مرگ فدیمه

فدیمه شاهیندال در سن هفت‌سالگی در ۱۹۸۴ برای پیوستن به پدرش به سوئد نقل مکان کرد. طبق گزارش مطبوعات، والدینش او را از ارتباط با کودکان سوئدی در مدرسه منع کرده بودند. آن‌ها به فدیمه می‌گفتند که باید سرانجام به ترکیه برگردد و در آن‌جا ازدواج کند. برادر کوچکترش نیز برای کنترل خواهر خود به پدر کمک می‌کرد و او را مورد آزار جسمی قرار می‌داد. در ۱۹۹۶، فدیمه در حین گذراندن دوره‌ی آموزش کامپیوتر با دانشجویی سوئدی به نام پاتریک لیندخو[۲۴] آشنا و عاشق او شد.

[24] Patrik Lindesjö

رحمی پس از فهمیدن این ماجرا، این زوج را مورد ضرب‌وشتم قرار داد. والدین پاتریک از طرف پسر خود برای خواستگاری به ملاقات والدین فدیمه رفتند اما رحمی پیشنهاد آن‌ها را رد کرد. (Hildebrandt, 2002)

فدیمه مجبور به ترک اوپسالا[۲۵] شد اما همچنان توسط پدر و برادرش مورد تهدید قرار می‌گرفت. او به رسانه‌ها روی آورد و در مورد سرکوب دختران کُرد در سوئد، مشکلات مربوط به ادغام و استاندارد دوگانه صحبت کرد. پدرش در سفری که فدیمه به اوپسالا داشت، با پرتاب آب دهان به صورت او فریاد زد: «فاحشه‌ی لعنتی. من تو را تکه‌تکه خواهم کرد.» فدیمه به پلیس گفته بود: «به گفته‌ی پدرم من از خانواده طرد شده‌ام و اجازه ندارم به اوپسالا برگردم. اگر این کار را انجام دهم، هرگز شهر را زنده ترک نمی‌کنم.» رحمی در ۱۹۹۸ به اتهام تهدیدهای غیرقانونی به حبس تعلیقی محکوم شد. برادر ۱۷ ساله‌ی فدیمه نیز که در طول برگزاری دادگاه او را فاحشه خطاب کرده بود، مجرم شناخته شد و حکم آزادی مشروط گرفت. رحمی در نهایت به دادگاه قول داد که از تعقیب فدیمه که حالا راضی شده بود اوپسالا را ترک کند، دست بردارد.

فدیمه با وجود این‌که مجبور بود از اعضای مرد خانواده‌ی خود پنهان شود، اما سکوت نکرد. او به فعالیت برای کارزاری که علیه «قتل ناموسی» به راه انداخته بود، ادامه داد؛ درحالی‌که به همه یادآوری می‌کرد که پدرش را با وجود این‌که نمی‌داند چگونه رفتار بهتری با فدیمه داشته باشد، دوست دارد. در ژوئن ۱۹۹۸، هنگامی که این زوج آماده‌ی نقل مکان به آپارتمان مشترک خود بودند، پاتریک بر اثر برخورد اتومبیلش با ستونی بتونی کشته شد.

فدیمه برای تحصیل در رشته‌ی جامعه‌شناسی به شمال سوئد رفت و برای طرح بحث خشونت‌های مردسالارانه و وضعیت زنان مهاجر به سراسر کشور سفر کرد و در نوامبر ۲۰۰۱ در پارلمان سوئد سخنرانی کرد. او در ژانویه‌ی ۲۰۰۲، قبل از سفر به کنیا برای انجام کار میدانی پایان‌نامه‌ی کارشناسی ارشد خود، تصمیم گرفت که به دیدار مادر و خواهرانش برود و از آن‌ها خداحافظی کند. فدیمه حدود ساعت ۱۰ شب ۲۱ ژانویه در آپارتمان خواهرش بود که پدرش در زد، وارد آپارتمان شد، به سر او شلیک کرد و فدیمه در آغوش مادرش جان سپرد.

در ۴ فوریه، هزاران نفر در مراسم یادبود او که در کلیسای جامع گوتیک معروف اوپسالا برگزار شد، شرکت کردند. تابوتش توسط شش نفر از اعضای خانواده و دوستان زن از کلیسا تشییع شد؛ درحالی‌که مادرش آن را دنبال می‌کرد و یکی از خواهرانش پرتره‌ی فدیمه را پیشاپیش تابوت حمل می‌کرد. عزاداران از پیش‌زمینه‌های بسیار متنوعی بودند؛ از جمله افرادی مانند پرنسس تاجدار

---

[25] Uppsala

ویکتوریا، رئیس پارلمان بیرگیتا دال[۲۶]، وزیر ادغام مونا سهلین[۲۷] و اسقف اعظم عمار که عالی‌ترین نماینده‌ی کلیسای پروتستان سوئد بود. فدیمه در مراسمی خصوصی در جوار مزار یار سوئدی خود به خاک سپرده شد. شهرهای سوئد به صحنه‌ی تظاهراتی بدل شد که در اعتراض به کشته شدن فدیمه و خشونت علیه زنان صورت می‌گرفت. (Agence France Press, 2002; Williams, 2002)

واکنش‌های حاکمیت سوئد

تصویری که سوئد از خود ارائه می‌دهد، تصویر کشوری است که بنا به گفته‌ها زنان در آن حاکم هستند. اما با وجود پیشرفت‌هایی که در دموکراتیک‌سازی روابط جنسیتی در این کشور حاصل شده، روابط مردسالارانه کماکان مسلط است و خشونت علیه زنان پدیده‌ای بومی است. گروه‌های رادیکال و چپ و برخی فمینیست‌ها در سال‌های اخیر به سیاست‌گذاری «استاندارد دوگانه‌ی» حاکمیت اعتراض کرده‌اند. حدود پانزده درصد از نه میلیون جمعیت این کشور غیرنوردیک[۲۸] یا غیرسفیدپوست هستند. بیشتر مهاجران از آفریقای شمالی و خاورمیانه در دهه‌های ۱۹۸۰ و ۱۹۹۰ در سوئد ساکن شدند.

سیاست‌گذاری عمومی این کشور در طی سال‌های متمادی به نفع احترام به حقوق اقلیت‌ها و تحمل تفاوت‌های فرهنگی تکامل یافته است. برای نمونه، سن قانونی ازدواج برای مهاجران ۱۵ سال و برای بقیه ۱۸ سال است؛ والدین مهاجری که می‌خواهند بدن فرزندان خود را بپوشانند، از این حق برخوردارند که آن‌ها را از دوره‌های شنا معاف کنند؛ والدینی که به تفکیک جنسیتی تمایل دارند، می‌توانند فرزندان خود را از ورزش‌های همگانی، کلاس‌های آموزش جنسی و سفرهای میدانی حذف کنند؛ هیچ‌گونه حمایتی در برابر ازدواج‌های اجباری یا تنظیم‌شده وجود ندارد؛ و دادگاه‌ها در مواجهه با خشونت علیه زنان از جمله قتل ناموسی، پیش‌زمینه‌ی فرهنگی مجرم را در نظر می‌گیرند. به عنوان مثال، دادگاه در پرونده‌ی یک پدر مسیحی لبنانی که دختر خردسالش را کشته بود، فرهنگ را به عنوان شرایط تخفیف حکم در نظر گرفت. (Daragahi, 2002)

---

[26] Birgitta Dahl
[27] Mona Sahlin
[۲۸] نوردیک (Nordic) به منطقه‌ای فرهنگی و جغرافیایی در اروپای شمالی و اقیانوس اطلس شمالی گفته می‌شود که شامل کشورهای دانمارک، فنلاند، ایسلند، نروژ و سوئد و چند قلمرو خودمختار است. نوردیک عموماً به عنوان مترادفی برای اسکاندیناوی به‌کار برده می‌شود، اما دومی تنها شامل سه کشور دانمارک، نروژ و سوئد است.

گرچه این سیاست‌گذاری احترام به تفاوت‌های فرهنگی با حسن‌نیت اتخاذ شده اما ادغام مهاجران در جامعه‌ی سوئد را مختل می‌سازد و با هر کمونیته مهاجر به عنوان موجودیت یکپارچه‌ای رفتار می‌کند که توسط فرهنگ سرکوب جنسیتی و خشونت مردسالارانه قوام یافته است. این سیاست‌گذاری به سنت مردسالارانه‌ی مهاجران احترام می‌گذارد اما در ابراز احترام نسبت به تاریخ صدساله‌ی مبارزه‌ی آن‌ها برای برابری جنسیتی دستاوردی ندارد. اما چرا یک دولت سوسیال دموکرات، حامی رژیم مردسالارانه‌ی اجتماعات مهاجر است و در بازتولید آن همکاری می‌کند؟

فارغ از این‌که سیاست‌گذاری کلی سوئد بر مبنای چه الگویی است، سیاست‌گذاری مربوط به مهاجران با ادعاهای نظری نسبی‌گرایانه‌ی فرهنگی که مشوق خاص‌گرایی‌های قومی، طایفه‌ای، قبیله‌ای، ملی و مذهبی است، تعیین می‌شود. این سیاست‌گذاری، مهاجران را به عنوان بخش جدایی‌ناپذیری از جامعه‌ی سوئد، به عنوان کسانی که همان حقوق و وظایف شهروندان اصلی را دارند، در نظر نمی‌گیرد و به دنبال این نیست که مهاجرانی که از کشورهایی با نظام‌های سیاسی گوناگون و غالباً غیردموکراتیک آمده‌اند را زیر چتر قوانین شهروندی خود قرار دهد. با مهاجران، حتی زمانی که به طور رسمی تابعیت سوئد را دریافت می‌کنند، به جای اعضای یک ملت دارای شهروندی به عنوان «خارجی» رفتار می‌شود. بنابراین این سیاست‌گذاری قوم‌مدارانه است؛ و سیاست «یک ملت قومیتی» است. به بیان بهتر، «حکومت قانون» جهان‌شمول نیست، بلکه به وابستگی قومی فرد بستگی دارد.

سیاست‌گذاری سوئد مردسالاری را یکی از اجزای مقدس، بی‌چون‌وچرا، اساسی و ذاتی سازنده‌ی روابط جنسیتی مهاجران تلقی می‌کند. در نتیجه از سنت فمینیسم لیبرال که خواستار برابری کامل همه‌ی زنان در پیشگاه قانون است، عقب می‌ماند. این سیاست‌گذاری از آنچه که مهاجران در کشور مبداء خود دارند، یعنی همان فرهنگ فمینیستی که اغلب به اواخر قرن نوزدهم برمی‌گردد، مشروعیت‌زدایی می‌کند. بنابراین، به تضعیف مبارزات کنشگران مهاجر رادیکال و آزادی‌خواه برای دموکراتیک‌سازی روابط جنسیتی و ادغام در جامعه‌ی سوئد می‌انجامد و به طرز ماهرانه‌ای قوم‌مداری و ضدیت با فمینیسم را در هم می‌آمیزد.

قتل فدیمه و اعتراض گسترده‌ی مهاجران به خشونت علیه زنان، مقامات دولتی را بر آن داشت تا در سیاست‌گذاری مماشات با عنصر محافظه‌کارانه‌ی اجتماعات مهاجر بازنگری کنند. ما هنوز نمی‌دانیم که آیا تغییری اساسی در برخورد با مردسالاری و خشونت آن به عنوان یکی از مشکلات دموکراسی سوئدی، و نه نوعی خاص‌گرایی که مهاجران باید با آن زندگی کنند، صورت گرفته است یا نه.

نژادپرستی در جامعه‌ی مدنی

جوامع اسکاندیناوی به گرایش‌ها و سنت‌های مداراجویانه، مساوات‌طلبانه، سوسیالیستی و سوسیال دموکراتیک معروف هستند. با این حال، طیف‌های سیاسی در سوئد نیز مانند سایر جوامع متنوع است و گرایش‌های محافظه‌کارانه، نژادپرستانه و فاشیستی را در برمی‌گیرد. افزایش شدید و ناگهانی جمعیت پناه‌جویان در دهه‌ی ۱۹۸۰، مشکلات اقتصادی و روی کار آمدن رژیم‌های محافظه‌کار در برخی از کشورهای غربی از عواملی بودند که در افزایش عدم مدارا در جامعه‌ی مدنی سهیم بودند. نژادپرستی مجال یافت تا عمومیت پیدا کند و به عنوان بدیل مناسبی برای شمول شهروندی[۲۹] مطرح شود و مؤلفه‌های محافظه‌کارانه و زن‌ستیزانه‌ی روابط جنسیتی مهاجران، خوراک مناسبی برای ترویج سیاست‌های قومی‌گرایانه‌ی نژادپرستان مهیا کرد.

پس از قتل فدیمه، کُردهای سوئد و حتی آن‌هایی که در کشورهای همسایه سکونت داشتند، از انتقام‌جویی‌های نژادپرستانه به هراس افتادند. این ترس در مقاله‌ای فنلاندی با عنوان «کُردهای فنلاند از واکنش نژادپرستانه نسبت به قتل ناموسی سوئدی می‌ترسند» گزارش شده است. (Helsingin Sanomat, 24 January 2002) رئیس *پناهگاه جوانان صلیب سرخ* هلسینکی با اشاره به کشته شدن فدیمه، گفت: «این چیزها دیگر در خانواده‌های مهاجر در مقایسه با خانواده‌های فلاندی به طور مکرر اتفاق نمی‌افتد.» (همان) با این وجود، نژادپرستان از چنین رویدادهایی استفاده می‌کنند تا بتوانند شکاف غیرقابل‌ترمیمی در میان جمعیت بومی و مهاجر ایجاد کنند. حتی فیلم آمریکایی *بدون دخترم هرگز*[۳۰] که روابط سرکوبگرانه‌ی جنسیتی در ایران را به تصویر می‌کشید، به طور گسترده‌ای برای پروپاگاندای نژادپرستانه و فاشیستی علیه غیرسفیدپوستان در اروپا و آفریقای جنوبی تحت رژیم آپارتاید مورد استفاده قرار گرفت.

واکنش‌های کُردها: ناموس یک ملت

قتل ناموسی، درست مثل نسل‌کشی، جرمی است که تعداد کمی می‌خواهند در آن مشارکت داشته باشند. این جرم وجهه‌ی مردم، ملت، کشور، دین و فرهنگی که امکان وقوع آن را فراهم کرده، مخدوش می‌سازد و زمانی که نشود وقوع آن را انکار کرد، خسارت‌های ناشی از آن با تقلیل مسئله به

[۲۹] civic inclusion: مفهومی که به شفافیت، آگاه نگه داشتن عموم، تشویق مشارکت عمومی، پذیرش مشارکت شهروندی و تأکید بر برابری برای همه اشاره دارد. رهبران جماعتی با مشارکت دادن عموم مردم در مراحل اولیه و اغلب در تصمیم‌سازی، زمینه‌ی مسئولیت‌پذیری و شفافیت بیشتری را فراهم می‌کنند.

[30] Not Without My Daughter (1991)

رویدادی منفرد یا مشکل فردی قاتل، کنترل می‌شود. برای ناسیونالیست‌های کُرد و غیرکُرد، دفاع از ناموس ملت بر حقوق زنان اولویت دارد.

کُردهای سوئد قتل فدیمه را محکوم کردند و بسیاری از این موقعیت برای اعتراض به انواع خشونت علیه زنان استفاده کردند. با این وجود، گرایشی به تطهیر چهره‌ی ملت کُرد وجود داشت. اگر نژادپرستان سفیدپوست ادعا می‌کنند که قتل ناموسی بخش ذاتی فرهنگ مهاجر کُرد (یاغیرغربی) است، ناسیونالیست‌های کُرد و مقامات دولت سوئد واردات فرهنگی آن را انکار می‌کنند.

تارنمای کُردی *کُردیش مدیا*[۳۱] هنگام مباحثه پیرامون انگیزه‌های قاتل پرسشی را مطرح کُرد و از بازدیدکنندگان خواست تا به سه پاسخ موجود «رأی دهند.» (تاریخ بازیابی: ۱۵ فوریه ۲۰۰۲):

به نظر من قتل فدیمه عمدتاً با این انگیزه روی داده است...		
مذهب	۱۳۵	۳۰/۷۵٪
دین	۹۵	۲۱/۸۷٪
پدری سردرگم در فرهنگ غربی	۱۸۳	۴۱/۶۹٪
سایر	۲۵	۵/۶۹٪
مجموع آرا	۴۳۹	

هیچ اطلاعاتی در مورد پیش‌زمینه‌ی قومی یا مذهبی رأی‌دهندگان در دست نیست. با این حال، این نظرسنجی شیب زیادی به سوی تقلیل جرم به مشکلات پدری دارد که نتوانسته در «فرهنگ غربی» ادغام شود. تعداد قابل‌توجهی از رأی‌دهندگان نیز علت وقوع قتل را در دین -در این مورد اسلام- ریشه‌یابی می‌کنند. گرچه حدود ۲۲ درصد آن را با فرهنگ مرتبط می‌دانند، اما تمایل غالب به سمتی است که چنین مسئولیتی را از فرهنگ سلب کند. دانشجوی پسر کُردی که نگران «اهریمن‌انگاری نژادپرستانه و رسانه‌ای مردان کُرد و انگ زدن به فرهنگ کُردها» است، تلاش می‌کند تا «راهی برای برون‌رفت از این معضل» پیدا کند:

> من معتقدم که بسیاری از کُردها در پی قتل فدیمه در مخمصه هستند و دچار سردرگمی شده‌اند. این وضعیت برآیند این واقعیت است که بسیاری از آن‌ها می‌خواهند قبول کنند که قتل فدیمه از پنداشتی دوفاکتو از ناموس سرچشمه

---

[31] Kurdish Media

می‌گیرد. اما در همان حال تأکید دارند که فرهنگ کُردی قتل‌های ناموسی را به معنای واقعی مجاز و مشروع نمی‌شمارد.

این در حالی است که برای برون‌رفت از این معضل باید همزمان با اعتراف به این‌که قتل فدیمه نتیجه‌ی پنداشت ناموس بوده، بر این واقعیت تکیه کرد که اکثریت غالب کُردها نمی‌توانند با این پنداشت ارتباط برقرار کنند، زیرا فرهنگ کُردی یکدست نیست و مانند همه فرهنگ‌های دیگر در فرایند تغییر مداوم است. تنها بر اساس دیدگاهی ذات‌گرایانه در مورد فرهنگ می‌توان ادعا کرد که قتل ناموسی یکی از ویژگی‌های ذاتی فرهنگ کُردی است؛ اقدامی که بسیاری از رسانه‌های سوئد به طور ضمنی یا صریح انجام می‌دهند. (Ahmedi, 2002)

با این حال، نگاه غیرذات‌گرایانه به فرهنگ «راهی برای برون‌رفت از این معضل» را در اختیار ما نمی‌گذارد. این که فرهنگ‌ها از ذات‌های تغییرناپذیر تشکیل نشده‌اند، کاملاً واضح است و چنین ادعایی بینشی درباره‌ی پیچیدگی‌های خشونت علیه زنان ارائه نمی‌دهد و همچنین پاسخگوی ادعاهای رقابت‌جویانه‌ی ناسیونالیست‌ها و نژادپرست‌ها نیست و بدیلی فمینیستی برای تفسیرهای مردمحورانه نمی‌سازد.

تولید و بازتولید قتل ناموسی

قتل ناموسی به عنوان فرهنگ

«فرهنگ» یکی از مناقشه‌برانگیزترین مفاهیم علوم اجتماعی است. طبق دیدگاهی رایج، فرهنگ «متضمن این شناخت است که همه‌ی انسان‌ها در جهانی زندگی می‌کنند که توسط انسان ایجاد شده و در آن معنا می‌یابند. فرهنگ دنیای پیچیده‌ی روزمره‌ای است که همه‌ی ما با آن مواجه هستیم و همه از طریق آن حرکت می‌کنیم. فرهنگ از جایی آغاز می‌شود که انسان از هر آن‌چه که مشخصاً در میراث طبیعی‌اش به او داده شده، پیشی بگیرد.» (Edgar 1999: 102) بنابراین، فرهنگ متشکل از همه‌ی چیزهایی است که نه به صورت زیست‌شناختی، بلکه فرهنگی، ایجاد و منتقل شود.

قتل ناموسی پدیده‌ای تکراری در دنیای روزمره‌ی مردم کُرد بوده و در زبان، نوشتار، سنت شفاهی و فیلم ثبت شده، مورد بحث قرار گرفته، محکوم شده و در برابر آن مقاومت شکل گرفته است. پس

چگونه می‌تواند بیرون از فرهنگ باشد؟ با این حال، ما استدلال خواهیم کرد که قتل ناموسی را نباید به مسئله‌ی فرهنگ فروکاست.

فرهنگ کُردی، مانند سایر فرهنگ‌های غربی و غیرغربی، تمامیتی همگن یا یکپارچه نیست. فرهنگ جنسیتی کُردی، مانند همتایان غربی خود، دست‌کم از دو مؤلفه‌ی متعارض تشکیل شده است. یکی **مردسالاری** است که در فرهنگ عامه، زبان، دین، ادبیات، لطیفه‌ها، آداب و در یک کلام «تجربه‌ی زیسته‌ی» افراد وجود دارد. این فرهنگ در اشکال خشونت‌آمیز خود در خون فدیمه و زنان بی‌شماری که جان خود را در گمنامی از دست داده‌اند، نقش بسته است.

مؤلفه‌ی دیگر فرهنگ کُردی که معمولاً به خوبی شناخته، تأیید، تصدیق یا ترویج نشده، فرهنگ مبارزه برای برابری جنسیتی است. این فرهنگ در اوایل قرن بیستم در مطبوعات کُردی پدیدار شد (Klein, 2001) و از جنبش‌های فمینیستی لیبرال و زنان اواخر قرن نوزدهم و اوایل قرن بیستم اروپا متأثر بود. نخستین سازمان زنان کُرد در ۱۹۱۹ تأسیس شد. همان‌طور که پیش‌تر اشاره شد، در اواسط قرن بیستم، بزرگ‌ترین شاعر کُرد دوره‌ی مدرن یعنی عبدالله گوران در یکی از اشعار خود با عنوان *سنگ‌نوشته* قتل ناموسی را به شدت محکوم کرد؛ همان کاری که بعدها یلماز گونی در ۱۹۸۲ با استفاده از صنعت سینما انجام داد. از دهه‌ی ۱۹۹۰، مبارزه‌ی قابل‌توجهی علیه قتل ناموسی در کُردستان عراق در جریان است؛ یعنی همان جایی که نسل‌کشی ۱۹۸۸ معروف به *انفال* و دو جنگ خلیج فارس بافت اجتماعی جامعه را نابود کرده و موج‌های خشونت مردسالارانه را به راه انداخته است. فمینیست‌های کُرد در کُردستان و جاهای دیگر سازمان‌های زنان، رسانه‌ها، خانه‌های امن و ادبیات مرتبط را ایجاد کرده‌اند و کنفرانس‌هایی را ترتیب داده‌اند. آن‌ها در مقابل رژیم مردسالاری بومیِ کُردی «خود» طغیان کرده‌اند.

از میان این دو مؤلفه‌ی فرهنگ جنسیتی کُرد یعنی مردسالاری و فمینیسم، اولی کماکان غالب است. دو دولت ناسیونالیستی کُردستان عراق از فرهنگ مردسالاری محافظت می‌کنند و آن را ترویج می‌دهند و دولت‌های غربی نیز با آن به عنوان فرهنگ اصیل کُردی برخورد می‌کنند.

انکار یا نادیده گرفتن وجود فرهنگ مبارزه برای برابری جنسیتی در کُردستان یا سایر جوامع غیرغربی موضعی سیاسی است. سیاستی مردسالارانه به آن معنا که جهان‌شمول بودن سرکوب زنان و مبارزه با آن را انکار می‌کند و نژادپرستانه است زیرا توانایی زنان غیرغربیِ غیرسفیدپوست را در درک شرایط فرودستی خود انکار می‌کند و عزم آن‌ها را برای مقاومت در برابر آن نادیده می‌گیرد.

بنابراین دقیق‌تر این است که بگوییم قتل فدیمه مطابق با دستورات فرهنگ **مردسالارانه‌ی** کُردی است. این فرهنگ، گرچه نه عیناً، شبیه فرهنگ **مردسالارانه‌ی** غربی مسیحی است که به مخالفان این اجازه را داد که کلینیک‌های سقط جنین را منفجر کنند و پزشکان آن را در ایالات متحده و کانادا

ترور کنند. ممکن است این‌گونه استدلال شود که فرهنگ قتل ناموسی، سنتی، قبیله‌ای، فئودالی یا روستایی است. اما کشتن زنان به هیچ‌وجه پدیده‌ای منحصر به کُردها نیست. در ایالات متحده مردان روزانه ۱۰ زن را به قتل می‌رسانند. گرچه این قتل‌ها لزوماً به تحریک پنداشت «شرف» انجام نشده‌اند، اما انگیزه‌های آن‌ها نیز تفاوت چندانی ندارد؛ برای نمونه تصمیم زنی برای پایان دادن به رابطه باعث می‌شود که به دست یار مرد خود کشته شود. ۷۴ درصد این قتل‌ها «پس از خروج زن از رابطه، درخواست طلاق یا درخواست صدور حکم محدودیت علیه یار زن اتفاق می‌افتد.» (Seager, 1997: 26) براساس داده‌های ۱۹۸۹، روزانه ۳۹ زن در سوئد مورد ضرب و جرح قرار گرفته است و هر ۱۰ روز، یک زن توسط مردی که با او آشنایی دارد به قتل رسیده است. (Elman and Eduards, 1991: 411)

فرهنگ خشونت مردسالارانه جهان‌شمول است. تقسیم فرهنگ‌ها به خشونت‌آمیز و بدون خشونت، خود نیز افسانه‌ی مردسالارانه‌ای است که وقتی به صورت شکافی در امتداد غرب و شرق کشیده می‌شود، به افسانه‌ای قوم‌مدارانه یا نژادپرستانه نیز تبدیل می‌شود. افزون بر این، درحالی‌که وجود مردسالاری به عنوان یک فرهنگ را نمی‌توان انکار کرد، اما رویکرد تقلیل‌گرایانه‌ی فرهنگی به تنهایی برای ما در مبارزه با خشونت مردانه راهگشا نیست.

قتل ناموسی به عنوان اعمال قدرت جنسیتی

دو قرن مبارزه‌ی فکری و سیاسی فمینیستی در غرب، رژیم برابری قانونی بین جنسیت‌ها را به دولت-ملت‌ها تحمیل کرده است. با این حال، برابری قانونی نتوانسته خشونت علیه زنان را از بین ببرد. مردسالاری در جوامع کُردی و جوامع غربی، هر روز و هر ساعت، توسط خانواده، نظام آموزشی، دولت، دین، رسانه، موسیقی، هنر، زبان، فرهنگ عامه و سایر نهادهای اجتماعی و فرهنگی بازتولید می‌شود. بنابراین خشونت مردانه علیه زنان را نمی‌توان به خصلت فرهنگی، هنجار فرهنگی یا ارزش فرهنگی خاموشی تقلیل داد که هر از گاهی با خشم مردی خشن که شرف خود را از دست داده است، بروز می‌یابد. همچنین نمی‌توان آن را به روان‌شناسی فردی (قاتل) تقلیل داد، گرچه ممکن است که این بعد نیز نقش مهمی داشته باشد.

قتل ناموسی فاجعه‌ای است که در آن پدران و برادران محبوب‌ترین کسان خود یعنی دختران و خواهرانشان را می‌کشند. هنگامی که شوهران زنان خود را می‌کشند، مردان خانواده‌ی زن رضایت می‌دهند و اغلب فعالانه در ارتکاب جرم شرکت می‌کنند. گاهی مادران و خواهران نیز در این جنایت شرکت می‌کنند یا به آن رضایت می‌دهند. در واقع، قتل در نظامی خانوادگی اتفاق می‌افتد که در آن افراد با محبت، عطوفت و عشق عمیقاً به یکدیگر پیوند خورده‌اند. در اینجا، عاطفه و وحشیگری

در تعارض و وحدت با هم زندگی می‌کنند. این تضاد در مورد قتل ناموسی به عنوان شکلی از اعمال قدرت مردانه به ما چه می‌گوید و چگونه می‌توان آن را حل کرد؟

با توجه به جهان‌شمولی و فراگیری خشونت مردانه، از قتل و ضرب و جرح گرفته تا تجاوز، مناسب‌تر این است که به قتل ناموسی و سایر انواع خشونت به عنوان ابزاری برای اعمال قدرت جنسیتی، و در این مورد قدرت مردانه، توجه شود. اعمال قدرت جنسیتی با اعمال قدرت طبقاتی و سیاسی درهم‌آمیخته است. همان‌طور که فصل نخست به تفصیل اشاره شد، ملا محمود بایزیدی، در اواسط قرن نوزدهم با نوشتن مقاله‌ای در مورد آداب و رسوم کُردی در سال‌های ۶۰-۱۸۵۹ درک درستی از قتل ناموسی به عنوان شکلی از اعمال قدرت جنسیتی ارائه می‌دهد. او استدلال می‌کند که زنان قبیله‌ای و روستایی کُرد به اندازه‌ی زنان اروپا آزاد هستند. آن‌ها می‌توانند آزادانه با مردان معاشرت کنند. با این حال، هرگز نمی‌توانند با فرد غریبه‌ای در روابط پیش یا خارج از ازدواج قرار بگیرند و اگر این کار را می‌کردند، بی‌تردید و بدون مصونیت کشته می‌شدند. هیچ‌کس قاتلان را زیر سؤال نمی‌برد. موقعیت شرم‌آوری که خانواده به آن دچار می‌شود، تنها با قتل پاک می‌شود؛ موقعیتی که باعث شرمساری جماعت، روستا، قبیله، همسایگان و محله است. جماعت با انتظار کشیدن برای قتل، با تأیید قتل و طرد خانواده در صورت عدم موفقیت در کشتن زن، در این فرایند هم‌دست می‌شود. بایزیدی خاطرنشان می‌کند که هدف از این قتل، ایجاد ترس در زنان است تا از حیا و عفت خود محافظت کنند. درک او از اعمال قدرت جنسیتی به عنوان کسی که با نظریه‌ی فمینیستی یا هر نظریه‌ی دیگری بیگانه بود، در مقایسه با رویکردهای «فمینیستی» معاصر که قتل ناموسی را به نوعی «اقدام» تقلیل می‌دهند، پیشرفته‌تر است. این ملای فاضل آزادانه در مورد قتل ناموسی به عنوان «یك آداب و رسوم کُردی»، با تمام وحشیگری آن، می‌پردازد.

اکنون باید به این پرداخت که اگر قتل ناموسی نوعی اعمال قدرت جنسیتی است، برای از بین بردن آن در رژیم‌های سیاسی جنسیتی موجود چه کاری می‌توان انجام داد؟ الگوی پویایی‌های تولید و بازتولید قتل ناموسی در دوران ما، در کُردستان و در غرب، چیست؟

ما می‌دانیم که ریشه‌کنی و حذف قتل ناموسی و سایر انواع خشونت‌ها در کوتاه‌مدت و یا در صورت عدم دگردیسی بنیادی نظم اجتماعی و اقتصادی مردمحور ممکن نیست. با این حال، استدلال می کنیم که (۱) کشته شدن فدیمه موردی منفرد یا نوعی ناهنجاری نبوده است. در نظر گرفتن چنین قتلی به عنوان ناهنجاری بهانه‌ی مناسبی برای عدم اقدام است. (۲) مجموعه‌ای از عوامل در بازتولید خشونت علیه زنان نقش دارند. (۳) همه‌ی ما به شکلی در فراهم کردن این فرصت برای این‌که رژیم وحشیگری مردانه خود را بازتولید کند، دخیل هستیم و (۴) برای پایان دادن به قتل ناموسی می‌توان کارهای زیادی انجام داد.

در ادامه، ابتدا به عوامل مؤثر در بازتولید این جرم می‌پردازیم.

ناسیونالیسم کُردی: ناسیونالیست‌های کُرد افسانه‌ی یگانه بودن زنان کُرد را ترویج کرده‌اند. آن‌ها مانند برخی از مشاهده‌گران غربیِ جامعه‌ی کُردی ادعا می‌کنند که زنان کُرد در مقایسه با خواهران عرب، فارس و ترک خود از آزادی بیشتری برخوردار هستند. صرف نظر از وضعیت زنان در جامعه‌ی کُردستان، ناسیونالیسم کُردی مانند سایر جنبش‌های ناسیونالیستی، مردسالارانه بوده است؛ هرچند که مجیز ایده‌ی برابری جنسیتی را نیز گفته است. برای ناسیونالیسم‌های کُردی، ملت‌سازی به وحدت جنسیت‌ها، طبقات، مناطق، گویش‌ها و الفبا نیاز دارد. آن‌ها به طور مداوم رهایی‌بخشی زنان را به آینده، یعنی بعد از رهایی‌بخشی ملت، موکول می‌کنند. با این وجود، همان‌طور که پیش‌تر به تفصیل به آن پرداخته شد، هنگامی که ناسیونالیسم کُردی موفق به کسب قدرت دولتی در عراق شد، در نهایت کارنامه‌ی بی‌فروغی را در زمینه‌ی برابری جنسیتی بر جای گذاشت. اگر دولت *حزب دموکرات کردستان* همواره مطالبه‌ی برابری جنسیتی و جرم‌انگاری قتل ناموسی را نادیده گرفته است و *اتحادیه‌ی میهنی کُردستان* فقط مجیز این مطالبات را گفته است، به این خاطر است که هر دو در برابر خواسته‌های عده‌ی معدودی از آخوندها و اربابان ایرانی خود سر تعظیم فرود آورده‌اند. آخوندهای کُرد که هرگز سودای حکومت دینی را در سر نداشتند، اکنون خواستار اسلامی‌سازی روابط جنسیتی و تبعیت زنان کُرد از دستورات اسلامی هستند. برخی از گروه‌های اسلامی کرد با تأمین مالی و سازمان‌دهی حکومت تئوکراتیک ایران، هدف خود را تأسیس حکومتی تئوکراتیک قرار داده‌اند. اصلاً تعجب‌آور نیست که رهبران کُردی که پیش از ۱۹۷۹ سکولار بودند، اکنون به اسلام و اسلام‌گرایان پروبال می‌دهند و دو دولت کُرد بیش از آن‌که خانه‌های امنی برای زنان ایجاد کنند، مسجد ساخته‌اند. در واقع آن‌ها هیچ پناهگاهی برای زنان ایجاد نکرده‌اند. از آن بدتر، دولت *اتحادیه‌ی میهنی کُردستان* یک‌بار بر روی یکی از خانه‌های امن زنان که توسط حزب سیاسی مخالفش اداره می‌شد، آتش گشود. (خانه‌ی امنی که توسط *سازمان زنان مستقل* در سلیمانیه اداره می‌شود).

ناسیونالیسم کُردی، در داخل یا خارج از قدرت، به طور کلی در خدمت مردسالاری است و خشونت آن را مشروعیت می‌بخشد؛ و احترام اندکی برای سنت کُردی مبارزه برای برابری جنسیتی قائل است. مطبوعات زنان که فقط شامل چند نشریه است، پس از ده سال خودگردانی در منطقه‌ی «پرواز ممنوع» کُردستان عراق، زیر سایه‌ی نشریات ناسیونالیستی حجیمی قرار گرفته‌اند که در دو شهر بزرگ سلیمانیه و اربیل منتشر می‌شوند. واقعیت این است که مخالفت با نابرابری جنسیتی برای بیشتر روشنفکران کُرد، اعم از زن و مرد، در اولویت قرار ندارد. منطقه‌ی نسل‌کشی همچنان منطقه‌ی جنگی فعالی است و همین دست‌کم تا حدی توضیح می‌دهد که چرا نرخ حوادث مربوط به قتل ناموسی در میان کُردهای عراق و ترکیه در مقایسه با کُردهای ایران، که تجربه‌ی ویرانگر کمتری از جنگ داشته‌اند، بالاتر است.

دولت-ملت‌ها در خاورمیانه: دولت‌های حاکم بر کُردها، قتل ناموسی را جرم تلقی نمی‌کنند و یا در مجازات قاتلان مماشات به خرج می‌دهند. این در حالی است که در قوانین ایران برای همجنس‌گرایان زن و مرد مجازات اعدام و برای خیانتکاران متأهل مجازات سنگسار در نظر گرفته شده است.

این دولت‌ها با استفاده از مجازات اعدام به عنوان ابزاری عادی، بدون‌مشکل و لازم‌الاجرا برای حکمرانی، حق زندگی شهروندان خود را انکار می‌کنند. ترکیه که رویای عضویت کامل در اتحادیه اروپا را در سر می‌پروراند، مجازات اعدام را لغو کرده است. این کشور نه تنها در کشتارهای غیرقانونی شرکت می‌کند، بلکه حق قتل شهروندان به اتهام تجزیه‌طلبی را برای خود محفوظ می‌داند. این چارچوب قانونی امکان نسل‌کشی‌ها و پاکسازی‌های قومی بیشتری را فراهم می‌کند. بنابراین، ترکیه می‌خواهد همزمان با عضویت در اتحادیه اروپا، آن‌چه را که لئو کوپر (1981: 85-161) «حق نسل‌کشی» دولت مستقل می‌نامد، حفظ کند.

به قدرت رسیدن رژیم اسلامی در ایران موجی از تروریسم مردانه‌ای را علیه زنان به راه انداخت که مورد حمایت دولت است. تمام کشورهای مسلمان، از الجزایر و مراکش در غرب گرفته تا پاکستان در شرق، با وارد کردن بخش بیشتری از شریعت اسلامی به نظام حقوق خود، روابط جنسیتی را اسلامی کردند. یک قرن مبارزه برای جدایی دولت و دین مورد حمله قرار گرفت، اندیشه‌ی تفکیک قوای دولت و دین توسط تئوکراسی ایرانی به عنوان توطئه‌ای غربی علیه اسلام معرفی شد. زنان اولین اهداف تروریسم تئوکراتیک در ایران و بعدها در افغانستان بودند. بسیاری از رهبران ناسیونالیست کُرد، مانند دولت‌های منطقه، از اسلام استقبال کردند. اگر تئوکرات‌ها سنگسار و قتل ناموسی را به عنوان نهادهایی اسلامی ترویج می‌کردند، برخی از رهبران کُرد خشونت مردانه را به عنوان سنتی ملی مورد تأیید قرار دادند.

دولت‌های اروپایی: اکنون اجتماعات کُردی قابل‌توجهی در اروپا، به ویژه در آلمان، بریتانیا، فرانسه، سوئد و تعداد دیگری از کشورها وجود دارد. این کشورها حزبی مانند پ.ک.ک را به سادگی سازمانی تروریستی یا جنایتکارانه اعلام کردند، اما تروریسم مردانه علیه زنان را جرم‌انگاری نکرده‌اند. سیاست‌گذاری محترم شمردن تفاوت‌های فرهنگی، سیاست‌گذاری احترام گذاشتن به قدرت مردسالارانه است. با این حال، ما از دو قرن توسعه‌ی دموکراتیک آموخته‌ایم که «هویت» و فرهنگ گروهی نباید پایه‌هایی برای اعمال قدرت دولتی باشند. چگونه می‌توان به فرهنگی که خشونت علیه زنان را تأیید می‌کند، احترام گذاشت؟ سیاست‌گذاری محترم شمردن وحشیگری مردانه هیچ احترامی برای فرهنگ ضدمردسالارانه‌ی کُردها قائل نیست. آیا از سر تصادف است که همیشه منابع مالی کافی برای تأمین ارتش و جنگ وجود دارد، اما سرمایه‌گذاری اندکی در جهت ارتقای دانش فمینیستی، فرهنگ و سیاست برابری جنسیتی، تدارک خانه‌ی امن و سایر منابع برای زنان تحت ترور کُرد و غیرکُرد صورت می‌گیرد. تخصیص هزینه‌های یک تانک چیفتن یا یک هواپیمای میراژ به ایجاد

خانه‌های امن برای زنان، حمایت از زنان کتک‌خورده و ارتقای دانش فمینیستی نتایج ملموسی را به همراه خواهد داشت. آیا این تصادفی است که حاکمیت‌ها قرن جدید را با ۷۹۸ میلیارد دلار هزینه نظامی آغاز کردند؟ چرا این ماشین‌آلات خشونت‌آمیز ساخته‌ی دست بشر به خوبی مورد تأمین مالی قرار می‌گیرد؟

سیاست‌گذاری عمومی در اروپا و آمریکای شمالی تا حدودی به مباحثات آکادمیک در مورد فرهنگ، هویت و تفاوت واکنش نشان داده است. برای نمونه می‌توان به تحقیقات آکادمیک و نظریه‌پردازی‌هایی مراجعه کرد که پیرامون مزیت‌های کثرت، تفاوت و نسبی‌گرایی فرهنگی انجام شده است. درحالی‌که حاکمیت‌های غربی گام‌هایی به جلو برداشته‌اند (به عنوان مثال پذیرش خشونت جنسیتی به عنوان ملاکی برای وضعیت پناه‌جویی) اما مشاهده‌ی عقب‌گردها نیز کار دشواری نیست.

محیط آکادمیک: دانش ما در مورد خشونت علیه زنان، به ویژه در غرب، در دو دهه‌ی اخیر به طور قابل‌توجهی ارتقا یافته‌ است. ماهنامه‌ی علمی *خشونت علیه زنان* سهم مهمی در درک این مسئله دارد. با این وجود، نظریه‌های اجتماعی غربی متأخری مانند نسبی‌گرایی فرهنگی، سیاست‌های هویت، پساساختارگرایی، پست‌مدرنیسم و موضع‌گیری‌هایی از این دست در مواجهه با قتل ناموسی نقشی نسبتاً منفی داشته‌اند.

از اواخر دهه‌ی ۱۹۸۰، اندیشه‌ای در آکادمی مسلط و در رسانه و فرهنگ عامه متداول شده که ، **تفاوت‌ها** را به عنوان اجزای اصلی سازنده‌ی دنیای اجتماعی تلقی می‌کند. انسان‌ها، در این برساخت از جهان، با توجه به تنوع و «هویت»‌های خاص خود، همه با هم متفاوت هستند و پیوند مشترک اندکی بین انسان‌ها وجود دارد (اگر پیوندی در کار باشد). سیاست و زندگی روزمره‌ی انسان‌ها با هویت‌هایی شکل می‌گیرد که آن‌ها را از سایر انسان‌ها جدا می‌کند. مردسالاری در دنیای این افراد، فرهنگ‌ها، مردمان یا ملت‌های خاص‌شده، پدیده‌ای جهان‌شمول نیست و ستم جنسیتی به قدری خاص تلقی می‌شود که نمی‌تواند حتی در کشوری واحد هدف مبارزه‌ی زنان و مردان قرار بگیرد. در عین حال، مفهوم **تفاوت** جایگزین مفهوم **سلطه** می‌شود. در نتیجه، جهان به بلوک‌های بی‌قدرت و قدرتمند تقسیم نمی‌شود. هر فردی، هر زنی، قدرت را در دست دارد. قدرت به صورت سلسله‌مراتبی سازمان‌دهی نشده است. ممکن است یک «مرکز» و «حاشیه‌ی» قدرت وجود داشته باشد اما هیچ رابطه‌ی سلطه و تابعیتی وجود ندارد.

این برند نظریه‌پردازی بر احترام به تفاوت فرهنگی تأکید دارد. گرچه مدافعان آن با خشونت مخالفند، اما ترجیح می‌دهند در مورد آن سکوت کنند؛ به ویژه هنگامی که توسط «دیگرانی» انجام شود که به دلیل اختلاف فرهنگی نمی‌توانند در مورد آن‌ها قضاوت کنند. در نتیجه تلاش می‌کنند تا قتل ناموسی را از فرهنگ مردسالارانه‌ی جامعه‌ای که آن را ایجاد می‌کند، جدا کنند. این کار برای نمونه قتل

ناموسی را به یک «اقدام» تقلیل می دهد ؛ یعنی رفتاری فردی که از مردسالاری به عنوان یک رژیم یا نظام سرچشمه نمی‌گیرد. «اقدام» تلقی کردن یک جرم، بار انتقاد از فرهنگ و مذهب را از دوش متخصصان دانشگاهی برمی‌دارد.

برخی از این دانشگاهیان که در مورد روابط جنسیتی در خاورمیانه تدریس می کنند، فمینیست هستند. آن‌ها در تلاشند تا از افتادن در دام نواستعماری یا شرق‌گرایانه‌ای که زنان خاورمیانه را افرادی عقب‌مانده، نادان، بی‌سواد، بیش از حد سرکوب‌شده و منفعل می‌بینند، خودداری کنند. این امر بی‌شک تعهدی گرانقدر و اقدامی بسیار شرافتمندانه است. با این حال، آن‌ها در تلاش برای فاصله گرفتن از «بازنمایی‌های نواستعماری زنان خاورمیانه» به سکوت در برابر قساوت‌هایی که توسط مردان «خود آن‌ها» ، دین «خود آن‌ها» و فرهنگ «خود آن‌ها» علیه زنان انجام شده است، متمایل می‌شوند. برای نمونه، در کارگاهی با موضوع «آموزش در مورد قتل‌های ناموسی و سایر موضوعات حساس در مطالعات خاورمیانه: «ختنه یا ناقص‌سازی زنان»، «حجاب» و «زنان و شریعت» که در مارس ۲۰۰۰ در دانشگاه کالیفرنیا در سانتا باربارا برگزار شد، تعدادی از فمینیست‌های آکادمیک درباره‌ی مخمصه‌ای که در آن گرفتارند، صحبت کردند: چگونه می‌توان بدون این‌که در دام نواستعماری افتاد، در مورد چنین «موضوعات حساسی» صحبت کرد؟ یکی از شرکت‌کنندگان خاطرنشان کرد که در مورد ختنه‌ی زنان سیاست خاموشی را دنبال کرده است. یکی از ناظران کارگاه این‌گونه روایت می کند:

> او توضیح داد که راهبردش برای پاسخگویی به مسائل مربوط به ختنه [زنان] به مرور تغییر کرده است. در آغاز سیاست او سکوت بود: «من چیزی برای گفتن در مورد این موضوع ندارم» یا «من ترجیح می‌دهم در مورد مسائل دیگری مانند فقر ، استعمار نو و غیره ... و تأثیر آن‌ها بر زنان صحبت کنم. نه این‌که بخشی از مسئله شوم.» اما به تدریج متوجه شده بود درحالی‌که او سکوت را برگزیده، دیگرانی که ممکن است از مسئله‌ی ختنه اطلاع کافی نداشته باشند، گفتمان را در دست گرفته‌اند. او فهمید که باید پاسخ دهد و اضافه کرد که اغلب اوقات دانشجویان را تشویق می کند که تا زمانی که اطلاعات بیشتری در مورد ختنه به دست نیاورده‌اند، یا دست‌کم با زن ختنه‌شده‌ای صحبت نکرده‌اند، چیزی در این مورد ننویسند. و در عین حال ابراز نگرانی کرد که این استراتژی ممکن است به ساکت کردن دانشجویان منجر شود. (Naber, 2000: 20)

مری الین هگلند، انسان‌شناس فمینیست، در بررسی دو مستند با موضوع قتل ناموسی (*جرائم ناموسی*[۳۲] و *شرف ما و شکوه او*[۳۳]) می‌نویسد:

> مبحث قتل ناموسی، مانند اقداماتی از جمله قطع کلیتوریس، همسرآزاری، کودک‌کشی، بی‌اعتنایی به سالمندان، تجاوز، جنگ، مجازات اعدام و رابطه‌ی جنسی قبل از ازدواج مورد تأیید برخی گروه‌ها است اما توسط دیگران محکوم شده است. این مباحث برای انسان‌شناسان، دانشمندان فمینیست و دیگران مخمصه‌هایی ایجاد می‌کند. آیا انسان‌شناسان باید توجیه‌گر یا مدافع گروه پژوهشی خود یا تحلیلگران اجتماعی باشند؟ آیا فرد باید در نقش محقق قرار بگیرد یا کنشگر؟ (Hegland, 2000:15)

یکی از رویکردهای موجود نسبت به این مخمصه، صحبت در مورد «موضوعات حساس» و زمینه‌یابی آن‌ها توسط دادن این آگاهی به دانشجویان بود که چنین مشکلاتی پدیده‌های خاص خاورمیانه نیستند. بلکه چه در گذشته و چه اکنون، در غرب نیز یافت می‌شوند. به گفته‌ی برخی، این «استراتژی» پداگوژیکی، مدرس را از «بازنمایی‌ها» یا «گفتمان‌های» نواستعماری دور می‌کند. کسانی که در کارگاه شرکت کرده بودند، به این نتیجه رسیدند که صحبت کردن پیرامون «موضوعات حساس» خود «نوعی استراتژی» برای مدیریت این مخمصه (توجیه‌گری و مدافعه‌گری یا تحلیلگری اجتماعی) و وسیله‌ای پداگوژیکی برای محافظت از مدرس در برابر تهدید محسوس یا ترس (ایدئولوژیک و سیاسی) واقعی است. ما بر این باوریم که برقراری ارتباط میان خشونت مردانه‌ی خاورمیانه‌ای با همتایان غربی آن بسیار حیاتی است، البته نه به دلایل ذکر شده؛ یعنی نه به منظور محافظت از مدرس در برابر اتهامات نژادپرستانه، شرق‌گرایانه و غیره. بلکه باید به خشونت علیه زنان در غرب اشاره کرد زیرا مردسالاری و خشونت مردانه پدیده‌ای جهان‌شمول است. با این حال، بنا بر استدلال ما این «استراتژی» کافی نیست زیرا نمی‌گذارد که به طور جدی از استعمار نو جدا شویم. یک گسست رادیکال مستلزم کنار گذاشتن اصول دیکته‌شده‌ی معرفت‌شناختی و نظری ندانم‌گرایی و نسبی‌گرایی فرهنگی است تا بر ترس از به رسمیت شناختن جهان‌شمولی خشونت مردسالارانه غلبه کند. برداشتن این قدم، مستلزم داشتن درک دیالکتیکی از امر جهان‌شمول و امر خاص است. همه‌ی رژیم‌های مردسالاری خاص هستند. (مردسالاری کُردی با مردسالاری ایتالیایی

---

[32] Crimes of Honour
[33] Our Honour and His Glory

متفاوت است) با این حال، همه‌ی مردسالاری‌ها رژیمی جهانی را تشکیل می‌دهند تا در آن‌جا بدون استثنا به اعمال خشونت فیزیکی و نمادین علیه زنان دست بزنند. (Mojab, 1998)

از دیدگاه جهان استعماری-نو، زنان خاورمیانه نوعی انحراف از معیار، استثنا یا ناهنجاری محسوب می‌شوند: آن‌ها برخلاف زنان غربی به عنوان پیروان کور مردسالاری اسلامی دیده می‌شوند. طبق اندیشه‌ی نواستعماری، زنان خاورمیانه تاریخی برای خود ندارند، زیرا برای برابری و آزادی‌خواهی تلاش نمی‌کنند. فمینیست‌های آکادمیکی که پیرو باور نسبی‌گرایی فرهنگی هستند نیز نمی‌توانند یک قرن مبارزه‌ی زنان خاورمیانه علیه مردسالاری را درک کنند. از نظر آن‌ها، مبارزه‌ی زنان علیه مردسالاری یکی از همان «موضوعات حساس» است. آن‌ها ممکن است در جریان یک قرن مطبوعات زنان، یک قرن حمایت از حقوق زنان، یک قرن تألیف و شاعری، یک قرن سازمان‌دهی و یک قرن سرکوب جنبش‌های زنان توسط رژیم‌های سکولار و اسلامی باشند. اما صحبت کردن از این تاریخ از «حساسیت» برخوردار است زیرا نسبی‌گرایان فرهنگی نیز مانند بنیادگرایان اسلامی معتقدند که جنبش‌های زنان خاورمیانه از مبارزات زنان غربی الهام گرفته‌اند. درک جایگاه چنین تاریخی برای این فمینیست‌های آکادمیک دشوار است زیرا آن‌ها در مخالفت با «گفتمان» نواستعماری، اغلب در کنار ناسیونالیست‌ها، اسلام‌گرایان و بومی‌گرایان می‌ایستند. آن‌ها از مزیت موضع بومی‌گرایی که فمینیسم را به عنوان «گفتمانی تقلیدی» رد می‌کند، استفاده می‌کنند و با فمینیسم به عنوان «گفتمانی غربی» رفتار می‌کنند که با اسلام و فرهنگ بومی سازگار نیست و نمی‌خواهند جنبش‌های زنان خاورمیانه را به مبارزات جهانی زنان غرب، مدرنیته و عصر روشنگری آلوده کنند. در واقع برخی از «فمینیست‌های» آکادمیک سکولار نقش فعالی در ساخت «هویت زن مسلمان» داشته‌اند.

بنابراین قابل درک است که چرا دانشگاهیانی که موضع نسبی‌گرایی فرهنگی را اتخاذ کرده‌اند، ترجیح می‌دهند درباره‌ی «موضوعات حساس» سکوت کنند و وقتی مجبور هستند در مورد قتل ناموسی صحبت کنند، این جرم نهادینه‌شده را به «اقدامی» تقلیل می‌دهند که هیچ ارتباطی با فرهنگ، اسلام و یا اعمال قدرت مردانه ندارد. نقطه‌ی عزیمت این موضع‌گیری واقعیت وحشیگری مردان علیه زنان نیست و به سیاست‌های جنسیتی خشونت‌آمیز اقلیت ناچیزی از مردم، یعنی همان روحانیت خودگمارده، مشروعیت می‌بخشد و سیاست این گروه کوچک را به کل ملت تحمیل می‌کند. در واقع، به سیاست جنسیتی خشونت‌آمیز رسمیت می‌دهد اما از یک قرن جنبش‌های فمینیستی سکولار در خاورمیانه مشروعیت‌زدایی می‌کند. در نتیجه، نسبی‌گرایان فرهنگی نمی‌توانند قتل ناموسی یا سنگسار خیانتکاران را بی‌چون‌وچرا محکوم کنند زیرا نگران این هستند که با برچسب «نژادپرست»، «شرق‌گرا» یا «نواستعماری» در معرض اتهام قرار بگیرند.

انسان‌شناسان برای پاک کردن ردپای فرهنگ و دین در «**اقدام**» قتل ناموسی از ابزارهای مفهومی بهره می‌گیرند. هگلند در بررسی دو مستند یادشده می‌نویسد:

> این دو ویدئو به وضوح از نظر سطح حرفه‌ای، دانش فرهنگی و پیچیدگی تحلیلی متفاوت هستند. *جرائم ناموسی* برخوردی متعادل‌تر، زمینه‌مندتر و تحلیلی‌تر دارد و گروه سازندگان و کنشگرانی که به تصویر کشیده می‌شوند، موضع معتدل و منعطفی دارند. از آن‌جا که به جای جامعه، فرهنگ و یا سنت، تقصیر متوجه عملی است که در شرایط خاص اتفاق افتاده، این فیلم امیدوار است که بهتر شدن شرایط به نفع مبارزه با این اقدام عمل می‌کند. *جرائم ناموسی* شدت لحن کمتری دارد. کنشگران از قتل ناموسی و فقدان ابزار مؤثر برای محافظت از زنانی که مورد تهدید قرار دارند، عصبانی هستند، اما مسئولیتی را متوجه فرهنگ، سنت و دین نمی‌دانند. (ص ۱۶)

اما چرا کسی که مخالف قتل ناموسی است باید «موضع معتدل‌تر و منعطف‌تری» در قبال این جنایت و کسانی که مرتکب آن شده‌اند، داشته باشد؟ «شرایط بهتر» چیست؟ چه «شرایط بهتری» می‌تواند مجرمان را از ارتکاب جرم باز دارد؟ چرا باید در محکوم کردن فرهنگ، سنت و مذهبی که خشونت علیه زنان را به طور رسمی تأیید می‌کند، تردید کرد؟

انسان‌شناسانی که به مبرا دانستن دین و فرهنگ علاقه دارند، قتل ناموسی را نوعی **اقدام** تلقی می‌کنند. «نظریه‌ی اقدام» ادعا می‌کند که رفتار فردی (به عنوان مثال تصمیم رحمی برای کشتن فدیمه) از قوانین، هنجارها، فرهنگ، سنت‌های قانونی‌شده، نظام‌ها یا ساختارها ناشی نمی‌شود و حتی در صورتی که وجود ساختارها را انکار نکند، آن‌ها را محدودکننده‌ی ذهن یا رفتار افراد نمی‌داند. (Barnard, 2000: 142-43) در شرایطی که نظریه‌ی اقدام پیشرفت عمده‌ای در بحث ساختار و عاملیت ایجاد نکرده، به کار بردن آن در مورد قتل ناموسی، مبارزات فمینیستی علیه این جرم را تضعیف می‌کند.

چشم‌اندازها

ما تلاش کردیم تا در این بخش به برخی از عناصر سیستماتیکی که شرایط را برای تولید و بازتولید خشونت‌های مردانه به ویژه قتل ناموسی را در میان کُردها فراهم می‌کنند، نگاهی بیندازیم. بنا بر استدلال ما قتل ناموسی را نمی‌توان به مشکلات روانی فرد قاتل تقلیل داد. خشونت مبتنی بر پنداشت شرف، نهادی اجتماعی و مردسالارانه است که برتری جنسیت مردانه را بازتولید می‌کند. در زمانه‌ی

ما، عوامل مختلفی، از مذهب و سیاست‌گذاری عمومی گرفته تا رسانه‌ها و نظریه‌های آکادمیک، نقش مهمی در تداوم قتل ناموسی ایفا می‌کنند.

تأکید ما بر این است که این جرم در طولانی‌مدت و از طریق آموزش و مداخله‌ی آگاهانه و سازمان‌یافته در این روابط جنسی سرکوبگر محدود می‌شود. در واقع بحث بر سر مداخله‌ی فمینیستی است. با این حال، خودآگاهی فمینیستی، دانش فمینیستی و فرهنگ فمینیستی خود زیر ضرب قرار دارند. بخشی به این دلیل که دانش فمینیستی به طور مؤثری تمام نظام‌های دانش قبلی را به عنوان پروژه‌هایی مردمحور به چالش کشیده است، در نتیجه آماج حملات رسانه‌های غربی و فرهنگ مردمی و حتی در قلمرو خود آکادمی قرار گرفته است. (Hammer, 2002) حتی اگر هیچ‌یک از بومی‌گرایان غربی، اسلام‌گرایان و ناسیونالیست‌ها فمینیسم را به عنوان «گفتمانی تقلیدی» مردود ندانند، محافظه‌کاران در غرب از پذیرش فمینیسم در «دانش بنیادین» تمدن و فرهنگ غربی خود سرباز می‌زنند. این همان جایی است که استعمارگران غربی جدید و قدیمی و ناسیونالیست‌ها، اسلامگرایان و نسبی‌گرایان فرهنگی غیرغربی ناخواسته هم‌دست یکدیگر شده‌اند. این موقعیت توضیح می‌دهد که چرا واتیکان، عربستان سعودی و ایران همگی به کنفرانس پکن ۱۹۹۵ پیوستند. در واقع، ضدیت با فمینیسم احتمالاً در غرب نسبت به شرق قوی‌تر است. با وجود این واقعیت که تعدادی از نظریه‌ها، از پست‌مدرن و سیاست‌های هویتی گرفته تا نسبی‌گرایی فرهنگی، زنان جهان را تشویق می‌کنند که تا تحت لوای قبایل، گروه‌های قومی، ملت‌ها، ادیان و اجتماعات خود قرار بگیرند، اما جوامع غیرغربی کماکان در طلب آگاهی فمینیستی هستند.

زنان کُرد نیروی بالقوه‌ی قدرتمندی در جنبش‌های بین‌المللی زنان هستند و به نوعی در کانونتمامی تضادهای دنیای در حال جهانی‌شدن قرار دارند. آن‌ها در موقعیت یگانه‌ای برای فاصله گرفتن از سیاست‌های قومیتی، ناسیونالیستی و مذهبی مردانه و همراهی با آن دسته از جنبش‌های فمینیستی که با مردسالاری سازش نمی‌کنند، قرار دارند. زیرا در عین این‌که آماج خشونت وحشیانه‌ی دولت-ملت‌های خاورمیانه و نسل‌کشی‌ها و پروژه‌های پاکسازی قومی بوده‌اند، از خشونت مردسالاری ناسیونالیستی «خودشان» رنج می‌برند و در سراسر جهان پراکنده شده‌اند. جنبش‌های زنان و فمینیستی خصلتی بین‌المللی دارند؛ آن‌ها در سراسر جهان حضور دارند و در برابر رژیم جهانی مردسالارانه مقاومت می‌کنند. با این حال، به عنوان یک جنبش بین‌المللی **سازمان‌دهی** نشده‌اند. زنان کُرد و مطالعات زنان کُرد در حاشیه‌ی این جنبش بین‌المللی قرار دارند. (Mojab 2001; Mojab and Hassanpour, 2021) همبستگی قابل‌توجهی وجود دارد؛ هرچند جنبش به دلیل چندپارگی سازمانی به آسانی در دسترس نیست.

دولت‌های کشورهایی که بر کُردهای خاورمیانه حاکم هستند، از تشکیلات مدنی و متمدنی برخوردار نیستند. نمی‌توان پایان یافتن قتل ناموسی را در کشوری انتظار کشید که هیچ احترامی برای حق زندگی

شهروندان قائل نیست و آزادانه به اعمال «حق نسل‌کشی» می‌پردازد. من بر این باوریم که مبارزه علیه قتل ناموسی از مبارزه برای حاکمیت دموکراتیک، مبارزه برای جدایی دولت و دین، مبارزه برای نفی حق هر دو دولت کُردی در کُردستان عراق در راستای تحمیل نظم تئوکراتیک به کُردها و حتی مبارزه برای اعمال فشار به دو دولت کُردی برای تصویب و اجرای بدون محدودیت کنوانسیون *رفع انواع تبعیض علیه زنان* جدا نیست. این کنوانسیون سند مهمی است که فمینیست‌های کُرد می‌توانند از آن برای ترویج فرهنگ جنسیتی دموکراتیک استفاده کنند. آیا ریشه‌ی این مطالبات به عصر روشنگری اروپا بازمی‌گردد؟ پاسخ ما بی‌تردید مثبت است. آیا این مطالبات خاستگاهی غربی دارد؟ بی‌شک بله و این هیچ مشکلی ندارد. مردمان شرق نیز یک قرن است که برای این مطالبات مبارزه می‌کنند؛ بنابراین این مطالبات جهان‌شمول است. همان‌طور که پیش‌تر اشاره شد در غرب نیز مخالفت گسترده‌ای با این مطالبات وجود داشته است. حتی همین امروز نیز اصول‌گرایان راست افراطی و مسیحی دقیقاً مانند همتایان اسلامی خود، همچنان بر مخالفت با فمینیسم و جدایی دولت و دین پافشاری می‌کنند. بنابراین این خطوط نه بر مبنای زمینه‌های قومیتی بلکه بیشتر بر اساس اصول سیاسی ترسیم شده است.

فمینیسم غربی به درستی به دلیل قوم‌محوری و نژادپرستی مورد نقد قرار گرفته است. با این حال، بر خلاف ادعاهای ناسیونالیست‌ها و بومی‌گرایان، سنت غنی ضد نژادپرستانه‌ای در غرب، به ویژه در جنبش‌های فمینیستی آن نیز وجود دارد. در واقع، در هیچ کجای جهان غیرغربی نمی‌توان سنت ضد نژادپرستانه‌ای یافت که به اندازه‌ی نسخه‌ی غربی آن غنی باشد. زنان کُردی که در غرب زندگی می‌کنند، از موقعیت ایده‌آلی برای ایجاد این سنت‌های ضد نژادپرستی و انترناسیونالیسم و ادای سهم نسبت به آن‌ها برخوردارند.

در کُردستان زنان تحت سخت‌ترین اشکال ستم ملی و جنسیتی قرار می‌گیرند. این ستم ملی به حدی وحشیانه است که خشونت جنسیتی را تحت شعاع خود قرار می‌دهد. با این حال، زنان کُرد پیش از این با مقاومت در برابر مردسالاری ناسیونالیستی تاریخ خود را ساخته‌اند. متأسفانه فدیمه آخرین نام در فهرست طولانی قربانیان خشونت مردانه نخواهد بود و جان‌های بیشتری، غالباً در بی‌خبری، در کُردستان و جاهای دیگر گرفته خواهد شد. با این حال، اگر عصبانیت و یأس خود را به مبارزه‌ای برای به چالش کشیدن این وحشیگری، در تمام نمودهای آن و به هر شیوه‌ی ممکنی بدل کنیم، زندگی او بیهوده از دست نرفته است.

منابع

Abdul-Aziz Al-Musnad, M. (compiler). (1996). *Islamic fatawa regarding women*. Darussalam Publishers.

Adelman, H. (1992). Humanitarian intervention: The case of the Kurds. *International Journal of Refugee Law*, 4(1), 4-38.

Afary, J. (1996). *The Iranian Constitutional Revolution, 1906-1911: Grassroots democracy, social democracy, and the origins of feminism*. Columbia University Press.

Afary, J. (2000). *Negaresh-i bar Zan va Jensiyyat dar Dawran-i Mashruteh* [A Look at Women and Gender in the (Iranian) Constitutional Revolution]. The Historical Society of Iranian Women.

Afkhami, M. & Friedl, E. (Eds.). (1994). *In the eye of the storm: Women in post-revolutionary Iran*. Syracuse University Press.

Agence France-Press. (2002, January 22). *Woman who opposed 'honor killing' is killed by father*. https://ekurd.net/mismas/articles/misc/combathonour.htm

Ahmedi, I. (2002, February 5). *Honour killing seen from a feminist perspective and from a non-essentialist view of culture*. Kurdish Media.

Amnesty International. (1999). *Pakistan: Violence against women in the name of honour*. https://www.amnesty.org/en/wp-content/uploads/2021/06/asa330201999en.pdf

Banani, F. (1998). The Arab women's legal situation and CEDAW. *Al-Raida*, 15(80), 35-36. https://doi.org/10.32380/alrj.v0i0.709

Barnard, A. (2000). *History and theory in anthropology*. Cambridge University Press.

Bayazidi, M. (1963). *Adat u rasumatname-ye Akradiye* [Customs and manners of the Kurds] (M. B. Rudenko, Ed. & Trans.). Nravy i Obycaj Kurdov.

Begikhani, N. (1998). Jinî kurd va islamîsm [Kurdish women and Islamism]. *Gzing: Journal of Kurdish Politics and Culture*, *21*, 19-23.

Begikhani, N. (1997). La femme kurde face à la montée islamiste. *Les Cahiers de l'Orient*, *45*(1), 43-53.

Begikhani, N. (1996). *Divided interests in Northern Iraq* (War Report, No. 47).

Bring, O. (1992). Kurdistan and the principle of self-determination. *German Yearbook of International Law/Jahrbuch für Internationales Recht*, *35* (1992), 157-169.

Brummett, P. (2000). *Image and imperialism in the Ottoman revolutionary press, 1908-1911*. State University of New York Press. doi:10.1017/S0020743802291060

Cooke, H. (1995). *The safe haven in northern Iraq: International responsibility for Iraqi Kurdistan*. Human Rights Centre, University of Essex.

Dankoff, R. (1990). *Evliya Çelebi in Bitlis*. Brill.

Daragahi, H. (2002). *Anatomy of an honour killing: Integration policy, culture and the rights of women*. [Unpublished paper].

Doumato, E. (2000). Review of crimes of honour. *MESA Bulletin*, *34*(2), 296-97.

Edgar, A., & Sedgwick, P. (Eds.). (1999). *Key concepts in cultural theory*. Routledge. https://doi.org/10.4324/9780203981849

Edmonds, C. J. (1957). *Kurds, Turks, and Arabs*. Oxford University Press. https://doi.org/10.1126/science.128.3322.470.a

Elman, R.A., & Eduards, M. (1991). Unprotected by the Swedish welfare state: A survey of battered women and the assistance they received. *Women's Studies International Forum*, *14*(5), 413-421.

Hammer, R. (2002). *Antifeminism and family terrorism: A critical feminist perspective*. Rowman and Littlefield Publishers.

Hegland, M. (2001). Review of "crimes of honour and our honour and his glory". *Middle East Women's Study Review, 15*(1), 15-19.

Hildebrandt, J. (2002, January 31). Honour' killing in Sweden silences courageous voice on ethnic integration. *Guardian Weekly*. Available at https://www.theguardian.com/theguardian/2002/jan/31/guardianweekly.guardianweekly1

Falk, R. (1994). Problems and prospects for the Kurdish struggle for self-determination after the end of the Gulf and Cold Wars. *Michigan Journal of International Law, 15* (2), 591-603. https://repository.law.umich.edu/mjil/vol15/iss2/6

Fernandes, D. (1999). The Kurdish genocide in Turkey, 1924-1998. *Armenian Forum, 1*(4), 57-107.

Gullvag Holter, Ø. (2002). A theory of gendercide. *Journal of Genocide Research, 4*(1), 11-38. DOI: 10.1080/14623520120113883

Hoff, R., Leezenberg, M., & Muller, P. (1992). *Elections in Iraqi Kurdistan (May 19, 1992): An experiment in democracy*. Netherlands Kurdistan Friendship Society.

Human Rights Watch. (1995). *Human rights watch global report on women's human rights*. Unites States. https://www.hrw.org/reports/pdfs/g/general/general958.pdf

Jones, A. (2002). Gendercide and genocide. *Journal of Genocide Research, 2*(2), 185-211. http://dx.doi.org/10.1080/713677599

Jones, A. (2002). Problems of genocide-gendercide studies and future agendas: A comparative approach. *Journal of Genocide Research, 4*(1), 127-135. https://doi.org/10.1080/14623520120113937

Klein, J. (2001). En-gendering nationalism: The 'woman question' in the Kurdish nationalist discourse of the late Ottoman period. In S. Mojab (Ed.), *Women of a non- state nation: The Kurds* (pp.25-51). Mazda Publishers.

Kuper, L. (1981). *Genocide: Its political use in the twentieth century*. Yale University Press.

Levene, M. (1998). Creating a modern 'zone of genocide': The impact of nation- and state-formation on Eastern Anatolia, 1878-1923. *Holocaust and Genocide Studies*, *12*, 393-433.

Mangur, A. M. (1999). Ba sar hati Siyasi Kurd: la 1914 we ta 1958 [the political story of the Kurds: from 1914 until 1958]. Svergie, Sweden.

McDowall, D. (1996). *A modern history of the Kurds*. I. B. Tauris.

Middle East Watch Report. (1993). *Genocide in Iraq: The Anfal campaign against the Kurds*. New York, Washington, Los Angles, London. Human Right Watch. https://www.hrw.org/reports/1993/iraqanfal/

Mojab, S. & Hassanpour, A. (2021) *Women of Kurdistan: A Historical and Bibliographical Study*. London: Transnational Press.

Mojab, S. (1987). *Women in politics and war: The case of Kurdistan*. Women in International Development Publication Series.

Mojab, S. (2001). Conflicting loyalties: Nationalism and gender relations in Kurdistan. In H. Bannerji., S. Mojab., & J. Whitehead (Eds.), *Of Property and Propriety: Gender and Class in Nationalism and Imperialism* (pp.116-152). University of Toronto Press.

Mojab, S. (2004); No 'safe haven' for women- Violence against women in Iraqi Kurdistan. In W. Giles and J. Hyndrnan (Eds.), *Sites of Violence Gender and Identity in Conflict Zones* (108-133). University of California Press. https://doi.org/10.1525/california/9780520230729.003.0005

Mojab, S. (2001). The solitude of the stateless: Kurdish women at the margins of feminist knowledge. In S. Mojab (Ed.), *Women of a Non-State Nation: The Kurds* (pp. 1-21). Mazda Publishers.

Mojab, S. (1998). Muslim women and Western feminists: The debate on particulars and universals. *Monthly Review, 50*(7), 19-30. https://doi.org/10.14452/MR-050-07-1998-11_2

Mojab, S., & Hassanpor, A. (2002). The politics and culture of "honour killing:" The murder of Fadime Shahindal. *Pakistan Journal of Women's Studies: Alam-e-Niswan, 9*(1), 57-77.

Mojab, S., & Hassanpor, A. (2002). Thoughts on the struggle against "honaur killing". *The International journal of Kurdish Studies,16*(1), 83-97.

Mumtaz, K., & Shaheed, F. (1987). *Women of Pakistan: Two seps forward, one step back?* Zed Books.

Naber, N. (2001). Teaching about honor killings and other sensitive topics in Middle East studies. *Middle East Women's Study Review, 15*(1-2), 20-21.

Nasser, L. (1998). Implementation of CEDAW in the Arab countries: Analysis of reservations. *Al- Raida, 15*(80), 28-31. https://doi.org/10.32380/alrj.v0i0.707

Nelson, D. D. (1998). *National manhood: Capitalist citizenship and the imagined fraternity of white men.* Duke University Press.

Scruton, R. (1983, January 21). The rule of honour and the rule of law. *Times Literary Supplement*, p. 59.

Seager, J. (1997). *The state of women in the world atlas.* Penguin Books Ltd.

Stein, S. (2002). Geno-and other cides: A cautionary note on knowledge accumulation. *Journal of Genocide Research, 4*(1), 39-63.

Tay, M. (1998). Women's rights in Islam and the content of CEDAW. *Al-Raida, 15*(80) 37-39. https://doi.org/10.32380/alrj.v0i0.710

UNIFEM and UNICEF. (1998). CEDAW in the Arab world. *Al-Raida, 15*(80-81), 22-27. Available at http://iwsawassets.lau.edu.lb/alraida/alraida-80-81.pdf

van Bruinessen, M. (1994). Genocide in Kurdistan? The suppression of the Dersim Rebellion in Turkey (1937-38) and the chemical war against the Iraqi Kurds (1988). In G. J. Andreopoulos (Ed.), *Conceptual and historical dimensions of genocide* (pp. 141-170). University of Pennsylvania Press.

WestWood, S., & Phizachlea, A. (2000). *Trans-nationalism and politics of belonging.* Routledge. https://doi.org/10.4324/9781315008530

Williams, C. (2002, March 7). *Price of freedom, in blood*. Los Angeles Times. https://www.latimes.com/archives/la-xpm-2002-mar-07-mn-31584-story.html

Yalçin-Heckmann, L. (1991). *Tribe and kinship among the Kurds*. Peter Lang.

Zaman, H. (1999). Violence against women in Bangladesh: Issues and responses. *Women's Studies International Forum*, *2*(1), 37-48. https://doi.org/10.1016/S0277-5395(98)00093-4

فصل پنجم

زنان کُرد در چرخه‌ی بی‌پایان ویرانی/بازسازی

ویرانی/ بازسازی از اجزای اصلی زندگی در خاورمیانه است و برای مدت زمانی طولانی، نه یک استثنا، بلکه قاعده‌ی حاکم بر این منطقه بوده است. پدیده‌ی ویرانی به هیچ وجه منحصر به خاورمیانه نیست، اما آن‌چه که این منطقه را متمایز می‌کند، رابطه‌ی کاملاً یگانه‌ی میان بازسازی و ویرانی است. در این‌جا، ساختن (و بازسازی) از ویرانی عقب می‌ماند و منابع عظیم موجود برای تجدید حیات و بقا را به طور جدی محدود می‌کند و همین وضعیت به بازتولید شرایط ویرانی منجر می‌شود.

مجموعه‌ای از عوامل در روابط متقابل میان ویرانی و بازسازی در خاورمیانه‌ی امروز دخیل هستند. دولت از جمله قدرت‌های غربی و ارگان بین‌دولتی آن‌ها یعنی *سازمان ملل* و همچنین بازیگران غیردولتی مانند گروه‌های سیاسی اپوزیسیون و ان‌جی‌اوها، همگی با توسل به روش‌های پیچیده‌ای که درکشان دشوار نیست، در فرایند ویرانی نقش دارند. این فصل بر اساس شواهدی که طی سه دهه همکاری نزدیک نویسنده با زنان کُرد منطقه و همچنین دیاسپورا و تا حدی از طریق تحقیقات میدانی در کُردستان عراق (۲۰۰۰ و ۲۰۰۵) جمع‌آوری شده، به ارزیابی انتقادی پروژه‌های بازسازی در کُردستان عراق می‌پردازد و تلاش می‌کند تا با استفاده از این شواهد، ضمن تأمل در نظریه و پراتیک بازسازی «پساجنگی»، ایده‌هایی پیرامون تجدید ساختار دولت-ملت‌سازی مترقی، فمینیستی و ضدامپریالیستی در خاورمیانه ارائه دهد و به این نکته اشاره کند که پروژه‌های بازسازی «پساجنگی» خشونت علیه اکثریت جمعیت را بازتولید می‌کنند و حتی به آن عینیت می‌بخشند.

ساختارهای دولتی دموکراتیک و مؤثر در اکثر بخش‌های خاورمیانه، به ویژه در کُردستان عراق، اجازه‌ی ظهور ندارند. از سوی دیگر زمانی که به ساختارهای غیردولتی، از جمله ان‌جی‌اوها، برای ایفای نقش در بازسازی (برای نمونه در شمال عراق) میدان داده می‌شود، نمی‌توانند به طور مؤثر عمل کنند. در مورد اقلیم کُردستان، ان‌جی‌اوها در واقع برای جلوگیری از ایجاد یک دولت کُردی

دارای حاکمیت مستقل و مؤثر گسترش یافته‌اند. در کُردستان عراق، عملکرد برخی از ان‌جی‌اوها و حتی آژانس‌های *سازمان ملل* به ایجاد شرایط وابستگی و حتی تخریب کشاورزی بومی و نظم محلی تولید و مصرف منجر شده است. مهمتر این‌که اکنون در عراق، حکومتی با حاکمیت چندپاره‌ی مذهبی–سرمایه داری استقرار دارد که تلاش‌های جدی برای ایجاد قدرت دولتی دموکراتیک و جامعه‌ی مدنی را سرکوب می‌کند.

ویرانی/بازسازی در بستر روابط بین‌المللی در حال تغییر اتفاق می‌افتد که جنبه‌هایی از آن با عناوینی مانند «فراملی‌گرایی»، «پسااستعماری»، «پساملی‌گرایی» و «جهانی‌سازی» مفهوم‌سازی شده‌اند. گرچه ادبیات متنوعی پیرامون ماهیت این جهان در حال تغییر وجود دارد، اما همه‌ی آن‌ها به برجسته ساختن مجموعه‌ای از ادعاهای فراگیر درباره‌ی نهاد دولت مشغولند. یک از این ادعاها، زوال دولت است که با ظهور نهادهای فراملی [1] و فوق‌ملی[2] تضعیف می‌شود. یکی از ادعاهای مرتبط، ماهیت واپس‌گرایانه‌ی دولت و ماهیت مترقی مالکیت خصوصی، تشکیلات اقتصادی آزاد و بازارهای آزاد است. این نظریه‌ها اغلب بازار را به عنوان منبع زندگی یا به بیانی دقیق‌تر دموکراسی، آزادی، همکاری فراملی، کامیابی و صلح در نظر می‌گیرند. با این حال، شواهد موجود در خاورمیانه صحت این ادعاها را به طور جدی به چالش می‌کشند.

این فصل با استفاده از یک تحلیل انتقادی فمینیستی فراملی، دریچه‌های جدیدی را برای اندیشیدن به ناسیونالیسم، شهروندی، سرزمین مادری و ادراک جنسیت به عنوان موضوعی چندلایه در پروژه‌ی ملت‌سازی باز می‌کند و پیوندها و گسست‌های معاصر در مادیت‌بخشی و تاریخمندسازی تجارب زنان از نظامی‌گری، استعمار و امپریالیسم را مورد توجه قرار می‌دهد. ما تلاش می‌کنیم تا با استفاده از این تحلیل به وارسی اشکال فمینیسم استعماری/امپریالیستی بپردازیم که با هدف «آزادسازی» و ترویج «دموکراسی» از طریق ان‌جی‌اوهای زنان فعالیت می‌کنند و استدلال می‌کنیم که این مأموریت زنانه‌شده‌ی «نجات»، به بازشرقی‌گرایی زنان کُرد منجر شده و در به چالش کشیدن خشونت ساختاری-مردسالارانه و راه‌هایی که جنگ، اشغال و امپریالیسم از رهگذار آن به تضعیف زنان پرداخته، شکست خورده است.

بحث اصلی این است که ویرانی روندی در تغییر نظم بین‌المللی است که بر اساس سلطه سرمایه و بازارهای «آزاد» پیش می‌رود. نهاد دولت، چه در غرب و چه در خاورمیانه، نه تنها زوال نیافته بلکه به هدایت، برنامه‌ریزی و گسترش بازارها مشغول است. خشونت نه تنها با قانون بازارهای «آزاد» بیگانه نیست، بلکه در آن نهفته است. یک رژیم فراملی بازار «آزاد» بر مبنای ثباتی رشد می‌کند که دستیابی به آن در شرایط فقر گسترده دشوار است. نابرابری‌ها، قحطی، فقر، استبداد، فساد و

---

[1] sub-national
[2] supra-national

بی‌عدالتی به منازعه می‌انجامد. منازعات بین‌المللی و منطقه‌ای در خاورمیانه به طور فزاینده‌ای توسط ایالات متحده مدیریت می‌شود؛ کشوری که برای حرکت به سمت همان ثبات سیاسی مطلوب مکرراً از مداخله‌ی نظامی استفاده می‌کند. به بیانی ساده اما نه ساده‌انگارانه، حفظ «نظم جهانی» به خشونت نیاز دارد و با آن رشد می‌کند. هاروی به درستی این فرایند را به عنوان خصلت متضاد نئولیبرالیسم مفهوم‌پردازی می‌کند و آن را «ویران‌سازی خلاقانه» و «انباشت به وسیله‌ی سلب مالکیت» می‌نامد. (Harvey 2003, 2006) پروژه‌های بازسازی یا توسعه همواره اغلب دارای انواع خشونت سیاسی، اجتماعی، روان‌شناختی و اقتصادی هستند؛ تا جایی که به حافظان شکلی از نظم سیاسی تبدیل می‌شوند که ویرانی به بار می‌آورد.

در کُردستان عراق، مردم سقوط صدام حسین را جشن گرفتند. با این حال، قدرت بعثی با یک رژیم خشونت سیاسی، اقتصادی، روان‌شناختی و فیزیکی جایگزین شد که در آن دو حزب سیاسی اصلی کُرد، *سازمان ملل*، ان‌جی‌اوها، ارتش ترکیه، نیروهای اشغالگر به رهبری آمریکا و همچنین قدرت‌های دولتی ایران، سوریه و ترکیه نقش‌های گوناگونی ایفا می‌کنند. در این شرایط، همان نظم ساختاری سیاسی که در گذشته ویرانی و خشونت ایجاد می‌کرد، به شیوه‌های پیچیده‌تری در کُردستان عراق همانندسازی شده است.

(باز)تولید ویرانی: کُردستان عراق

عراق دولتی است که در جنگ متولد شده و محصول جنگ جهانی اول و رقابت استعماری است. همان‌طور که پیش‌تر خواندیم تاریخ بخش شمالی این سرزمین یعنی کُردستان عراق، بیش از هر نقطه‌ی دیگری با مفاهیم و مضامینی چون جنگ، ویرانی، خسارت، پناه‌جویی، آواره‌سازی، همگون‌سازی، خشونت، انتقام، مبارزه‌ی مسلحانه، نسل‌کشی، جنسیت‌کشی، استعمار نو، امپریالیسم، ناسیونالیسم، «منطقه‌ی پرواز ممنوع»، «پناهگاه امن»، خودمختاری، حاکمیت مستقل و تمامیت ارضی گره خورده است.

من در روایت سفرم به کُردستان عراق در سال ۲۰۰۰ اغلب به این مسئله اشاره کرده‌ام که همه‌ی طرف‌های درگیر از جمله عراق، ترکیه، ایران، ایالات متحده، احزاب سیاسی کُرد در قدرت و ان‌جی‌اوها به نوعی در تخریب شبکه‌ی اجتماعی زندگی در اقلیم کُردستان دخیلند. این برداشت بر اساس مشاهدات فشرده و بحث‌های مفصلی است که با اقشار مختلف مردم داشته‌ام. (Mojab, 2001) در سال ۲۰۰۰، اکثر مردم کُرد نگرانی عمیق خود را نسبت به آژانس‌های *سازمان ملل* ابراز کردند. بوروکراسی بزرگ، فساد و عدم پاسخگویی از مشکلات *سازمان ملل* بود. اما به همین محدود نبود:

عدم هماهنگی بین آژانس‌های این سازمان، عدم وجود اختیارات کافی و ظرفیت فنی در بین کارکنان آن و ارعاب آن‌ها از سوی دولت عراق، به ویژه اگر ارتباط نزدیک و یا صمیمانه‌ای با کُردها داشتند.

برای نشان دادن اهمیت این مشکلات می‌توان به گزارشی عنوان «اقتصاد خانگی: درک وضعیت معیشت کُردها»[۳] مراجعه کرد:

> بسیاری از خانوارها در برابر شوک‌های خارجی از جمله تغییرات برنامه‌ریزی‌نشده در نظام تحریم‌ها، بسیار آسیب‌پذیر هستند ... بسیاری از فقرا به فعالیت اقتصادی گروه‌های ثروتمند وابسته‌اند و نسبت به تغییرات درآمدی خود آسیب‌پذیر هستند... تحریم و جیره‌بندی وضع‌شده از سوی *شورای امنیت سازمان ملل*، به تضعیف و کژدیسه کردن بازارها و معیشت انجامیده و زندگی اقتصادی عادی اکثریت مردم را ویران کرده... نظام جیره‌بندی که با قطعنامه‌ی ۹۸۶ *شورای امنیت* ایجاد شده است، سطوح بی‌سابقه‌ای از وابستگی را ایجاد کرده است. تحریم‌ها بی‌شک به محرومیت مردم عراق منجر شده است: با این حال، *برنامه‌ی اس‌سی‌آر ۹۸۶*[۴] بر این محرومیت غلبه نکرده، بلکه وابستگی را در سطوح بین‌المللی بی‌سابقه‌ای افزایش داده است. در بسیاری از خانوارهای کم‌بضاعت، تا ۹۰ درصد مواد غذایی از سهمیه‌ی *برنامه‌ی اس‌سی‌آر ۹۸۶* تأمین می‌شود... در صورت حذف ناگهانی جیره‌ی غذایی این برنامه، افراد فقیر توانایی تهیه‌ی غذا را ندارند. جیره‌های برنامه‌ی *اس‌سی‌آر ۹۸۶* معیشت اکثر مردم را از بین برده و از توانایی آن‌ها برای ایجاد معیشت‌های جدید کاسته است.... جیره‌بندی *اس‌سی‌آر ۹۸۶* تسلط دولت بر تأمین مواد غذایی را تسهیل کرده است ... جیره‌های امدادی *اس‌سی‌آر ۹۸۶* به دولت عراق این امکان را داده که دوباره بر نظام‌های غذایی مسلط شود و توسعه‌ی کشاورزی پایدار را در شمال عراق تضعیف نماید. گرچه جیره‌های غذایی در کُردستان توسط *برنامه‌ی جهانی غذای سازمان ملل* توزیع می‌شود، دولت عراق مسئول واردات بخش اعظم کالاهای اصلی و آرد است. این به آن معنا است که دولت عراق می‌تواند محتوای سهمیه‌ها را کنترل کند؛ کربوهیدرات و چای و شکر به جای پروتئین؛ چه در شمال و چه در جنوب عراق. (Kirk and Sawdon, 2002: 43-5)

---

[3] The Household Economy: Understanding the Situation of Kurdish Livelihoods

[4] SCR986 Programme: قطعنامه‌ی ۹۸۶ شورای امنیت سازمان ملل که مجوز واردات نفت و فرآورده‌های نفتی از مبدأ عراق را به عنوان اقدامی موقت برای تأمین نیازهای بشردوستانه‌ی مردم عراق در ۱۹۹۵ تصویب کرد.

این پژوهش مشاهدات من پیرامون محدودیت‌های ساختاری بازسازی کُردستان عراق را تأیید می‌کند. در سال ۲۰۰۰ دست‌کم این اتفاق نظر وجود داشت که کمک‌های بشردوستانه‌ی بین‌المللی دارای مشکل جدی هستند. با این حال، باید اعتراف کرد که با وجود مشکلات عظیمی که احزاب سیاسی کُرد و افراد با آن مواجه بودند، تلاش قابل‌توجهی برای بازسازی منطقه‌ی کُردنشین ویران‌شده صورت گرفت و برخی از این بازسازی‌ها نتیجه‌ی فعالیت افراد ازخودگذشته به ویژه زنان بود. یکی از موارد برجسته‌ای که می‌توان به آن اشاره کرد، اعتراض زنان به جنگ داخلی ۱۹۹۴ بین دو حزب رقیب یعنی حزب *دموکرات کُردستان* و *اتحادیه‌ی میهنی کُردستان* بود که دولت را به طور مشترک اداره می‌کردند. گروهی از زنان در اعتراض به آن‌چه که جنگ برادرکشانه (birakuji) می‌خواندند، از سلیمانیه تا اربیل راهپیمایی کردند. یکی دیگر از اقدامات مردمی، یا مردم بنیاد اعتراضات زنان به خشونتی بود که پس از جنگ با آن مواجه شدند. قتل زنان به دلایل مربوط به «شرف» به طور بی‌سابقه‌ای افزایش یافت. (Mojab, 2002) دولت کُردی از جرم‌انگاري این قساوت‌ها و دستگیري یا مجازات قاتلان خودداري کرد. مقامات دولتی سیاست‌گذاری خود را با این استدلال توجیه کردند که مجبور به رعایت قوانین احوال شخصیه رژیم بعث بغداد هستند. زنان خواستار لغو این قوانین شدند اما پارلمانی که تحت تسلط مردان و به ویژه حزب محافظه‌کار *دموکرات کُردستان* بود، از وضع قوانین جدید خودداری کرد. با ادامه یافتن این قتل‌ها، زنان نیز مبارزه‌ی خود را علیه این خشونت گسترش دادند. آن‌ها ضمن تأسیس خانه‌های امن، به افشاگری پیرامون سیاست جنسیتی دو حزب حاکم پرداختند. در سال ۲۰۰۰ ، *اتحادیه‌ی میهنی کُردستان* با افزایش مخالفت زنان در دیاسپورا و فشار زنان در داخل، مجبور شد دو قطعنامه صادر کند که به موجب آن «قتل ناموسی» به عنوان جرمی دارای مجازات در نظر گرفته شد. باوجود این دولت *اتحادیه‌ی میهنی کُردستان* در موقعیتی نبود که این قطعنامه‌ها را اجرا کند؛ به ویژه در روستاهایی که تشکیلات قبیله‌ای و خویشاوندی در آن‌ها قوی است و در جاهایی که *اتحادیه‌ی میهنی کُردستان* به وفاداری قبایل و ارباب‌های فئودال آن‌ها وابسته است.

با وجود مشکلات جدی مانند فقر و خشونت علیه زنان، انتقال قدرت از حزب بعث به احزاب سیاسی کُرد منجر به تغییرات دیگری شد. برای مثال، رسانه‌های جمعی در اقلیم کُردستان گسترش یافتند. روشنفکران مدت‌های مدیدی است که برای دستیابی به حقوق ارتباطی مانند حق انتشار و حق خواندن مبارزه کرده‌اند. در دوران حکومت صدام، همه‌ی رسانه‌ها، از جمله مطبوعات، دولتی بودند. در مقابل، در «پناهگاه امن» به سازمان‌های سیاسی اجازه داده شد که خبرگزاری‌های خود را راه‌اندازی کنند و رسانه‌های چاپی به طور بی‌سابقه‌ای رشد کردند. اما این وضعیت نسخه‌ای جعلی از سپهر عمومی بود زیرا تنها دو حزب بر رسانه‌ها و سایر مجراهای خبری عمومی تسلط داشتند.

وجود جامعه‌ی مدنی در اقلیم کُردستان تا حد زیادی دستاورد جنبش‌های اجتماعی بود. اما *سازمان ملل* و حتی ان‌جی‌اوها به جنبش‌های اجتماعی اعتماد نمی‌کنند و آن‌ها را به رسمیت نمی‌شناسند. اگر

به مردم اجازه داده می‌شد تا در تغییر شرایطی که متحمل می‌شوند، مشارکت داشته باشند، دستاوردهای زیادی در زمینه‌ی بازسازی حاصل می‌شد. برای مثال، در مورد پاکسازی مین‌ها، اگر به افرادی که قربانیان بالقوه‌ی مین‌های زمینی بودند، اجازه مشارکت در کار مین‌زدایی داده می‌شد، در طی سالیان پیشرفت زیادی صورت می‌گرفت. این مشاهدات در واقع در طرح پیشنهادی پروژه‌ای مکتوب شده بود که من در سال ۲۰۰۰ از سازمانی به نام *هوشیار* دریافت کردم. در پیش‌نویس این طرح پیشنهادی آمده است:

> در حال حاضر فعالیت‌های مین‌زدایی در کُردستان وجود دارد اما به درستی سازمان‌دهی نشده است. اولویت‌های هر سازمان با توجه به درک آن‌ها از کار تعیین می‌شود. بعضی اوقات یک میدان مین مشخص توسط یکی از آن‌ها پاکسازی می‌شود، سپس بعد از مدتی سازمان دیگری روی همان میدان مین کار می‌کند. بنابراین برای جلوگیری از وقوع چنین مشکلاتی داشتن یک شبکه در کُردستان ضروری است؛ شبکه‌ای که با تکیه بر داده‌های قبلی که توسط تیم‌های پیمایش و برنامه‌ی دولت برای «بازسازی و احیای کُردستان»[۵] جمع‌آوری شده، اولویت‌ها را برای میدان‌های مین تعیین کند.

علاء نوری طالبانی، یکی از مدافعه‌گران این پروژه، در مصاحبه‌ای که در اکتبر ۲۰۰۰ در شهر سلیمانیه با من داشت، اظهار کرد:

> من به دنبال جلب مشارکت زنان در این پروژه هستم. زنان قربانی مین‌های زمینی هستند و در عین حال بار مسئولیت مراقبت از بازماندگان انفجار مین‌های زمینی که دچار معلولیت شده‌اند، بر شانه‌ی آن‌ها است. بنابراین برای جماعت بسیار مفید است که زنان بدانند که چگونه باید از میدان‌های مین دور بمانند و بیاموزند که مین‌ها را از روی ظاهر شناسایی کنند. اما پاسخ ان‌جی‌اوها و دولت به پیشنهاد من در زمینه‌ی مشارکت زنان و بسیج جماعت در فعالیت‌های مین‌زدایی دلسردکننده بوده است. آن‌ها استدلال می‌کنند که اطلاعات مربوط به مین‌های زمینی، الگوی توزیع و انواع آن‌ها اطلاعاتی نظامی است که نمی‌تواند در دسترس غیرنظامیان قرار گیرد. چنین پاسخی مایه‌ی دلشکستگی من است!

[5] Reconstruction and Rehabilitation of Kurdistan

تصویری که در این‌جا ارائه می‌شود آشکارا آزاردهنده است. دولت عراق در زمان حاکمیت حزب بعث، علیه مردم خود دست به نسل‌کشی زد، هزاران روستا را ویران کرد، از سلاح های شیمیایی استفاده کرد و سرزمین‌های مردابی جنوب عراق را نابود کرد تا جمعیت را کنترل کند. این سطح از ویرانی بدون استفاده از فناوری‌های جدیدی که توسط قدرت‌های غربی فراهم شده بود، امکان‌پذیر نبود. مقامات تا زمان جنگ ۱۹۹۱ خلیج فارس درحالی‌که از مصونیت برخوردار بودند، دست به نسل‌کشی و بوم‌کشی[6] بومی کشی زدند. همان‌طور که لئو کوپر استدلال می‌کند «حاکمیت مستقل ارضی، حق نسل‌کشی را به عنوان بخش جدایی‌ناپذیری از حاکمیت خود تلقی می‌کند... و تنها اقدام *سازمان ملل* در این راستا، پاسداری از این حق است.» (1921:161)

بسیاری تشکیل «پناهگاه امن» یا منطقه ممنوعه پرواز را مصداق نقض اساسی اصل حاکمیت مستقل دانسته‌اند که باید توسط *سازمان ملل* پاس داشته شود. به بیان دیگر، *سازمان ملل* با مجاز شمردن اقدام ایالات متحده برای ایجاد چنین دولتی در داخل دولتی دیگر، یکی از اصول بنیادی خود را نقض کرده است. این سازمان همچنین جنگ ویرانگری را که توسط نیروهای ائتلاف در ۱۹۹۱ به راه افتاد، تأیید کرد. با این حال، این تحولات به جای این که نشان دهد *سازمان ملل* آماده است تا حق حاکمیت مستقل را تحت لوای دفاع از حقوق بشر قربانی کند، به سمت تشکیل نظمی بین‌دولتی پیش رفت که توسط یک قدرت واحد کنترل می‌شد: ایالات متحده.

عراق، مانند بسیاری از کشورهای خاورمیانه، دارای منابع عظیم انسانی و طبیعی برای ساختن جامعه‌ی دموکراتیک پایداری است که بتواند مشکلات فقر، بی سوادی و بیماری را به آسانی حل کند. در واقع، عراق در دوران رژیم بعث، در کنار ترکیه، سکولارترین ملت در خاورمیانه بود و برخورد آن با کُردها در کل بهتر از برخورد ترکیه بود.[7] به همین ترتیب، شاخص‌ها نشان می‌دهند که عراق از نظر مراقبت‌های بهداشتی و آموزش، به ویژه برای زنان، در خاورمیانه پیشتاز بود. (Al-Ali, 2007; Zangana, 2007) بی‌شک مجموعه‌ای از عوامل مانع از آن شد که این پتانسیل پس از جنگ ۱۹۹۱ در اقلیم کُردستان شکوفا شود. تأکید بر این نکته مهم است که ویران‌سازی، دقیقاً مانند جنگ، منبعی برای تجدید سرمایه، یعنی سودآوری، است که تا حدی از طریق ایجاد فرصت‌های سرمایه‌گذاری صورت می‌گیرد. یادآوری این نکته نیز از اهمیت برخوردار است که بازار نیز دقیقاً مانند دولت، در جنگ و ویرانی رشد می‌کند و بنابراین هسته‌ی اصلی آن همان منطق «دکترین شوک» است. (Klein, 2007)

تصویری که تا این‌جا ارائه شد، شمایی از رابطه‌ی میان ساختن، ویرانگری و بازسازی در متن جنگ ۱۹۹۱ در اقلیم کُردستان عراق بود. در ۲۰۰۳، ایالات متحده با هدف «تغییر رژیم» وقت و استقرار

---

[6] ecocide

[7] برای اطلاعات بیشتر به مستند McKiernan, 2001 مراجعه کنید

رژیم خود در بغداد جنگ جدیدی را به راه انداخت که منجر به سقوط رژیم بعث و تحکیم بیشتر وضعیت *دولت اقلیم کُردستان* شد. رهبران کُرد نقش فعالی در این پروژه داشتند و ایالات متحده منابع اقتصادی، نظامی و دیپلماتیک بیشتری را به جنگ دوم خود اختصاص داد. خود این فرایند و نتایج آن تخریب بسیار گسترده‌تری را به بار آورد.

از آن‌جا که ما در شرایط جنگ، اشغال و امپریالیسم باید درک نظری پیچیده‌تری از روابط اجتماعی، ساختارها و قدرت‌های نهادی محلی و جهانی، تقسیم کار و عادات زندگی داشته باشیم، به وارسی انتقادی نقش ان‌جی‌اوهای زنان در مناطق جنگی و مشارکت آن‌ها در فرایند بازسازی می‌پردازیم؛ مشارکت در فرایندی که بهتر است برای نامیدن آن به جای به کار بردن عبارت دارای حسن تعبیر «بازسازی پساجنگی»، از «**جمع‌آوری غنائم جنگی**» استفاده کنیم.

ان‌جی‌اوهای زنان در بستر جنگ و اشغال سال ۲۰۰۳

تمرکز این بخش بر ان‌جی‌اوهای زنان کُرد است که پس از اشغال عراق در ۲۰۰۳ در حال شکوفایی هستند. تحلیل دقیق نقش ان‌جی‌اوهای زنان در بازسازی «پساجنگی» به ما در روشن کردن هم‌پیوندی درونی یک پروژه‌ی جنسیتی امپریالیستی کمک خواهد کرد؛ پروژه‌ای که بر اساس پنداشت‌هایی مانند «دموکراسی»، «آزادی» و «جامعه‌ی مدنی» و پیوند آن با دستورکار امپریالیستی بزرگ‌تر در راستای سلطه‌ی منطقه‌ای و جهانی بنا شده است. باید همواره به خاطر داشت زمینه‌هایی که در آن پنداشت‌هایی مانند «جامعه‌ی مدنی»، «ان‌جی‌او»، «آزادی» و «دموکراسی» به صورت غیرمنتقدانه به کار می‌روند، باید مورد بازاندیشی و بازنگری قرار بگیرند.

تجربه‌ی کار میدانی در مناطق جنگی و اجتماعات دیاسپورا و ان‌جی‌اوهای زنان در کشورهایی مانند فلسطین، ترکیه، ایران، عراق و مصر، موجب آن شده که تاب‌آوری، فداکاری و جانفشانی زنان در راستای خواست عادلانه‌ای که دارند را عمیقاً تحسین کنم. با این حال، این مسئله هرگز مانع از آن نیست که نسبت به زنانی که در ان‌جی‌اوها سازمان یافته‌اند، نگاهی انتقادی داشته باشم. سینتیا انلو (2004) می‌گوید: «درباره‌ی عدم کنجکاوی فمینیستی خود کنجکاو باشیم.» من نیز با الهام از همین ایده، با کنجکاوی در مورد مسائل زنان، توانسته‌ام تبانی مردسالاری با سرمایه‌داری، نظامی‌گری، نژادپرستی، استعمار و امپریالیسم را ببینم. این به آن معنا است که چارچوب فمینیستی فراملی انتقادی این متن قصد دارد در پنداشت‌های نولیبرالی «ناگزیر بودن» سرمایه‌داری و امپریالیسم، ممتاز دانستن شهروندی غرب نسبت به شرق و «طبیعی‌جلوه دادن» تفکیک حقوق سیاسی، یعنی دموکراسی و آزادی، از حقوق اقتصادی گسست ایجاد کند. (به Meiksins Wood, 2006 مراجعه کنید.)

در ادامه می‌خواهم با استفاده از نتایج کار میدانی در میان ان‌جی‌اوهای زنان کُردستان عراق در ۲۰۰۵، به تبیین زیربنای ایدئولوژیک پروژه‌ی قدرت‌های امپریالیستی در «بازسازی پساجنگی» عراق بپردازم. در این‌جا هدف ارزیابی یا سنجش عملکرد ان‌جی‌اوهای فعال در منطقه نیست؛ بلکه نشان دادن سیاست‌گذاری «بازسازی» ایالات متحده و نقشی است که ان‌جی‌اوها، دانسته یا نادانسته، در این پروژه ایفا می‌کنند. به زعم من، درک پیچیدگی‌های بغرنج پروژه‌ی خاص بازسازی در عراق و چگونگی قرار گرفتن آن در یک دستورکار نولیبرالی بزرگ‌تر با دامنه‌ی فراملی برای کنشگران چپ، ضدجنگ و ضدجهانی‌سازی از اهمیت زیادی برخوردار است. خلاصه‌ی کاملی از این سیاست‌گذاری را می‌توان در تعریف یکی از برنامه‌های وزارت امور خارجه‌ی ایالات متحده با عنوان «ابتکار همکاری خاورمیانه»[8] یافت. این برنامه بر اساس «چهار محور اصلی» فعالیت می‌کند: «۱) حاکمیت و مشارکت سیاسی؛ ۲) آزادسازی و فرصت‌های اقتصادی؛ ۳) کیفیت و دسترسی آموزشی؛ ۴) توانمندی زنان.» در محور چهارم از چهار ابتکار دیگر یاد شده است: «تقویت قدرتمندسازی زنان»، «پژوهش در حوزه‌ی زنان»، «زنان و قانون» و «اجلاس کسب‌وکار زنان» (MEPI, 2008)

در این‌جا باید خاطرنشان کنم که من بین ان‌جی‌اوهای زنان و جنبش‌های زنان در منطقه تفاوت قائل هستم. جنبش‌های زنان، برخلاف ان‌جی‌اوها، مواضع و روابط متنوعی با دولت دارند، اغلب سیاسی‌ترند و امکان ارزیابی انتقادی‌تری از دخالت خارجی را در منطقه فراهم می‌کنند. در بعضی موارد، ان‌جی‌اوهای زنان توسط دولت و بازیگران خارجی به کار گرفته می‌شوند تا جنبش‌های زنان را تضعیف، سیاست زدائی و یا حتی متلاشی کنند.[9]

درک موجودیت ان‌جی‌اوها بدون در نظر گرفتن بستر تاریخی ایده و عملکردشان کار دشواری خواهد بود. منظور از در نظر گرفتن بستر تاریخی، طرح چنین پرسش‌هایی است: پدیده‌ی ان‌جی‌اوها چه زمانی و چرا ظهور کرد؟ ان‌جی‌اوها در ساختار مناسبات قدرت به لحاظ محلی، ملی، بین‌المللی و فراملی در کجا قرار دارند؟ ان‌جی‌اوها در خدمت/طرح منافع خاص چه کسانی هستند؟ چرا این میزان از توجه علمی و سیاسی به این مجموعه وجود دارد؟ مسئله این‌جا است که اگر به این پرسش‌ها نپردازیم، احتمالاً آن دسته از روابط اجتماعی، سیاسی، تاریخی و اقتصادی که استعمار و امپریالیسم را به ظهور ناسیونالیسم، بنیادگرایی و نژادپرستی پیوند می‌دهد، از دست خواهیم داد.

ان‌جی‌اوها از ابتدای شکل‌گیری دولت-ملت‌های مدرن وجود داشته‌اند، اما در فضای سیاسی کنونی آن‌ها پدیده‌ی جدیدی محسوب می‌شوند. چنین فضایی در اواخر دهه‌ی ۱۹۸۰ و اوایل دهه‌ی ۱۹۹۰ و پس از سقوط بلوک شوروی ایجاد شد. دولت‌های غربی و بسیاری از روشنفکران لیبرال و

---

[8] Middle East Partnership Initiative (MEPI)

[9] برای استدلال مشابهی در زمینه‌ی ایالات متحده و فلسطین، به Smith, 2007b مراجعه کنید.

محافظه‌کار امیدوار بودند که شکل اروپای غربی یا آمریکایی دموکراسی در اروپای شرقی و شوروی سابق حکمفرما شود. بنابراین «جامعه‌ی مدنی»، «سپهر عمومی» و «ان‌جی‌اوها» به عنوان مکان‌هایی برای استقرار دموکراسی سرمایه‌دارانه ترویج شدند؛ مکان‌هایی که در آن حاکمیت مطلق بازار جایگزین حاکمیت مطلق دولت می‌شود. در این گفتمان، چه آن را نومحافظه‌کار بنامیم چه نئولیبرال، از «بازار» و «دموکراسی» به عنوان مترادف یکدیگر استفاده می‌شود.[۱۰]

میکسینز وود در نوشتار «دموکراسی به مثابه ایدئولوژی امپراتوری» پرسش مرتبطی را مطرح می‌کند: «چگونه ممکن است آزادی، برابری و کرامت انسانی جهان‌شمول توجیه قانع‌کننده‌ای برای امپریالیسم و جنگ به نظر برسد؟» (Meiksins Wood, 2006: II) پاسخ این پرسش در چیزی نهفته است که او از آن با عنوان هم‌زیستی قدرت‌های اقتصادی و غیراقتصادی یاد می‌کند:

> سرمایه و کار هر دو می‌توانند در سپهر سیاسی از حقوق دموکراتیکی برخوردار باشند بدون این‌که رابطه‌ی بین آن‌ها در سپهر اقتصادی جداگانه‌ای به طور کامل تغییر کند؛ و بخش زیادی از زندگی انسان در سپهر اقتصادی یعنی خارج از قلمرو پاسخگویی دموکراتیک تعیین می‌شود. بنابراین در میان نظام‌های غالب، سرمایه‌داری می‌تواند به شکل بی‌سابقه‌ای با ایدئولوژی آزادی و برابری هم‌زیستی داشته باشد. (همان)

اکنون می‌خواهیم این ایده‌ها و مفاهیم را در متن خاورمیانه یعنی جایی که استعمار و به دنبال آن دیکتاتوری‌های هوادار آمریکا، زندگی شهروندانش را برای دهه‌ها ویران کرده است، به کار بگیریم. خشونت این دیکتاتوری‌ها مقاومت بسیاری از افراد به ویژه زنان، کارگران، دهقانان، مردمان بومی، دانشجویان، رهبران مذهبی، روشنفکران، گروه‌های حقوق بشری و روزنامه‌نگاران را برانگیخته است. ایالات متحده و قدرت‌های غربی با این مقاومت‌ها به عنوان اقداماتی کمونیستی و «تروریستی» برخورد کردند و در نتیجه برای از بین بردن آن‌ها به مداخلات نظامی یا شبه‌نظامی متوسل شدند. مرور تاریخ خاورمیانه در قرن بیستم به ما نشان می‌دهد که مردم این منطقه درگیر مبارزه‌ی گسترده و بی‌امانی برای تغییر شرایط سخت زندگی خود هستند. آن‌ها به موفقیت‌های زیادی دست یافتند اما در هر گامی که به سوی استقلال و توسعه‌ی اقتصادی برداشتند، توسط مداخله‌ی قدرت‌های غربی که با رهبران محلی فئودال، قبیله‌ای و مذهبی و طبقه‌ی نوظهور سرمایه‌دار متحد بودند، سرکوب شدند. این تاریخ، تاریخ نبرد، موفقیت و شکست‌های بی‌وقفه است. امروزه مردم خاورمیانه بیش

---

[۱۰] برای بررسی انتقادی این مفاهیم به Meiksins Wood,1990 ; Elyachar, 2005 مراجعه کنید.

از پیش آماج خشونت و فقر هستند. شمار دولت‌های تئوکراتیک، جنگ‌های امپریالیستی و میزان خشونت علیه زنان افزایش یافته است. جای تعجب نیست که بنا بر اصطلاحاتی که در گزارش‌های *عفو بین‌الملل* (۲۰۰۵) و *دیده‌بان حقوق بشر* (۲۰۰۳) مورد استفاده قرار گرفته، جنگ‌های ایالات متحده به بازگشت سنت‌گرایی و بازگشت قبیله‌گرایی در جامعه کمک کرده است.

ایالات متحده تحت لوای «بازسازی» و ایجاد «جامعه‌ی مدنی» جبهه‌ی تازه‌ای را در تمایلات توسعه‌طلبانه‌ی خود در منطقه گشوده است. زنان نخبه، تحصیل‌کرده، ماهر و کنشگر جذب ان‌جی‌اوهای پرشماری می‌شوند که غالباً بودجه‌ی زیادی دارند. حیفا زنگنه، کنشگر و نویسنده‌ی عراقی، منابع مختلف استعماری را در عراق امروز می‌بیند: «ان‌جی‌اوها، مبلغان مذهبی و سازمان‌های زنان. کار این سازمان‌ها، برخلاف تهاجم نظامی و خشونت، به طور مستقیم به بافت جامعه معطوف است و توجه عمومی بسیار کمتری را برمی‌انگیزد.» (Zangana, 2006a; 2006b)

ان‌جی‌اوهای زنان مورد مطالعه‌ی من در اقلیم کُردستان، دارای نشانگان مشابهی با سایر ان‌جی‌اوها مورد مطالعه[۱۱] در آمریکای لاتین، فلسطین و اروپا هستند. آن‌ها دستورکار کوتاه‌مدتی دارند و مشارکتشان اغلب تدریجی، بهبودبخش، محدود و وابسته به دستور کار حامیان مالی آن‌ها است. در مقابل، جنبش‌های زنان اهداف بلندمدتی مانند اصلاح یا تغییر بنیادی روابط مردسالارانه در جامعه‌ی مدنی و دولت را دنبال می‌کنند. گرچه نباید این دو را متقابلاً جدا از یکدیگر دانست، اما دولت‌ها در خاورمیانه و همچنین ایالات متحده و دیگر قدرت‌های غربی در مواجهه با ان‌جی‌اوهای زنان در مقایسه با جنبش‌های زنان رواداری از خود نشان می‌دهند. بنابراین جای تعجب نیست که ایالات متحده ترویج ان‌جی‌اوها را به عنوان ستون سیاست خارجی خود تلقی کند. به گفته‌ی بری لوونکرون[۱۲]، معاون وزیر دموکراسی، حقوق بشر و کار ایالات متحده (2006):

> با تحت فشار قرار گرفتن ان‌جی‌اوها، آزادی و دموکراسی تضعیف می‌شود. پس چگونه می‌توانیم به بهترین شکل از کار ان‌جی‌اوها در کشورهای جهان پشتیبانی و دفاع کنیم؟ ایالات متحده باید به دفاع از آن‌چه که رئیس‌جمهور بوش «مطالبات مذاکره‌ناپذیر پیرامون کرامت انسانی» نامیده، ادامه دهد و این شامل توانایی افراد برای استفاده از حقوق آزادی بیان، تجمع و گردهمایی از طریق عضویت آن‌ها در ان‌جی‌اوها است.... دوم این‌که باید اطمینان حاصل کنیم که حمایت از ان‌جی‌اوها بخش جدایی‌ناپذیری از دیپلماسی ما است. ما باید بر حمایت از ان‌جی‌اوها به عنوان موضوعی مشروع در دستور کار دولت-به-

---

[۱۱] برای نمونه به این منابع مراجعه کنید:
Alvarez, 1999, 2000; Hammami, 2000; Jad, 2004; Lang, 2000; Mendoza, 2002; Roy 2000.
[12] Barry Lowenkron

> دولت[۱۳] خود تأکید کنیم... وزیر در جلسات دوجانبه‌ی خودش دغدغه‌های ما را مطرح می‌کند؛ همان کاری که من و بسیاری از همکارانم در وزارت امور خارجه انجام می‌دهیم. من و وزیر اصرار داریم تا در ضمن سفر با نمایندگان ان‌جی‌اوها دیدار کنیم.

تقابل جالبی میان این اظهارات و نتایج گزارش سال ۲۰۰۵ *صندوق توسعه‌ی زنان سازمان ملل* با عنوان «سال‌ها پس از پکن: نقش و سهم ان‌جی‌اوهای عربی»[۱۴] وجود دارد:

> تعداد ان‌جی‌اوهایی که در کشورهای عربی در زمینه‌ی توسعه کار می‌کنند، از ۱۷۵۰۰۰ در ۱۹۹۵ به ۲۲۵۰۰۰ در ۲۰۰۳ افزایش یافته است. درحالی‌که با در نظر گرفتن جو سیاسی در حال تغییر منطقه، ان‌جی‌اوهای عربی را به ندرت می‌توان بازیگران قدرتمندی دانست که می‌توانند در پیشرفت و آینده جوامع خود تأثیرگذار باشند. (UNIFEM, 2005: 8, 10)

حتی اگر ان‌جی‌اوها هنوز «بازیگران قدرتمندی» نباشند، به طور فزاینده‌ای در حال تبدیل شدن به مکان‌هایی برای اجرای سیاست خارجی ایالات متحده آمریکا (و سایر دولت‌های غربی) هستند؛ گرچه در ظاهر از هم دور هستند. همان‌طور که در ادامه خواهیم دید، این فرایند با تخصیص بودجه و از طریق همکاری زنان مترقی و/یا نخبه با ان‌جی‌اوها رخ می‌دهد. ایدئولوژی فرهنگی نئولیبرالیسم از طریق این فرایند هژمونیک ترویج می‌شود که پنداشت دموکراسی را در جامعه‌ی مدنی و بازار یکسان می‌انگارد؛ درحالی‌که بازار همان مکانی است که پذیرای حقوق سیاسی و عدالت اجتماعی نیست. ان‌جی‌اوها گرچه در ظاهر از دولت مستقل هستند، اما در نهایت به عنوان ضمیمه‌ی آن عمل می‌کنند. در ادامه به بررسی انضمامی این موارد در ان‌جی‌اوهای زنان در کُردستان عراق می‌پردازیم.

ان‌جی‌اوهای زنان کُرد در دوران اشغال ایالات متحده

به دنبال ایجاد « منطقه امن»، کُردستان عراق در مدت کوتاهی با ظهور بی‌رویه‌ی ان‌جی‌اوهایی مواجه شد که توسط آژانس‌های *سازمان ملل*، *اتحادیه‌ی اروپا* و ان‌جی‌اوها مستقر در کشورهای اروپایی

---

[۱۳] تعامل غیرتجاری و تبادل اطلاعات بین سازمان‌ها و مقامات دولتی.
[14] Years After Beijing: The Role and Contribution of the Arab NGOs

تأمین مالی می‌شدند. داده‌ها نشان می‌دهد که ایالات متحده در تأمین بودجه‌ی ان‌جی‌اوها در دوره‌ی ۱۹۹۱ تا ۲۰۰۳ سهم کمی داشته است؛ واقعیتی که باید هنگام بررسی رابطه‌ی بین طرح «دموکراسی» ایالات متحده برای عراق و نقش ان‌جی‌اوهای زنان کُرد در این پروژه مورد توجه قرار بگیرد.

من برای دومین بار در ۲۰۰۵ به کُردستان عراق سفر کردم و تحقیق خود را با بازدید از ان‌جی‌اوهای زنان در منطقه‌ی سلیمانیه، با هدف درک الگوی پویایی‌های درونی ان‌جی‌اوهای زنان در سه سطح به‌هم‌پیوسته آغاز کردم: ساختار سازمانی؛ موقعیت اجتماعی و سیاسی رهبران زن ان‌جی‌اوها؛ و سپهر فراملی مناسبات و ارتباطات، به ویژه پیوند با کنشگری زنان کُرد دیاسپورا. در ادامه برنامه‌ی تحقیقاتی خود را کمی تغییر دادم، زیرا همان اوایل کار میدانی توانستم الگویی را ترسیم کنم که تاریخ، بازیگران، ارتباطات، سپهر تأثیرات، بودجه و پویایی‌های درونی ان‌جی‌اوها، به ویژه موقعیت طبقاتی و وابستگی سیاسی رهبران زنان را نشان می‌داد. در عوض تصمیم گرفتم که در سطح تحلیل، برای وارسی عمیق آن‌چه که در جریان است، با کارکنان و کنشگران ان‌جی‌اوها درگیر شوم؛ برای تبدیل برهه‌ی کنونی پراکسیس فراملی فمینیستی که در آن تولید دانش به تمایلی نسبت‌مند و فمینیستی برای تغییر طرفین گفتگو تبدیل می‌شود. بنابراین، با بیان تحلیل خود، به چگونگی، موقعیت و ماهیت آن چیزی که به عنوان چالش و مشکل تلقی می‌کردم، اشاره کردم. ما درگیر مکالمات عمیق و غالباً دشواری شدیم و تضادهای شگفت‌انگیزی آشکار شد. من با زنان این ان‌جی‌اوها بحث‌های بی‌پرده‌ای داشتم: *خانه‌ی امن آرام*؛ *آسودا* (سازمان مبارزه با خشونت علیه زنان)؛ *مرکز فرهنگی و اجتماعی خانزاد*؛ *مرکز اطلاعات و فرهنگ زنان*؛ *سازمان توسعه تمدن*؛ و *رسان* که روزنامه زنانی[15] را به همین نام منتشر می‌کند.

ما هنگام بحث درباره‌ی نقش، عملکرد، ساختار و وضعیت ان‌جی‌اوهای زنان با افرادی که از نزدیک با آن‌ها درگیر هستند، پیرامون سه مقوله‌ی عمده توافق کردیم:

اول) کمبود آگاهی فمینیستی وجود دارد. منظور من به طور خاص این است که مردسالاری به عنوان نظامی که با سایر نیروهای تحمیلگری مانند نظامی‌گری، سرمایه‌داری، بنیادگرایی و ناسیونالیسم گره خورده، در نظر گرفته نمی‌شود. بنابراین، پس از بیش از یک دهه تلاش سختی که پیرامون مسائل زنان صورت گرفته، مردسالاری در شکل ناگوارتری از ناسیونالیسم مذهبی- فئودالی، دست نخورده باقی مانده و در واقع در واکنش به نیروهای خارجی نظامی‌گری و اشغال، شکل جدید و زنده‌تری به خود گرفته است.

---

[15] *Rasan*

پروژه‌ی حقوق بشر کُردی[16] در گزارش جامعی که در ۲۰۰۷ منتشر شد، این‌گونه نتیجه می‌گیرد:

> گرچه ممکن است برخی تغییرات مثبت در راستای زندگی بهتر برای گروه منتخبی از زنان نخبه که معمولاً دارای روابط سیاسی و قبیله‌ای قوی هستند، اتفاق افتاده باشد، اما اکثریت مردم از نظر آزادی جنبش، حق زندگی و توانایی زندگی فارغ از خشونت تجربه‌ای قهقرایی دارند. (KHRP, 2007: 49)

این گزارش افزایش خشونت علیه زنان را در قالب خودکشی، «قتل ناموسی» و خودسوزی در مناطق کُردنشین ترکیه و عراق مستند می‌کند و به این جمع‌بندی می‌رسد: «در طی مأموریت مشخص شد که بحث در مورد حقوق زنان تقریباً منحصراً به بحث در مورد توقف خشونت محدود شده است؛ نه در مورد کل حقوق زنان.» (KHRP, 2007: 75)

من در ضمن بحث، از آن‌ها در مورد پیمایش گسترده‌ای که در ۲۰۰۲ توسط *امدادهای مردمی نروژ*[17] در چارچوب «برنامه‌ی توانبخشی روستایی و توسعه‌ی جماعتی»[18] در اقلیم کُردستان انجام شد، سؤال کردم و با تعجب دریافتم که یا از وجود این نظرسنجی گسترده اطلاعی ندارند و یا اصلاً زحمت استفاده از آن را به خود نداده‌اند. به زعم من، این پیمایش یکی از جامع‌ترین مطالعات در مورد اوضاع اجتماعی، اقتصادی و سیاسی زنان در شمال عراق است. بیست‌وسه سازمان و پنج وزارتخانه درگیر جمع‌آوری داده‌ها بودند؛ با ۲۰/۱۳۴ زن ۱۵ ساله و و بالاتر مصاحبه شده بود؛ و نتیجه در قالب گزارشی دوجلدی با ۱۵۴۶ صفحه داده و تحلیل منتشر شد. این مطالعه یازده حوزه‌ی آموزش و یادگیری، فرهنگ، سلامتی، روانشناسی، وضعیت زنان در خانواده، حقوق بشر و آگاهی قانونی، ازدواج، مشارکت سیاسی، خشونت، استقلال اقتصادی و بیوه‌ها را پوشش می‌داد. تحقیقات انجام‌شده و داده‌های جمع‌آوری‌شده برای این پیمایش گسترده و عدم آگاهی از نتایج آن، همگی نشان می‌دهد که اکثر سازمان‌های زنان و ان‌جی‌اوها در کُردستان آگاهی اندکی نسبت به وضعیت زنان کُرد دارند یا فاقد هرگونه آگاهی در این زمینه هستند. آن‌ها ارتباط زیادی در سطح مردم‌پایه ندارند و همچنین به شواهد انضمامی موجود در مورد زنان متکی نیستند. نخبگان یا «پیشگامان»، آن‌طور که در گزارش خطاب می‌شوند، به اطلاعاتی وابسته‌اند که توسط روشنفکران جریان اصلی، نخبگان دیگر یا احزاب سیاسی که اغلب با آن‌ها در ارتباطند، تولید می‌شود. این دو جریان جنبش زنان، یعنی جریان مردم‌پایه و نخبگان کاملاً از هم جدا شده‌اند. براساس این گزارش، زنان «بازندگان بزرگ» دهه‌های

[16] Kurdish Human Rights Project (KHRP)
[17] Norwegian People's Aid (NPA)
[18] Rural Rehabilitation and Community Development Program

گذشته در عراق هستند. با وجود ادعاهای سازمان‌های زنان نخبه مبنی بر پرداختن به دغدغه‌های زنان کُرد، هنوز به مردسالاری حاکم در جامعه کُردی پرداخته نشده است. این امر در آماری که در گزارش ارائه شده، مشهود است: ۳۷ درصد زنان در کُردستان بی‌سواد هستند؛ بیشتر زنان زیر ۱۹ سالگی ازدواج می‌کنند زیرا زنان بالای ۲۳ سال شانس یا شانس کمتری برای ازدواج دارند. و در نتیجه تعداد کمی از زنان به سمت آموزش عالی می‌روند؛ معدود زنانی که موفق به گذراندن آموزش عالی می‌شوند و جذب سیاست مشارکت یا شغلی می‌شوند که حول خانواده نمی چرخد، دیگر در اجتماعات خود مورد احترام نیستند؛ ۵۰ درصد زنان از دانش کافی در مورد سلامت خویش برخوردار نیستند زیرا هیچ آموزش بهداشتی در مدرسه یا خانه وجود ندارد و هیچ روش ساختاری یا سیستماتیکی برای به دست آوردن اطلاعات وجود ندارد؛ ۱۴ درصد از زنان روزانه با خشونت مواجه می‌شوند و ۷ درصد از زنان تهدید به قتل «ناموسی» شده‌اند که اکثر این موارد (۶۴ درصد) از سوی اعضای خانواده اعمال شده است. بر اساس داده‌های این گزارش مشخص می‌شود که زنان کُرد در تمام جنبه‌های زندگی، بسیار پایین‌تر از متوسط کیفیت زندگی و تأمین نیازهای اساسی و خدمات برای زنان قرار دارند. ناراحت‌کننده‌ترین مسئله، هیچ مداخله‌ی موفقی از طرف ان‌جی‌اوها از جانب «بیوه‌های انفال» یعنی همان بیوه‌های قربانیان نسل‌کشی بعثی‌ها صورت نگرفته است. پس از گذشت یک دهه، این زنان هنوز هیچ حقی پیرامون ارث، مالکیت و حضانت ندارند؛ چه رسد به حق ازدواج مجدد. برزو دراگاهی در گزارش خود با عنوان «بیوه‌های کُرد در زمان منجمد شده‌اند»[۱۹] که در *لس آنجلس تایمز* (۹ سپتامبر ۲۰۰۷) منتشر شد، نومیدی آن‌ها را این‌گونه به تصویر می‌کشد:

> مادران با التماس از فرزندان خود طلب صبر می‌کردند. صدام حسین سقوط خواهد کرد. آزادی خواهد آمد. پدرت برمی‌گردد. سال‌ها گذشت؛ رژیم سقوط کرد. درهای زندان باز شد. گورهای دسته جمعی کشف شد. هنوز که هنوز است زنان صبر می‌کنند.

افزون بر این، از نظر بازنمایی روابط جنسیتی در کتاب‌های درسی یا تصویرهای رسانه‌ای زنان، تغییر چندانی حاصل نشده است. نتایج مطالعه‌ی *امدادهای مردمی نروژ*، نتیجه‌ی یک نظرسنجی را بازتاب می‌دهد که توسط *دادگاه بروکسل*[۲۰] در ۲۰۰۷ منتشر شده است (Al-Azzawi, 2007: 27):

> نتیجه‌گیری اصلی این است که اشغال عراق توسط ایالات متحده عمداً سقوط فاجعه‌باری در ساختار به‌هم‌پیوسته‌ی اجتماعی، خدمات زیربنایی، آموزش و

---

[19] Kurdish Widows' Lives Frozen in Time
[20] Brussells Tribunal

> نظام بهداشت و درمان و امنیت ایجاد کرده است. همه‌ی این‌ها تأثیر مستقیم مخربی بر وضعیت زندگی زنان و حقوق زنان در عراق دارند. اشغال عراق زنان را به دوران تاریکی برگردانده است. با پایان دادن به اشغال، زنان عراق شانس بیشتری برای بازپس‌گیری آن‌چیزی را دارند که پیش‌تر به دست آورده بودند.

زمان بازدید من از منطقه در آگوست ۲۰۰۵، تقریباً تمام ان‌جی‌اوهای زنان درگیر بحث پیرامون پیش‌نویس قانون اساسی عراق بودند. آن‌ها از این شکایت داشتند که با افتادن در فرایند برگزاری کارگاه، از بحث قانون اساسی خارج شدند. این اشتیاق نسبت به قانون اساسی واکنشی به طرح دولت آمریکا در راستای مشروعیت بخشیدن به حاکمیت خود در عراق بود. وزیر امور خارجه‌ی وقت، کالین پاول[21]، هنگام اعلام دریافت‌کننده‌ی کمک‌هزینه برای بازسازی عراق گفت که هر یک از حامیان مالی با «شرکای عراقی در میدان واقعی فعالیت می‌کنند تا زنان را برای رقابت در انتخابات ژانویه‌ی ۲۰۰۵ عراق آماده کنند، زنان را به رأی دادن تشویق می‌کنند، آن‌ها را در زمینه‌ی مهارت‌های رسانه‌ای و تجاری تعلیم می‌دهند و مراکزی برای شبکه‌سازی و مشاوره ایجاد می‌کنند.» زنان کُرد به طور جدی نگران «ماهیت مذهبی» قانون اساسی بودند. اما با وجود تلاش آن‌ها در راستای لابی با *دولت اقلیم کردستان*- از طریق نوشتن برای کمیته‌ی پیش‌نویس و طرح بحث پیرامون آن در رسانه‌های کردی و مطبوعات زنان- نسخه‌ی نهایی قانون اساسی بر اساس شریعت تهیه شده که از پیوند دولت و مسجد حمایت می‌کند. حتی رهبران کُرد که مشغول حفظ خودگردانی تحت رژیم فدرالیستی بودند، امتیازاتی برای مسئله‌ی حقوق زنان قائل شدند. ایزوبل کلمن می نویسد:

> با به درازا کشیدن بحث، سرانجام زالمای خلیل‌زاد، سفیر ایالات متحده، برای جلوگیری از رسیدن به بن‌بست وارد عمل شد. وی برای کسب امتیاز در زمینه‌های دیگر، از مفادی که نفوذ اسلام را تقویت می‌کرد، حمایت کرد. سرانجام کُردها نیز رضایت دادند؛ زیرا هم اولویت‌های دیگری برای دفاع داشتند و هم تشخیص دادند که شیعیان محافظه‌کار قصد تسلیم شدن [در مورد محدود کردن حقوق زنان] را ندارند.

ماده‌ی ۲ قانون اساسی، اسلام را دین رسمی دولت و منبع اصلی قانون‌گذاری قرار داده است. آن‌چه در این میان آشکار شد این بود که حضور زنان در سپهرهای عمومی، مانند ان‌جی‌اوها، لزوماً تغییر تدریجی در روابط جنسیتی را تضمین نمی‌کند. بلکه به آگاهی فمینیستی، جنبش‌های زنان و مبارزات جمعی نیاز است. برای زنان کُرد و عرب عراق، این بدون شک مبارزه‌ای طولانی و طاقت‌فرسا است.

---

[21] Colin Powell

نوگا عفراتی که مشارکت زنان را در تغییر قانون احوال شخصیه دنبال می‌کند، با نوشتن این جملات، آینده‌ای اندوه‌بار را به تصویر می‌کشد:

> کنشگران حقوق زنان، مجبور شده‌اند انرژی خود را در زمانه‌ی پرآشوب جنگ بر حفظ قانونی متمرکز کنند که بسیاری از مطالبات دیرپای آن‌ها از جمله غیرقانونی اعلام کردن چندزنی، حق برابر در طلاق و مشارکت در اموال، و حضانت و ولایت فرزندان را نادیده می‌گیرد. به دلیل همین نگرانی‌ها، فمینیست‌ها از مطالبه‌ی قانون احوال شخصیه‌ای که پیشروتر باشد، بازداشته شدند و مجبور شدند به همان چیزی که داشتند بسنده کنند. به این ترتیب، فرصتی استثنایی از دست رفت. در عراق جدید، زنان خود را در شرایطی دیدند که همچنان می‌دوند اما درجا می‌زنند. (Efrati, 2005: 594-5)

دوم) مفهوم «خودگردانی» نکته‌ای بود که موجب بحث‌های بسیار داغی بین من با کنشگران ان‌جی‌اوها شد. تعریف آن‌ها از «خودگردانی» محدود به مستقل بودن از احزاب سیاسی یا دولت بود. کنشگران حقوق زنان در کُردستان، خود را جزوی از جامعه‌ی مدنی روبه‌رشد در کُردستان می‌دانستند. آن‌ها به کلی از مشاهده‌ی وابستگی میان جامعه‌ی مدنی و برنامه‌های وسیع‌تر اقتصادی، نظامی و سیاسی سرمایه‌داری، امپریالیسم و جهانی‌سازی سرباز می‌زدند و گرچه زنان آگاهی بودند، اما خوشبینانه از پذیرش ارتباط بین موقعیت محلی خود و منابع قدرت در ساختارهای اجتماعی و سیاسی در جامعه‌ی کُردستان خودداری می‌کردند. احزاب سیاسی شاید ارتباط خوبی با این ان‌جی‌اوها داشته باشند، اما این سازمان‌ها پیوندهای بسیار بیشتری با نیروهای حاضر در دولت، بازار و دستورکار جنسیتی فراملی امپریالیستی دارند. این پیوندها را می‌توان در منابع مالی ان‌جی‌اوها، ترکیب هیئت مدیره و ارتباط آن‌ها با حامیان مالی بین‌المللی و اجتماعات زنان خلاصه کرد. در این مورد می‌توان به فعالیت‌های ان‌جی‌اویی به نام *آسودا*[۲۲] (سازمان مبارزه با خشونت علیه زنان) اشاره کرد که دبیر آن از زنان شناخته‌شده‌ی عراقی است که در همه‌ی کنفرانس‌ها و کارگاه‌های بین‌المللی و در دوره‌های آموزشی که از سوی *بانک جهانی*، *صندوق توسعه‌ی زنان سازمان ملل*، *زنان برای زنان بین‌الملل*، *زنان مستقل عراقی*[۲۳] و *فروم زنان مستقل*[۲۴] و بسیاری دیگر برگزار می‌شود، حضور دارد.

---

[22] ASUDA
[23] Independent Iraqi Women
[24] Independent Women's Forum

هیئت مدیره‌ی *آسودا* از زنانی تشکیل شده که ارتباطات سیاسی و اجتماعی گسترده‌ای دارند: نرمین اوتمان (وزیر آموزش دولت پیشین و وزیر فعلی محیط زیست در عراق)؛ روناک رئوف (مادر دکتر برهم صالح، نخست‌وزیر دولت اقلیم کُردستان تحت حمایت *اتحادیه‌ی میهنی کُردستان*، قائم مقام نخست‌وزیر در دولت موقت عراق، وزیر طرح و برنامه در دولت انتقالی عراق، و قائم مقام نخست‌وزیر در دولت نوری المالکی و همچنین رئیس *مرکز اطلاعات زنان*)؛ و شیرین عمدی (دبیر کل *اتحادیه‌ی زنان کُرد* و از سیاست‌مداران بلندپایه *حزب دموکراتیک کُردستان*). بحث در این‌جا بر سر شایستگی این زنان نیست. بلکه کاملاً برعکس، این زنان، موقعیت فعلی خود را به عنوان «رهبر» با تلاش بسیاری کسب کرده‌اند؛ به ویژه با تلاش سخت و طولانی برای احقاق حقوق زنان و فراهم آوردن خدمات بهتر برای زندگی آن‌ها و جنگی طولانی و سخت در مسیر برابری زنان در کُردستان عراق. در واقع مسئله‌ی من از طرح این بحث رسیدن به مسائل پیرامون ماهیت ان‌جی‌اوها است. جیمز پتراس ماهیت و ساختار ان‌جی‌اوها را تحت عنوان «از درون نخبه گرا، از بیرون پست و چاپلوس» بیان می‌کند که با بحث ما در ارتباط است. به زعم او، ان‌جی‌اوها ساختاری سلسله‌مراتبی و غیردموکراتیک با گردانندگانی از «نخبگان خودگمارده» دارند که نقش آن‌ها «نظارت و اطمینان حاصل کردن از به سرانجام رسیدن اهداف، ارزش‌ها و ایدئولوژی حامیان مالی و اطمینان از استفاده‌ی مناسب از بودجه‌های دریافتی است.» (Petras, 1999: 433-4)

به عنوان نمونه‌ای از فعالیت‌های مثبت، شاید بتوانیم به فعالیت‌های *آسودا* در زمینه‌ی مبارزه با خشونت علیه زنان اشاره کنیم. این سازمان در راستای فعالیت‌های خود در این زمینه، مجموعه‌ی بسیار خوبی از مواد آموزشی فراهم کرده و ابتکارات زیادی در زمینه‌ی تولید بسته‌های مقابله با خشونت داشته است. در یکی از نمونه‌ها، کارت‌هایی با شماره تماس و آدرس و اطلاعات کامل از *آسودا* در اختیار رانندگان تاکسی شهر سلیمانیه قرار گرفت تا بتوانند آن را به زنان خشونت‌دیده بدهند و آن‌ها را به سازمان *آسودا* راهنمایی کنند. پخش این کارت‌ها بین رانندگان تاکسی به عنوان فعالیتی برای ارتقای آگاهی عمومی در مورد خشونت علیه زنان شناخته می‌شود. گرچه به عقیده‌ی من چنین فعالیت‌ها و ابتکاراتی به تنهایی، در معکوس کردن چرخه‌ی افزایش خشونت ناشی از مردسالاری علیه زنان دستاوردی ندارد. به بیان دیگر، این فعالیت‌ها قابلیت آن را ندارند که به ابزاری برای بسیج و تحریک زنان و مردان، کنشگران و سیاستمداران، برای تغییر شرایط ساختاری مهیا شده برای تولید و بازتولید خشونت تبدیل شوند.

آسودا یکی از دریافت کنندگان حمایت مالی از *موقوفه‌ی ملی برای دموکراسی*[۲۵] و *مؤسسه‌ی بین‌المللی جمهوری‌خواه*[۲۶] و *آژانس توسعه‌ی بین‌المللی ایالات متحده*[۲۷] است؛ همه‌ی این سازمان‌ها توسط ایالات متحده تأمین مالی می‌شوند. بیشتر زنان کُردی که رهبری ان‌جی‌اوها در کُردستان را برعهده دارند، در کنفرانس‌ها، جلسات و یا کارگاه‌های *فروم مستقل زنان* که آن هم سازمانی آمریکایی است، مشارکت داشته‌اند. این جلسات در کُردستان، عمان یا اردن برگزار می‌شوند. *فروم مستقل زنان*، یکی از دریافت‌کنندگان کمک‌هزینه‌ی ۱۰ میلیون دلاری دولت ایالات متحده برای پایه‌گذاری «طرح دموکراسی برای زنان عراق»[۲۸] بود که با هدف فراهم آوردن آموزش رهبری، آموزش دموکراسی و کمک به ائتلاف‌سازی برای زنان عراقی، تصویب و اجرا شد. بیشترین انتقادها به انتخاب این سازمان به عنوان مجری طرح از سوی سازمان‌های زنان آمریکایی مانند *سازمان ملی زنان*[۲۹] و *بنیاد اکثریت فمینیستی*[۳۰] صورت گرفت. این دو سازمان از بزرگ‌ترین سازمان‌های زنان ایالات متحده هستند. در گردهمایی ۱۵ اکتبر ۲۰۰۴، کیم گندی[۳۱]، مدیر *سازمان ملی زنان*، در مورد طرح دولت ایالات متحده گفت: «اگر آمریکا واقعاً می‌خواست برای مشارکت زنان عراقی در امور مهمی همچون دموکراسی و جامعه‌ی مدنی اقدامی انجام دهد، *فروم مستقل زنان* بدترین نقطه برای آغاز بود.» *فروم مستقل زنان* در متنی که به عنوان شرح مأموریت خود در عراق منتشر کرده است، می‌گوید: «این سازمان از تشکیل دولتی با اختیارات محدود و همچنین از برابری در پیشگاه قانون، حق مالکیت، بازار آزاد، خانواده‌های قوی و دفاع قدرتمند و مؤثر در داخل و سیاست خارجی مؤثر در منطقه حمایت می‌کند.» (IWF, 2008)

فروم مستقل زنان یکی از مخالفان سرسخت اقدام مثبت و *طرح مبارزه با خشونت در ایالات متحده*[۳۲] و همچنین *کنوانسیون رفع همه‌ی اشکال تبعیض علیه زنان*[۳۳] است؛ به این دلیل که آن‌ها دولت‌ها را موظف می‌کنند تا قوانینی را اعمال کنند که دستمزد برابر در مقابل کار برابر، مرخصی زایمان با حقوق و خدمات مراقبتی فرزندان را تضمین می‌کند.

پرسشی که باید از خودمان بپرسیم این است که زنان کُرد باید چه درس‌هایی درباره‌ی «دموکراسی» از این سازمان غیرفمینیستی بیاموزند؟ چرا آرمان‌های ملی و فمینیستی زنان کُرد باید با این دستورکار

[25] National Endowment for Democracy
[26] International Republican Institute
[27] The United States Agency for International Development (USAID)
[28] Iraqi Women's Democracy Initiative
[29] National Organization for Women (NOW)
[30] Feminist Majority Foundation
[31] Kim Gandy
[32] Violence Against Women Act
[33] Elimination of All Forms of Discrimination Against Women (CEDAW)

استعماری، نژادپرستانه و ضدفمینیستی مهار شود؟ تا زمانی که تلاش زنان کُرد وقف ساختن کشوری با دولتی مردانه، مردسالارانه و بورژوا می‌شود، ناگزیر باید بر سر آرمان رهایی‌بخشی زنان سازش کنند. زنانی که در جایگاه رهبری ان‌جی‌اوها قرار دارند، رهبران جنبش زنان نیستند، بلکه حامیان استقرار طبقه‌ی نخبه‌ی فن‌سالاری هستند که از این قدرت برخورداند که بهترین شرایط منطقه‌ای را برای پروژه‌های بازسازی فراملی سرمایه‌دارانه در منطقه را فراهم کنند. (Robinson, 1996: 372)

سوم) مسئله‌ای که ما توانستیم بیشترین اجماع را بر سر آن به دست آوریم، مسئله‌ی آینده‌ی ان‌جی‌اوها و پروژه‌های بلندمدت آن‌ها در کُردستان پیرامون مسائل جنسیتی بود. کنشگران زنان، همگی از فرسایش اجتماعی، چندپارگی اجتماعی، هرج و مرج، رقابت و فساد در فرایند ان‌جی‌اویی‌سازی[۳۴] جنبش زنان و برنامه‌ی عدالت جنسیتی در منطقه صحبت کردند. آن‌ها همه به این موضوع آگاه بودند که در این جریان، به فموکرات‌هایی[۳۵] تبدیل شده‌اند که در خدمت صنعت بازسازی قرار دارند؛ هرچند تمایلی به پذیرفتن این موضوع نداشتند و چشمان خود را بر روی سایر بدیل‌ها بسته بودند. هر ان‌جی‌او باید برای دریافت سهمی از دلارهای تخصیص‌یافته به بازسازی بجنگد و در قالب طرح‌های بخش‌بندی‌شده، کوتاه‌مدت و پروژه به پروژه به حیات خود ادامه دهد. فمینیست‌های منتقدی که تجربه‌ی جهانی جنبش زنان را از زمان روی کار آمدن نئولیبرالیسم در اوایل دهه‌ی هشتاد مرور می‌کنند، بر این باورند که فرایند ان‌جی‌اویی‌سازی جنبش زنان باعث شده تا این جنبش آماج سیاست‌زدایی، بوروکراتیزه کردن و حرفه‌ای‌سازی و نهادینه‌سازی قرار بگیرد. با توجه به فقدان سیاست‌گذاری‌های عمومی دولت‌محور و انسجام اجتماعی، این ان‌جی‌اوها به ویژه ان‌جی‌اوهای زنان هستند که خدمات اجتماعی ارائه می‌دهند؛ خدماتی که در بیشتر موارد مانند سازوکاری برای کنترل اعتراضات نهفته‌ی اجتماعی عمل می‌کند. خلیلی نخله، که این موضوع را در فلسطین دنبال کرده معتقد است که توسعه و بازسازی از طریق ان‌جی‌اویی‌سازی در واقع شکلی از «تهدید، اجبار، تشویق و اقناع» است. (Nakhleh, 2004: 7) پس بسیار طبیعی است که نسل جوان زنان در کُردستان از کنار گذاشته شدن از ان‌جی‌اوها و این‌که هیچ فرصت و یا شانسی به آن‌ها داده نمی‌شود تا به عنوان نیروهای آینده‌ی جنبش زنان آموزش ببینند، شکایت داشته باشند.

مشاهدات سارا روی[۳۶] (2000:30) این موارد را تأیید می‌کند. او می‌نویسد: «ان‌جی‌اوها در حکم واکنش‌هایی هستند که به موضوعات داغ اجتماعی در کُردستان عراق نشان داده می‌شوند. وظیفه‌ی آن‌ها خاموش کردن آتش این موضوعات است. ان‌جی‌اوهای زنان کُردستان تعداد قابل ملاحظه‌ای گزارش و کتاب در مورد موضوعاتی همچون قتل‌های ناموسی، ختنه‌ی زنان (Rahimi,2004)، و

---

[۳۴] NGO-ization: به بخش مفاهیم اصلی در انتهای کتاب مراجعه کنید.

[35] femocrat

[36] Sarah Roy

خودکشی (به عنوان جرائمی که بدون شک نیازمند اقدام فوری است) منتشر کرده‌اند. *آسودا*، پوسترها و تراکت‌های بسیار تأثیرگذاری را برای ارتقای سطح آگاهی عمومی نسبت به خشونت علیه زنان تولید کرده است. گروه‌های زنان در میدان‌های بزرگ سلیمانیه مجسمه‌های زنانی را قرار داده‌اند که زنجیره‌ی ستم را شکسته‌اند. اما با وجود این اقدامات محدود و نمونه‌های پداگوژیکی عمومی، اشکال خشونت علیه زنان از زمان اشغال ۱۹۹۱ تا امروز روند صعودی داشته است.

جمع‌بندی: ان‌جی‌اوها و غلبه‌ی فمینیسم استعماری

کُردهای عراق از ۱۹۶۱ در یکی از پایدارترین مناطق جنگی زمانه‌ی ما زیسته‌اند. مستعمره‌ها، ملت‌ها و دولت‌ها در این‌جا توسط حجم قابل‌ملاحظه‌ای از ویرانی، قتل عام، نسل‌کشی و بوم‌کشی حاصل از جنگ ایجاد شده‌اند. با این حال، خاص‌بودگی مورد کُردستان، به جای پوشاندن روندهای جهان‌شمول نظریه و رویه‌ی ان‌جی‌اوهای زنان، از آن‌ها پرده برمی‌دارد. گرچه بسترهای جغرافیایی پروژه‌ی ان‌جی‌اویی‌سازی یعنی آمریکای لاتین، آسیا، آفریقا از گوناگونی برخوردار است اما می‌توان گفت که تفاوت قابل‌مشاهده‌ای در اهداف و دستاوردهای این پروژه در بسترهای مختلف وجود ندارد.

اجرای پروژه‌ی ان‌جی‌اویی‌سازی در کُردستان عراق نتیجه‌ی مستقیم حمله و آغاز جنگ توسط ایالات متحده در ۱۹۹۱ است. در عراق تحت تسلط رژیم بعث، یعنی زمانی که دولت اختیار همه چیز را در دست داشت، فراتر از محدوده‌ی چند همکاری خصوصی، فضایی برای فعالیت ان‌جی‌اوها وجود نداشت. در آوریل ۱۹۹۱ با سرنگونی رژیم بعث و اعلام «منطقه‌ی پرواز ممنوع» در کرستان، این فرصت برای *دولت اقلیم کُردستان* فراهم شد که اختیار منطقه را به دست بگیرد.

زنان کُرد که تازه از سیاست‌های جنسیتی مردسالارانه‌ی رژیم بعث رها شده بودند، خود را در وضعیتی دیدند که باید با مردسالاری سنتی جامعه‌ی کُردستان و دولت منطقه‌ای جدید دست و پنجه نرم کنند. دهه‌ها جنگ و به ویژه نسل‌کشی ۱۹۸۸، بسیاری از پیوندهای اجتماعی کُردستان را نابود کرد و زمینه را برای خشونت افسارگسیخته‌ی مردسالاری علیه زنان مهیا کرده بود. در این میان، ناسیونالیست‌های کُرد که بدون توجه به تفاوت‌های جنسیتی و طبقه‌ای، خواستار اتحاد ملی بودند، مانند مانعی بر سر راه مداخله‌ی فمینیست‌های آگاه قرار گرفته بودند. ناسیونالیسم در تضاد بسیار عمیقی با آگاهی فمینیستی قرار دارد. دولت کُردستان که همواره ادعای مخالفت با رژیم بعث را داشت به اجرای همان قانون احوال شخصیه‌ی عراق ادامه داد، قانونی که قتل ناموسی را به رسمیت می‌شناخت. ان‌جی‌اوهای زنان که با محو سایه‌ی رژیم بعث در منطقه به وجود آمده بودند، حالا در سایه‌ی تشکیل و ایجاد *دولت اقلیم کُردستان* قرار گرفته بودند. ان‌جی‌اوهای زنان به لحاظ

ایدئولوژیک بیش از آن‌که فمینیست باشند، ناسیونالیست بودند و به لحاظ لجستیکی وجودشان در فضای غالب نه جنگ و نه صلح، بسیار بی‌معنی بود.

دولت جورج بوش برای ان‌جی‌اوهای زنان نقش بسیار فعالی در ترویج سیاست‌های خارجی ایالات متحده در منطقه و به همان اندازه در اجرایی کردن سیاست‌گذاری‌های جنسیتی دولت در نظر گرفته بود. در مناسبات جنسیتی، ضدیت با فمینیسم یک قاعده بود. واشنگتن از طریق واگذاری پروژه‌ی *آموزش زنان برای دموکراسی* به گروه ضد فمینیستی *فروم مستقل زنان*، زمینه‌ای را فراهم آورد که آموزش زنان و سایر مداخلات مرتبط با زنان و مناسبات جنسیتی در عراق بر اساس دستورکار یکی از محافظه‌کارترین و ضد فمینیستی‌ترین سازمان‌ها در ایالات متحده صورت گیرد. هدف از این پروژه، تعلیم رهبران زن عراقی در چارچوب یک نظام ضدفمینیستی و نومحافظه‌کار برای شکل دادن سیاست‌گذاری‌های جنسیتی در این کشور بود.

درحالی‌که پروژه‌ی ان‌جی‌اویی‌سازی محدودیت‌های بسیاری داشت: دستور کار کوتاه‌مدت و بدون انسجام، عدم موفقیت ان‌جی‌اوها در مشارکت در برنامه‌های بلندمدت‌تر، رهبری نخبه‌گرایانه وغیر مردم بنیاد و جدایی از جنبش‌های اجتماعی، نقش ان‌جی‌اوها به عنوان بدیل جنبش‌های زنان و بازوی سیاست‌زدایی و کنترل. درحالی‌که دیگران ممکن است موارد بیشتری را هم به این فهرست اضافه کنند، به زعم من بزرگ‌ترین کاستی ان‌جی‌اوهای زنان سیاست‌هایی است که دستور کار آن‌ها را هدایت می‌کند؛ این‌که آن‌ها هیچ‌گاه، انرژی خود را صرف ریشه‌کن کردن مردسالاری به عنوان یک نظام نخواهند کرد. بلکه تنها با پیامدها، تولیدات و تاثیرات مردسالاری مبارزه می‌کنند. حتی زمانی که به خشونت علیه زنان می‌پردازند، این موضوع را از پیامدها و محصولات نظام مناسبات جنسیتی حاکم بر جامعه نمی‌دانند؛ نظامی که اجتماعی، سیاسی، مذهبی، اقتصادی، ایدئولوژیکی و فرهنگی است و نه فقط تسلط مردان را تولید می‌کند، بلکه قادر است خود را نیز بازتولید کند.

اصلاح‌طلبی و یا تقلیل‌گرایی سیاست جنسیتی را علاوه بر ان‌جی‌اوهای زنان، می‌توان در برخی جنبش‌های زنان نیز پیدا کرد؛ آن‌هایی که قادر نیستند منشاء تغییرات رادیکال در نظام مردسالاری باشند. بیش از دو قرن، تلاش‌های زنان و فمینیست‌ها در غرب باعث شده که مناسبات جنسیتی تا حد زیادی دموکراتیزه شود. اما همچنان هم این مردسالاری است که فرمان می‌راند.

در تحلیل انتقادی فمینیسم فراملی از شرایط موجود این بحث مطرح می‌شود که همکاری ان‌جی‌اوهای زنان با سیاست‌گذاری‌های جنسیتی دولتی، از جنبش زنان در سراسر جهان سیاست‌زدایی کرده است. پنی جانسون و الین کوتاب نشان می‌دهند که حامیان مالی در دوران پس از *پیمان اسلو* در فلسطین، منابع خود را به جای جنبش زنان که به شدت سیاسی بود، به جذب رهبران زن به وزارتخانه‌ها تخصیص دادند و از سوی دیگر بودجه‌ها را از سازمان‌های زنان که اهداف تغییر سیاسی و اجتماعی

را دنبال می‌کردند و یا آزادی ملی را ترویج می‌کردند، پس گرفتند. (Johnson and Kuttab, 2001) دارویچ نشان می‌دهد که چطور این فرایند سیاست‌زدایی محدود به فلسطین نماند، بلکه مرزها را پشت سر گذاشت و تمام خاورمیانه را در بر گرفت. (Darwiche, 2001)

در واقع می‌توان گفت که پس از تصویب قطعنامه‌ی پایانی پکن در ۱۹۹۵، جنبش‌های زنان که تا آن زمان با جنبش‌های آزادی‌بخش ملی و مبارزات ضد استعماری همبسته بودند، فعالیت‌های خود را به سمت آموزش‌های جنسیتی و مدافعه‌گری بر اساس این قطعنامه تغییر دادند. اسپیواک در مروری بر قطعنامه‌ی پکن در ۱۹۹۵، آن را «تئاتری جهانی» و یا یک «سازوبرگ سرکوبگر ایدئولوژیک» می‌نامد. (Spivak, 1996) او به این نکته توجه می‌کند که چطور چنین کنوانسیون‌هایی توجهی به تقسیمات داخلی در درون ملت‌ها ندارند و با آن وارد تعامل نمی‌شوند و تفاوت‌های قدرت در شمال و جنوب را نادیده می‌گیرند. این همان تقسیم قدرتی است که برخی پژوهشگران فمینیست را وادار می‌کند تا به ما هشدار دهند که در استفاده از واژه‌ی فمینیسم فراملی در پژوهش‌های فمینیستی دقت کنیم. دلیا آگیلار می‌گوید استفاده از واژه‌ی فراملی در مورد فمینیسم، حاوی «اثر خطای سطح‌بندی» در میان کشورهای امپریالیستی و غیرامپریالیستی و میان زنان از طبقات مختلف اجتماعی است. او منتقد شکلی از تحلیل فمینیسم فراملی است که روابط حاکم میان سرمایه‌داری، استعمار و امپریالیسم را فرهنگی جلوه می‌دهد و مقاومت در برابر آن را به «کنش‌های روزمره‌ی خودانگیخته‌ی افراد بدون هر شور یا انگیزه‌ی سیاسی» تقلیل می‌دهد.

جنگ ۲۰۰۳، سیاست‌های بازار محور و ضد فمینیستی را به جمع زنان کُردی وارد کرد که در ان‌جی‌اوها و دولت کار می‌کردند. معرفی این برند از فمینیسم استعماری به کُردستان، یعنی جایی که پرسشگری نظری فمینیستی سابقه‌ی دیرپایی ندارد، فمینیست‌ها و کنشگران زن را بر آن می‌دارد که درگیر مبارزه با روابط درهم‌تنیده‌ی مردسالاری، امپریالیسم، سرمایه‌داری، مذهب و ناسیونالیسم شوند. زنان کُرد، همین امروز هم تجربه‌ی زندگی تحت حاکمیت «ملیت خودشان» را دارند و در عین حال در معرض فمینیسم استعماری هستند. درنتیجه می‌توان پیش‌بینی کرد که بسیاری از فمینیست‌های کُردستان در مقابل ناسیونالیسم و مردسالاری استعماری برمی‌خیزند.

منابع

Ahmed, M.A., & Gunter, M. M. (Eds). (2003). *The Kurdish question and the 2003 Iraqi war*. Mazda Pub.

Ahmed, M.A., & Gunter, M. M. (Eds). (2007). *The evolution of Kurdish nationalism*. Mazda Pub.

Al-Ali, N. (2007) .*Iraqi Women: Untold stories from 1948 to the* present. Zed Books.

Al-Azzawi, N. S. (2007). *Deterioration of Iraqi women's rights and living conditions under occupation* (Survey). Brussells Tribunal. https://www.globalresearch.ca/deterioration-of-iraqi-women-s-rights-and-living-conditions-under-occupation/7785

Alvarez, S. (1999). Advocation feminism: The Latin American feminist NGO boom. *International Feminist Journal of Politics, 1*(2), 181-209. https://doi.org/10.1080/146167499359880

Alvarez, S. (2000). Translating the global: Effects of transnational organizing on local feminist discourses and practices in Latin America. *Meridians: Feminism, Race, Transnationalism, 1* (1), 29-67.

Amnesty International (2005). *Iraq Decades of Suffering: Now Women Deserve Better*. https://www.amnesty.org/en/documents/mde14/001/2005/en/

Bird, C. (2004). *A thousand sighs, a thousand revolts*. Ballantine

Cohen, R. (1997). *Global diaspora: An introduction*. UCL Press.

Coleman, I. (2006). Women, Islam, and the new Iraq. *Foreign Affairs, 85*(1), 24-38. https://doi.org/10.2307/20031840

Efrati, N. (2005). Negotiating rights in Iraq: Women and the personal status law. *Middle East Journal, 59* (4), 577-95. http://dx.doi.org/10.3751/59.4.13

Elyachar, J. (2005). *Markets of dispossession: NGOs, economic development, and the state in Cairo*. Duke University Press. https://doi.org/10.2307/j.ctv111jjq4

Enloe, C. (2004). *The curious feminist: Searching for women in a new age of empire.* University of California Press. https://doi.org/10.1525/9780520938519

IWF (2008, February). www.iwf.org/about/.

Hammami, R. (2000). NGOs: The Professionalisation of Politics. *Race and Class, 37* (2), 51-63. https://doi.org/10.1177/030639689503700200

Harvey, D. (2003). *The new imperialism.* Oxford University Press. https://doi.org/10.1093/oso/9780199264315.001.0001

Harvey, D. (2006). Neo-liberalism as creative destruction. *Swedish Society for Anthropology and Geography, 88*(2), 145-58.

Hiltermann, R. J. (2007). *A Poisonous affair: America, Iraq, and the gassing of Halabja.* Cambridge University Press.

Human Rights Watch (2003). *Climate of fear: Sexual violence and abduction of women and girls in Baghdad.* https://www.hrw.org/reports/2003/iraq0703/iraq0703.pdf

Jad, M, I. (2004). The NGOization of the Arab women's movements. *Al-Raida, 2,* 42-56. http://dx.doi.org/10.32380/alrj.v0i0.442

Kirk, A., & Gary, S. (2002). *The household economy: Understanding the situation of Kurdish livelihoods.* Northern Iraq Country Programme and the Food Security and Livelihoods Unit and Save the Children UK. http://www.casi.org.uk/info/savechildren/scf0202niraqrep.pdf

Klein, N. (2007). *The shock doctrine: The rise of disaster capitalism.* Knopf.

Kuper, L. (1981). *Genocide: Its practical use in the twentieth century.* Yale University.

KHRP (Kurdish Human Rights Project). (2007). *The increase in Kurdish women committing suicide.* European Parliament's Committee on Women's Rights and Gender Equality. Retrieved from https://eige.europa.eu/docs/2020_IPOL-FEMM_ET(2007)393248_EN.pdf

Lang, S. (2000). The NGO-ization of feminism: Institutionalization and institution building within the German women's movements. In B. G .Smith (Ed.), *Global Feminisms Since 1945* (pp.101-120). Routledge.

Lowenkron, B. (2006, June 8). *The role of NGOs in the development of democracy,* Remarks to the Senate Foreign Relations Committee, Washington DC. https://2001-2009.state.gov/g/drl/rls/rm/2006/68658.htm

McDowell, D. (2000). *A Modern History of the Kurds.* I.B. Tauris.

McKiernan, K. (Director). (2000). *Good Kurds, bad Kurds: no Friends but the mountains* [film]. Kevin McKiernan Films.

Meiksins Wood, E. (1990). The uses and abuses of "civil society". In R. Miliband & L. Panitch (Eds.), *Socialist Register 1990: The Retreat of Intellectuals* (pp.60-84). Merlin Press.

Meiksins Wood, E. (2006). Democracy as ideology of empire. In C. More (Ed.), *The new imperialists: Ideologies of empire* (pp. 9-23). One World .

Mendoza, B. (2002). Transnational feminisms in question. *Feminist Theory, 3*(3), 295-314. https://doi.org/10.1177/146470002762492015

Mojab, S. (2001). Kurdish women in the zone of genocide and gendercide. *Al-Raida Magazine, 21*(103), 20-25. https://doi.org/10.32380/alrj.v0i0.396

Mojab, S. (2002). No "Safe Haven" for women: Violence against women in Iraqi Kurdistan. In W. Giles & J. Hyndman (Eds.), *Sites of violence: Gender and identity in conflict zones* (pp. 108-133). University of California Press.

Nakhleh, K. (2004). *The myth of Palestinian development: Political aid and sustainable deceit.* Jerusalem: Palestinian Academic Society for the Study of International Affairs.

Natali, D. (2005). T*he Kurds and the state: Evolving national identity in Iraq, Turkey, and Iran.* Syracuse University Press.

Robinson, W. (1996). *Promoting polyarchy: Globalization, US intervention, and hegemony.* Cambridge University Press.

Roy, S. (2000). Transformation of Islamic NGOs in Palestine. *Middle East Report, 214,* 24-32. https://doi.org/10.2307/1520191

Schorr, D. (1991). Ten days shook the White House. *Columbia Journalism Review, 2,* 1-3.

Smith, A. (2007a). Introduction: The revolution will not be funded. In INCITE! In Women of Color Against Violence (Eds.), *The revolution will not be funded: Beyond the non-Profit industrial complex* (pp. 1-18). South End Press.

Smith, A. (2007b). The ngoization of the Palestine liberation movement : Interviews with Hatem Bazian, Noura Erekat, Atef Said, and Zeina Zaatari. In INCITE! Women of Color Against Violence (Eds.), *The revolution will not Be funded: Beyond the non-profit industrial complex* (pp. 165-82). South End Press.

Sussman, G. (2006). The myths of "democracy assistance": US political intervention in post-Soviet Eastern Europe. *Monthly Review, 58* (7), 15-29.

UNIFEM (United Nations Development Fund for Women). (2005). *10 years after Beijing: The role and contribution of the Arab NGOs.* Jordan: Arab State Regional Office.

van Bruinessen, M. (2005). Kurdish challenges. In W. Posch (Ed.), *Looking into Iraq* (pp. 45-72). Chaillot paper (No.79): Looking into Iraq, Institute for Security Studies, European Union.

Zangana, H. (2006a). *The unfinished struggle: Priorities of Iraq women under occupation* [Paper presentation]. The international conference on Women, War and Learning, University of Toronto.

Zangana, H. (2006b). Colonial feminists from Washington to Baghdad: Women for a free Iraq as a case study. In J. Ismael & W. Haddad (Eds.), *Barriers to Reconciliations.* University Press of America.

Zangana, H. (2007). *City of widows: An Iraqi women's account of war and resistance.* Seven Stories Press.

فصل ششم

زنان کُرد و مبارزات فمینیستی فراملی

این فصل به بررسی بعد جنسیتی روابط دیاسپورا/سرزمین مادری در اجتماعات تازه‌تأسیس کُردی در اروپا می‌پردازد و با تمرکز بر کنشگری حقوق زنان کُرد، چه در دیاسپورا و چه در سرزمین مادری (به ویژه کُردستان عراق)، پیوندهای نزدیکی که سرزمین مادری و سرزمین میزبان را به هم گره زده، مورد واکاوی قرار می‌دهد. همچنین تأملاتی در باب ادعاهای نظری کنونی پیرامون «جامعه‌ی اسلامی» و مفاهیم مرتبط با آن مانند «دیاسپوراهای اسلامی» ارائه می‌دهد و به ارزیابی انتقادی شکلی از نظریه‌پردازی‌های «دیاسپورا» و «فراملی بودن» می‌پردازد که نهادهای دیاسپورایی را به پدیده‌هایی فرهنگی تقلیل می‌دهند. این فصل بر اساس مطالعه‌ای تنظیم شده که برایند کار میدانی در اروپا و تحلیل «منشور حقوق و آزادی‌های زنان در مناطق کُردی و دیاسپورا»[1] (ژوئن ۲۰۰۴) است.

دیاسپوراهای کُردی

دیاسپوراهای کُردی جدید در بستر منازعه‌ی خونینی پدیدار شدند که بر سر سرزمین واحد «کُردستان» به راه افتاد. ناسیونالیسم کُردی که در اواخر قرن نوزدهم ظهور کرده است، حق تعیین سرنوشت خود را می‌طلبد. در مقابل، دولت-ملت‌های حاکم بر کُردها در برخورد با ناسیونالیسم کُردی همواره از خشونت استفاده می‌کنند؛ هواداران این ناسیونالیسم اغلب برای دستیابی به دولتمندی یا خودمختاری در هر منطقه با دولت مسلط مرکزی که در آن زندگی می‌کنند، اسلحه به دست گرفته‌اند. نظام بین‌دولتی و به ویژه قدرت‌های غربی مستقیماً در منازعه‌ی بین کُردها و چهار

---

[1] Charter for the Rights and Freedoms of Women in the Kurdish Regions and Diaspora

دولت حاکم بر آن‌ها نقش داشته‌اند. دیاسپوراهای کُردی تا حد زیادی محصول این منازعه هستند و در بازتولید و ثبات آن مشارکت دارند.

برآورد جمعیت کُردها[۲]

کشور	شمار کُردها	درصد از جمعیت
ترکیه	۱۳/۷۰۰/۰۰۰	۲۴/۱
ایران	۶/۶۰۰/۰۰۰	۱۲/۴
عراق	۴/۴۰۰/۰۰۰	۲۳/۵
سوریه	۱/۳۰۰/۰۰۰	۹/۲
اروپا (a)	۷۰۰/۰۰۰	
شوروی (b)	۴۰۰/۰۰۰	
مجموع	۲۷/۱۰۰/۰۰۰	

منبع: a and b McDowall (2000: 3–4); Le Monde, 18 February 1999

همان‌طور که در فصل‌های قبل اشاره شد، دو تحول عمده منجر به آواره‌سازی و اسکان مجدد جمعیت کُردها، در مقیاس منطقه‌ای و جهانی، در نیمه‌ی دوم قرن بیستم شد. نخست، همگون‌سازی قهری مداومی بود که منجر به افزایش مقاومت کُردها شد؛ از جمله منازعات مسلحانه بین کُردها و دولت‌های عراق (به طور متناوب از ۲۰۰۳-۱۹۶۱)، ایران (۸-۱۹۶۷، ۱۹۷۹ تا امروز) و ترکیه (۱۹۸۴ تا امروز). قدرت‌های غربی و دولت‌های منطقه‌ای در این منازعات و سایر درگیری‌های بین‌المللی (عراق-کویت، ایران-عراق) دخیل بودند و همین امر این حوزه را به «منطقه جنگی» فعال و پایداری تبدیل کرد.

تحول دوم، رونق اقتصادی اروپای غربی در دهه‌ی ۱۹۶۰ بود که باعث شد تعداد زیادی از «کارگران مهمان» برای اشتغال در آلمان و در مقیاس بسیار کوچکتری در بلژیک، هلند، دانمارک، فرانسه و سوئد به کار گرفته شوند. تا اواخر دهه‌ی ۱۹۹۰، آلمان میزبان بزرگترین جمعیت کُرد اروپا بود که چیزی در حدود نیم‌میلیون نفر تخمین زده شد.

جمعیت دیاسپوراهای کُردی

کشور	جمعیت	منبع
	اروپا	

[۲] هر دو جدول این فصل برای نخستین بار در Mojab and Hassanpour, 2004 منتشر شده است.

آلمان	۵۰۰/۰۰۰	(Estimate, German parliament, 2000)
فرانسه	۱۰۰-۱۲۰/۰۰۰	(IKP estimate 2003)
هلند	۷۰-۸۰/۰۰۰	(IKP estimate 2003)
سوئیس	۷۵۳۱	(Number of Kurdish speakers, 2000 census)
بلژیک	۵۰-۶۰/۰۰۰	(IKP estimate 2003)
اتریش	۵۰-۶۰/۰۰۰	(IKP estimate 2003)
سوئد	۲۵-۳۰/۰۰۰	(IKP estimate 2003)
انگلستان	۲۰-۲۵/۰۰۰	(IKP estimate 2003)
یونان	۲۰-۲۵/۰۰۰	(IKP estimate 2003)
دانمارک	۸-۱۰/۰۰۰	(IKP estimate 2003)
نروژ	۴-۵/۰۰۰	(IKP estimate 2003)
ایتالیا	۳-۴/۰۰۰	(IKP estimate 2003)
فنلاند	۳۹۱۶	(Number of Kurdish speakers, 2000 census)
روسیه (سیبری)	۳۵/۰۰۰	(With 30,000 in Vladivostok, IKP 2003)
روسیه (کراسنودار)	۳۰/۰۰۰	(IKP estimate 2003)
	آسیای مرکزی	
قزاقستان	۳۰/۰۰۰	(KHRP estimate 1996)
ترکمنستان	۵۰/۰۰۰	(KHRP estimate 1996)
قرقیزستان	۲۰/۰۰۰	(KHRP estimate 1996)
ازبکستان	۱۰/۰۰۰	(KHRP estimate 1996)
تاجیکستان	۳۰۰۰	(KHRP estimate 1996)
	قفقاز	
ارمنستان	۷۵/۰۰۰	(KHRP estimate 1996)
آذربایجان	۱۲-۳۰/۰۰۰	(Müller 2000: 70)
گرجستان	۴۰/۰۰۰	(KHRP estimate 1996)
	خاورمیانه	
لبنان	۷۵-۱۰۰/۰۰۰	(Meho, 2001: 28)

آمریکای شمالی		
کانادا	۷۱۴۰	(Number of Kurdish speakers, 2001 census)
ایالات متحده	۱۵-۲۰/۰۰۰	(IKP estimate 2003)
اقیانوسیه		
استرالیا	۲۸۴۵	(Number of Kurdish speakers, 2001 census)
نیوزیلند	۶۰۳	(Number of Kurdish speakers, 2001 census)

منبع: (KHRP 1996); IKP (2005)

همان‌گونه که پیش‌تر به تفصیل اشاره شد، توجه به مسئله‌ی زنان در منابع کُردی از اواسط قرن نوزدهم با طرح این بحث شکل گرفت که زنان کُرد از آزادی بیشتری نسبت به خواهران عرب، فارس و ترک خود برخوردارند. مسافران و محققان غربی نیز بر این باورند که زنان کُرد تفاوت قابل‌توجهی با سایر زنان «مسلمان» یا «شرقی» دارند و گرچه سفرنامه‌ها به وجود حرمسرا و تفکیک جنسیتی در خانواده‌های طبقات بالا و حاکم اشاره می‌کند، اما زنان کُرد روستایی از آزادی بیشتری نسبت به زنان عرب، فارس و ترک برخوردارند. شواهد ذکرشده در حمایت از این آزادی نسبی به موارد مختلفی از جمله عدم وجود حجاب، ارتباط آزاد با مردان از جمله غریبه‌ها و مهمانان و فهرستی از حاکمان زن اشاره دارد. (Mojab, 2005)

موضوعات نظری

فمینیسم فراملی و دیاسپورای کُردی

تغییرات متأخری که در گفتمان و نظریه‌ی فمینیستی پدید آمده، چارچوب‌های مناسبی را برای نظریه‌پردازی روابط دیاسپورا و وطن از منظر زنان کُرد فراهم نمی‌کند. در ابتدا چارچوب انترناسیونالیستی جای خود را به چارچوب میان‌فرهنگی (Reinharz, 1992: 112) و در ادامه به چارچوب فراملی داد که به عنوان چشم‌انداز مناسبی برای پرداختن به نظریه‌پردازی تحرکات جمعیت در مقیاسی جهانی به کار می‌رود.

مفهوم فراملی‌گرایی کماکان مبهم است و به خوبی تعریف نشده است. موضوعیت این مفهوم برای تحقیقات علوم اجتماعی در این است که آیا می‌تواند پدیده‌ی نوظهوری که پیش‌تر با اصطلاح دیگری بیان نشده را توضیح دهد. (Portes et al. 1999) این پدیده‌ی نوظهور می‌تواند سازوکارها و فناوری‌هایی باشد که به اجتماعات دیاسپورا اجازه می‌دهد تا تحولات سیاسی روزمره‌ی سرزمین مادری خود را دنبال کنند و بر آن تأثیر بگذارند. تجربه‌ی سازمان‌دهی زنان کُرد در دیاسپورا نمونه‌ای از این مورد است. ما در این فصل به تحلیل فراملی‌گرایی فمینیستی و پیوندهای نظری آن با مطالعات دیاسپورا، از طریق پیگیری فعالیت یک گروه زنان کُرد در انگلستان، خواهیم پرداخت. این گروه مذاکره‌های موفقیت‌آمیزی را پیرامون سند تاریخی «منشور حقوق و آزادی‌های زنان در مناطق کُردنشین و دیاسپورا»[۳] که به طور رسمی در ۲۲ ژوئن ۲۰۰۴ در لندن ارائه شد، به انجام رسانده است.

مطالعات متعددی که در مورد تکامل ساختارهای سیاسی فراملی انجام شده نشان می‌دهد که شکل آن‌ها عموماً در مبارزات معطوف به حقوق شهروندی در سرزمین میزبان ریشه دارد. (Itzigsohn, 2000) با این حال، این مطالعات به ندرت به ماهیت جنسیتی این فرایندهای سیاسی و اقتصادی می‌پردازند. سایر ادبیات پیرامون فراملی‌گرایی بر نتایج **آشکار** روابط انسانی ظاهراً **ناپیدا** متمرکز شده است. (به Sassen, 1998 مراجعه کنید) ناپیدایی آشکار این روابط است که باعث شده برخی نظریه‌پردازان استدلال کنند که سیاست فراملی، سیاستی است که از پذیرش مرزهای ملی و ساختارهای دولتی سرباز می‌زند؛ و این منجر به ایجاد گرایشی در مطالعات دیاسپورا می‌شود که «فراملی بودن» را خصیصه‌ای جهانی تلقی می‌کند که به زوال توانایی دولت برای حفظ مرزهای ثابت در رابطه با جمعیت خود مربوط است.

ادبیات فراملی‌گرایی و جنسیت مستقیماً به ادبیات سیاست فراملی نمی پردازد. اولی از بستر نقد فمینیسم‌های جهانی[۳] و دومی از مطالعات مهاجرت[٤] پدیدار شده است. ادبیات فمینیستی فراملی همچنین در ترسیم سازوکارهای مشارکت/عدم مشارکت سیاسی زنان دخیل نمی‌شود. من در مرور ادبیات شش مجله‌ی فمینیستی در بازه‌ای ده‌ساله، آثار منتشرشده‌ی بسیار کمی در این زمینه پیدا کردم.[٥] موضوعات اصلی در پژوهش فمینیستی دهه‌ی گذشته، مسائل مربوط به هویت زنان، جماعت‌سازی در دیاسپورا، جنسیت و رویه‌های توسعه و پیوندهای بین‌المللی بین فمینیست‌های به اصطلاح «شمالی» و «جنوبی» است. با این حال، تحقیقات اندکی در مورد سازمان‌یابی روشن

---

[۳] به Spivak, 1997; Mohanty, 2003 مراجعه کنید.

[٤] به Ong and Nonini, 1997 مراجعه کنید.

[٥] از النور بری کالینز برای کمک او در مرور مجلات زیر سپاس‌گزارم:
Gender and Society; Feminist Review; Feminist Studies; Signs: Journal of Women in Culture and Society; Women's Studies International Forum; and Women's Studies Quarterly.

سیاسی زنان در دیاسپورا وجود دارد. من در این مجلات فقط با دو مقاله برخورد کردم که به تحقیقاتم بسیار مرتبط بودند. یکی از آن‌ها سوزوکی است که مستقیماً با سازمان‌یابی زنان در دیاسپورا سروکار دارد و معتقد است که سازمان‌یابی زنان فیلیپینی، گرچه عمدتاً در قالب گروه‌های خیریه است، اما در نهایت تلاشی برای مقاومت در برابر کلیشه‌های جنسیتی و نژادپرستانه‌ای است که آن‌ها را در ژاپن به عنوان روسپی به تصویر می‌کشد. (Suzuki, 2000) دومی که بیشتر به موضوع سازمان‌یابی سیاسی مربوط می‌شود، مقاله‌ی چارلز است که در آن نشان می‌دهد چگونه شرایط خاص هائیتی منجر به توسعه‌ی جنبش‌های زنان این کشور در دهه‌ی ۱۹۹۰ شد. دو پدیده‌ای که در این فرایند از محوریت برخوردارند، سیاست‌گذاری خاص خشونت جنسیتی توسط دولت تحت رژیم دووالیه[6] و به طور ویژه، مقاومت در برابر استراتژی‌های سرکوبگر و مهاجرت همزمان مردم هائیتی از دهه‌ی ۱۹۶۰ به آمریکای شمالی است؛ یعنی جایی که زنان طبقه‌ی متوسط و حرفه‌ای هائیتی در معرض گفتمان‌های فمینیستی قرار گرفتند، درگیر زندگی سیاسی شدند و دستورکار خود را به خط مقدم مبارزه‌ی سیاسی در دیاسپورا تحمیل کردند. (Charles, 1995)

در حالی که «فراملی بودن» چارچوب تحلیلی نوظهوری است که در چندین حوزه‌ی ادبیات، از مطالعات زنان گرفته تا علوم سیاسی، پدیدار شده است، پنداشت «دیاسپورا» به عنوان یک قلمرو جداگانه از تحقیقاتی شکل گرفته که مطالعات مهاجرت پیشین را به همراه غدغه‌ی جدیدی مد نظر قرار داده: مشاهده‌ی چندپارگی و برپایی دوباره‌ی گروه‌های ملی، به جای در نظر گرفتن «مهاجران» متجانس‌شده. یکی از دغدغه ها در تحلیل از سازمان‌یابی زنان کُرد این است که بخش اعظم ادبیات آن، هم از دسیسه‌های سرمایه و هم از مقاومت سازمان‌یافته در برابر آن سیاست‌زدایی می‌کند. دغدغه‌ی دیگر این است که عمده‌ی این ادبیات، خشونت «فراملی‌سازی» سرمایه را پنهان می‌کند. در نتیجه، اولین قدم احتمالی برای نظریه‌پردازی مجدد فراملی گرایی در رابطه با دولت، روشن ساختن پنداشت «دیاسپورا» است.

دیاسپورا و ناسیونالیسم فراملی

پیش از ورود به آب گل‌آلود نظریه‌ی دیاسپورا، باید تأکید کنم که به زعم من **دیاسپورا**، یعنی پراکندگی و جابجایی جمعیت، نتیجه‌ی روابط استعماری در زمینه‌ی انباشت سرمایه‌دارانه در مقیاسی جهانی است و این زمینه به لحاظ تاریخی خاص است. منظور رد این واقعیت نیست که پراکندگی جمعیت‌ها خاستگاه باستانی دارد و می‌توان «دلایل» چندگانه‌ی آن را در انواع تشکیلات پیشاسرمایه‌دارانه جستجو کرد. «دیاسپورا» به عنوان مفهومی که در دهه‌ی گذشته رواج فزاینده‌ای در آکادمی پیدا

---

[6] Jean-Claude Duvalier

کرده است، برای آن دسته از دانشگاهیانی که در مورد «درهم‌آمیزی» و چندگانگی فرهنگی در مطالعات پسااستعماری، پست‌مدرن و فرهنگی بحث می‌کنند، از جذابیت خاصی برخوردار است. (Hall, 1994) بِرا خاطرنشان می‌کند که تلاش‌های کمی برای نظریه‌پردازی این مفهوم انجام شده است و می‌گوید که ما دیاسپورا را با توجه به «نسب‌شناسی‌های» فوکویی درک می‌کنیم؛ این یعنی ما باید «به تاریخمندسازی خط سیر دیاسپوراهای مختلف در [درون] میدان‌های روابط اجتماعی بپردازیم.» (Brah, 1998: 180) او همچنین معیارهایی را بر اساس شرایط «ترک کردن» و «رسیدن» بسط می‌دهد: از جمله فتح و استعمار، تسخیر و حذف، تبعید و آزار؛ فرار از نزاع سیاسی؛ جنگی که منجر به ایجاد یک دولت جدید می‌شود؛ و جریان کار. (Brah, 1996: 182) با این حال، بِرا پس از بسط این مجموعه از مقوله‌های تاریخمندساز، ادعا می‌کند که تاریخچه‌ی دیاسپوراهای مختلف مهم نیست، بلکه «نسبت‌مندی» بین آن‌ها از اهمیت برخوردار است. (Brah 1998: 183)

اگر دیاسپورا پنداشتی باشد که تاریخ را به نفع هویت محو کند، رابطه‌ی سلطه و تابعیت را نیز به نفع تکثر محو خواهد کرد. بِرا به جای آن‌که «جنسیت، نژاد، طبقه، دین، زبان و نسل» را به عنوان مقوله‌های ستم در نظر بگیرد، برای اشاره به آن‌ها از مفهوم «وجوه متکثر»[7] استفاده می‌کند. (Brah, 1998: 184) به کارگیری «وجوه متکثر» به عنوان راهی برای درک قشربندی اجتماعی، دیدن این‌که چگونه یک شخص به طور همزمان در چندین دسته‌بندی قرار می‌گیرد را بسیار دشوار می‌کند. این سیاست‌زدایی از دسته‌بندی‌ها، به سلب قدرت آن دسته از ابزارهای تحلیلی منجر می‌شود که برای درک روش‌هایی به کار می‌رود که گروه‌ها خشونت، ستم و استثمار را با آن تجربه می‌کنند. بِرا تشخیص می‌دهد که مفاهیم خاصی (مانند «اقلیت») از نظر سیاسی شیوه‌ای چندپهلو و خطرناک برای توصیف ستم هستند، اما نمی‌تواند بفهمد که او نیز ممکن است با مفاهیمی که ارائه می‌دهد در دام ایدئولوژیک مشابهی افتاده باشد. مفهومی از «دیاسپورا» که با این اصطلاحات تعریف شده باشد، به سمت خنثی‌سازی خشونت ناشی از آواره‌سازی جمعیت گرایش دارد.

تعیین مبانی ایدئولوژیک نظریه‌ی دیاسپورا در خوانش اول دشوار است. گره‌های نظری، پیچیدگی‌ها و ادراک‌ناپذیری کارهای بِرا[8] با ماهیت سیاست‌زدوده و مبهم ادبیات پست‌مدرنیستی پیرامون دیاسپورا مطابقت دارد. (Grewal and Kaplan, 1994, 2000) او میان مجموعه‌ای از مفاهیم نسبی خود با الزامات سازمان‌دهنده‌ی بزرگتری مانند سرمایه یا دولت پیوندی برقرار نمی‌کند. در خارج از چنین چارچوبی، «دیاسپورا» به عنوان ابزاری نظری ممکن است چیزهای کمی برای ارائه به کسی داشته باشد که درگیر یک پروژه‌ی ضداستعماری و ضد نژادپرستانه است. بِرا با گرفتن مفاهیم کلیدی قدرت و هویت از فوکو و دریدا، تحلیل نظریه‌ی دیاسپورا را بر جریان پست‌مدرنیستی استوار می‌سازد.

---

[7] multiple modalities
[8] Avtar Brah

نوشته‌های او به نوعی، به عنوان نمونه‌ای عمل می‌کند که نشان می‌دهد مفاهیم «تفاوت» و «کثرت» تا چه حد جایگزین مفاهیمی مانند «نژادپرستی»، «ستم»، «استثمار» و «امپریالیسم» شده‌اند. در دریای نسبیتی که بِرا در آن سرگردان است، پیش بردن یک مخالفت ضدنژادپرستانه، ضد استعماری و فمینیستی علیه خشونت و سرکوب نظم جهانی کنونی، کار آسانی نیست. وقتی که مفاهیمی مانند «ایدئولوژی» و «مبارزه‌ی سیاسی» تحت شعاع مفاهیمی مانند «فرهنگ» و «قومیت» قرار می‌گیرند، خصلت مخالفت سیاسی خود را از دست می دهند. بِرا سعی می‌کند این خلاء سیاسی را با افزودن مقوله‌ی دیگری از کثرت به جهان‌بینی چندپاره‌ی خود برطرف کند. او به جای آن‌که بسط دادن بحثی پیرامون شیوه‌هایی که سرمایه‌داری از رهگذار آن موجب شکل گرفتن/ محدودیت جابه‌جایی جمعیت‌ها در سراسر جهان می‌شود، پنداشت سرمایه‌داری را به ماتریس مقولات توصیفی خود می‌افزاید.

گرچه بِرا تأکید می‌کند که مفهوم دیاسپورا «یادآور معانی واژه‌هایی مانند مهاجر، کوچ‌نشین، پناه‌جو، تبعیدی، کارگران مهمان یا تبعید است و با آن‌ها همپوشانی دارد...»، اما بیشتر به «ابعاد اقتصادی، سیاسی و فرهنگی این اشکال معاصر مهاجرت» علاقه دارد. (Brah, 1998: 186) با این حال، فهرست قبلی برای شناسایی روابط طبقاتی، سیاست‌های مهاجرت، الگوهای جریان جمعیت و شرایط مادی بسیار مفیدتر است و از آن مفیدتر وارسی ظهور مفهوم دیاسپورا به عنوان راهی برای پنهان‌سازی و خنثی‌سازی روابط اقتصادی و سیاسی جابه‌جایی انسان است.

ذات‌گرایی «جامعه‌ی اسلامی»، «زن مسلمان» و «دیاسپورای مسلمان»

همه می‌دانیم که از قرن هفدهم و هجدهم، دانش شرق‌گرایانه‌ی غربی تصویری مبتنی بر دین از جوامع اسلامی ارائه می‌دهد و اسلام به عنوان دین غالب (و به ندرت تنها دین موجود) به عنوان موتور محرکه‌ی این جوامع تلقی می‌شود. حکومت‌های معاصر، فرهنگ عامه و رسانه‌های جریان اصلی در غرب نیز هم‌راستا با همین چشم‌انداز نظری-سیاسی، با این جوامع و دیاسپوراهای آن‌ها به عنوان اسلامی برخورد می‌کنند. در سه دهه‌ی اخیر، تغییر به سمت فرهنگ، گفتمان و زبان به عنوان عوامل تعیین‌کننده یا اجزای تشکیل‌دهنده‌ی زندگی بشر، به ذات‌گرایی جدید این جوامع به عنوان «اسلامی» یاری رسانده است. با این حال، جمع بستن مردمان و جوامعی که دارای ماهیت اسلامی هستند، عملاً مورد انتقاد قرار گرفته (Said, 1987, 2002; Zubaida, 1995, 1998) و ذات‌گرایی زنان این جوامع به عنوان «زنان مسلمان» در راستای جستجوی «هویت زن مسلمان» به لحاظ نظری، سیاسی و روش‌شناختی به چالش کشیده شده است. (Moghissi, 1999; Mojab, 2000a, 2001a)

دولت‌های غربی و محققان پست‌مدرنیستی و پساساختارگرا، قطعاً در مستثنی‌سازی یا ذات‌گرا نشان دادن «جوامع اسلامی» تنها نیستند. بسیاری از گروه‌های اسلام‌گرا، به ویژه گروه‌های محافظه‌کار، سیاست‌گذاری‌های ضددموکراتیک و زن ستیزانه‌ی خود را پشت سپر استثناگرایی[۹] اسلام پنهان می‌کنند. هدف اصلی خشونت اسلام سیاسی نه غرب، بلکه زنان و روشنفکران سکولار و رادیکال و کنشگرانی است که سیاست آن‌ها را به چالش می‌کشند.

مبارزه برای حقوق زنان در دیاسپوراهای کُردی

زنان و مردسالاری در دیاسپورای غربی

دیاسپوراهای کُردی محصول منازعات بین دولت و کُردها در سرزمین مادری خود هستند. جای تعجب نیست که این دیاسپوراها با سرزمین مادری و با یکدیگر تعاملات پیچیده و متغیری دارند و همین حالا نیز ملت در حال ظهور کرد را به موجودیتی فراملی تبدیل کرده‌اند. آن‌ها فعالانه در ایجاد شرایط بازتولید ملت و سرزمین مادری در دیاسپورا مشارکت دارند.

در نظم جهانی معاصر، این منازعات به ندرت محلی یا ملی باقی می‌مانند. «مسئله‌ی کُردها» از زمان سرنگونی سلطنت عراق در ۱۹۵۸، به طور متناوب در صدر موضوعات مهم دیپلماسی بین‌المللی قرار گرفته است. کشورهای اروپایی و به ویژه بریتانیا، آلمان و سوئد، از زمان فروپاشی جنبش خودمختار کُردهای عراق در ۱۹۷۵ با دو مسئله مواجهند: نخست اسکان و ادغام ده‌ها هزار کُرد و اخیراً محدود کردن مهاجران و پناه‌جویان و دوم و مهمتر این‌که چگونه می‌توان همزمان «مسئله‌ی کُردها» و منافع ملی رقابت‌جویانه‌ی ایالات متحده و اعضای اتحادیه‌ی اروپا را مدیریت کرد. دو مورد از مهمترین مؤسسات کُردی ، *مؤسسه‌ی کُردی پاریس*[۱۰] و *پروژه‌ی حقوق بشر کُردی* در لندن، به ترتیب توسط فرانسه و بریتانیا تأمین مالی می‌شوند.

مردسالاری کُردی، که دارای پیوندهای قوی با شیوه‌های ماقبل سرمایه داری زندگی است، در بین دیاسپوراهایی با پیش‌زمینه‌های مختلف، از جمله روستایی و شهری، تحصیل‌کرده و بی‌سواد، زن و مرد، جوان و پیر، ثروتمند و فقیر بازتولید می‌شود. خشونت علیه زنان، حتی در قالب قتل ناموسی، در تعدادی از کشورها رخ داده است. چند قربانی قتل ناموسی، به دلیل مواجهه‌ی گسترده با پوشش

---

۹ Exceptionalism: تصور یا اعتقادی مبنی بر این که گونه، کشور، جامعه، نهاد، جنبش، فرد یا دوره‌ای زمانی (با دلالت مثبت) «استثنایی» یا غیرمعمول و منحصربه‌فرد است.

10 Institut kurde de Paris

رسانه‌ای و افزایش مقاومت کُردها به ویژه در کشورهای اسکاندیناوی، به کُردستان منتقل شدند تا در آن‌جا کشته شوند. (Mojab and Hassanpour, 2002)

اقلیت کوچکی از اعضای دیاسپورا انتظار دارند که زنان، بسیار بیشتر از مردان، به رژیم سنتی مردسالارانه‌ی سرزمین مادری وفادار باشند؛ تا حدی که حق مشارکت دختران خود در فعالیت‌های مختلطی مانند شنا یا سفرهای میدانی را انکار می‌کنند. راست‌گرایان افراطی و نوفاشیست‌های اروپا قتل ناموسی و سایر خشونت‌ها را شواهدی بر «فرهنگ بدوی» تلقی می‌کنند که باید به همراه «مهاجران» کنار گذاشته شود. در مقابل، برخی از دولت‌ها مانند سوئد، ظاهراً با حسن نیت، به لحاظ فرهنگی سیاست‌گذاری نسبی‌گرایانه‌ای اتخاذ کرده‌اند که از تنوع و محترم شمردن تفاوت حمایت می‌کند و این امر از طریق انکار حقوق شهروندی کامل زنان عضو دیاسپورا که در آن سرزمین تضمین شده، صورت می‌گیرد. بنابراین، این سیاست‌گذاری به حدی قوم‌مدارانه است که سکولاریسم و یک قرن مبارزات فمینیستی را به عنوان اجَزای اصلی فرهنگ‌های کُردی و خاورمیانه نمی‌پذیرد. برخی از کُردهای اروپا، از ترس پس‌زده شدن به شیوه‌ای خشونت‌آمیز و نژادپرستانه، با انکار این‌که قتل ناموسی بخشی از فرهنگ مردسالارانه‌ی آن‌هاست، موضع ناسیونالیستی می‌گیرند و با این پدیده مانند امری بیرونی (گرفته شده از اعراب و فرهنگ اسلامی)، تحمیلی (اسلامی‌سازی)، حاشیه‌ای (روستایی) و تصادفی (جنون فردی) رفتار می‌کنند. در برخی از کشورهای اروپایی مانند سوئد، سفیدبرترپنداران و تا حدودی رسانه‌های جریان اصلی، نام «کُرد» را با خشونت علیه زنان مترادف می‌دانند. نژادپرستی سفید غربی و اشکال مختلف شوونیسم ملی آن، زن‌ستیزی خود را در برخورد با مردان اروپایی کُرد به عنوان کسانی که دارای خشونت ذاتی یا نژادی هستند، نشان می‌دهد. در همه‌ی موارد، ناسیونالیسم تضاد با سیاست فمینیستی انترناسیونالیستی است که خشونت مردانه‌ی غربی و شرقی را امری جهان‌شمول می‌داند و با ترکیب خلاقانه‌ای از تجربه‌ی فمینیستی غربی و خاورمیانه‌ای با آن مقابله می‌کند.

با این حال، مقاومت دیاسپورایی در برابر سیاست‌گذاری دولت و خشونت مردسالارانه افزایش یافته و منجر به افزایش آگاهی و سازمان‌دهی فمینیستی شده است. برای مثال، زنان تا امروز محیط روبه‌رشدی از روشنفکران و متخصصان از جمله شاعران، نویسندگان، محققان، روزنامه‌نگاران، نمایندگان مجلس (سوئد، *اتحادیه‌ی اروپا*)، دیپلمات‌ها (ایالات متحده)، پزشکان، اعضای خبرگزاری و دانشگاهیان را شکل داده‌اند.

مقاومت سازمان‌یافته در برابر مردسالاری بومی

دیاسپورا همواره مرکزی برای کنشگری ناسیونالیستی کُردها بوده است. در دهه‌ی ۱۹۹۰، سازمان‌ها و افراد ناسیونالیست کُرد چهار مجله[۱۱] منتشر می‌کردند که به مبارزات حقوق زنان می‌پرداخت. (Mojab 2001b: 18) بخش قابل‌ملاحظه‌ای از این نشریات به شکلی از جنبش های رهائیبخش ملی اختصاص دارد که بیشتر بر مبارزه‌ی زنان علیه ستم ملی متمرکز است تا ستم جنسیتی. از سوی دیگر، احزاب سیاسی وطنی کُردی فعال در دیاسپورا نیز در تلاشند تا کنشگری زنان را کنترل کنند.

من به عنوان یکی از بنیان‌گذاران *شبکه‌ی بین‌المللی مطالعات زنان کُرد* (که از این پس در متن با عنوان *شبکه* از آن یاد می‌شود)، شاهد مبارزه‌ای بودم که برای ایجاد اولین شبکه‌ی مستقل زنان پژوهشگر و کنشگر کُرد و غیرکُرد بر اساس پلاتفرم عمل زیر در جریان بود: فراهم ساختن مجمعی برای تبادل تجربه و دانش در بین علاقه‌مندان به مطالعات زنان کُرد؛ ارج نهادن به مشارکت محققان و کنشگران جماعت‌محور، نهادمحور، آکادمیک و مستقل در تمام نقاط کُردستان و دیاسپورا؛ کمک به کسانی که در مطالعات و کنشگری زنان کُرد در تمام مناطق کُردستان و دیاسپورا مشغول به فعالیت هستند؛ افزایش و تنوع بخشیدن به حوزه‌های مطالعاتی دیگر مانند مطالعات زنان ایرانی، ترک و عرب از طریق معرفی تجربه و دانش زنان کُرد؛ و کمک به نظریه و پراتیک ناسیونالیسم، دموکراسی، شهروندی و حقوق زنان از طریق مسئله‌ی زنان کُرد. این اولین تجربه‌ی سازمان‌یابی فمینیستی فراملی برای زنان کُرد بود که با استقلال کامل از همه‌ی احزاب سیاسی کُرد شکل گرفت.[۱۲]

عمر *شبکه* کوتاه بود (۲۰۰۰-۱۹۹۷) اما دستاوردهای قابل توجهی داشت.[۱۳] با شناخته‌تر شدن *شبکه* در میان محققان، کنشگران، ان‌جی‌اوهای زنان و سایر ان‌جی‌اوها، تعلقات جدیدی در بین اعضای آن پدیدار شد. عناصر خاص تعیین‌کننده‌ی هم‌گرایی و واگرایی تعلقات سیاسی در میان زنان *شبکه*، مرزهای ملی و زبانی و مهمتر از آن، مفهوم‌پردازی فمینیسم بود.[۱۴] رقابت خاموشی بین اعضای فعال *شبکه* بر سر این‌که چه کسانی فعالیت‌های بیشتری انجام دادند و به منابع مالی بیشتری دسترسی پیدا کردند یا عنوان سخنگوی زنان کُرد به چه کسانی داده شده است، در جریان بود. باید توجه داشت که تفاوت‌های مواضع سیاسی بین زنان کُرد فقط به چالش‌هایی که سایر «گروه‌های

---

[۱۱] هیچ کدام از آن‌ها باقی نمانده است.

[۱۲] طرح بحث پیرامون تأثیر احزاب سیاسی کُردی که با روش‌های زیرکانه، سرانجام این شبکه را منحل کردند، به مجال جداگانه‌ای نیاز دارد.

[۱۳] برای اطلاعات بیشتر پیرامون منازعه‌ی قدرت داخلی در *شبکه* به Mojab, 2001c, 2000b,c, and 1997 مراجعه کنید

[۱۴] برای مطالعه‌ی مباحثه‌ی جدی پیرامون فمینیسم و پیامدهای سیاسی و عملی آن در میان زنان کُرد که شباهت زیادی با مشاهدات آلوارز در میان زنان آمریکای لاتین دارد، به Alvarez, 2000 مراجعه کنید.

زنان» با آن مواجه هستند، یعنی جایی که الگوی پویایی قدرت بر دستورکار فمینیستی سایه افکنده، ختم نمی‌شود. بدون تردید، کنشگری زنان کُرد علاوه بر این با چالش‌های بیشتری مواجه است.

شیوه‌ی سازمان‌دهی زنان عمیقاً ریشه در پروژه‌ی ملی مردانه و مردسالارانه دارد. بنابراین، ناسیونالیسم، استعمار و پروژه‌های ملت‌سازی، همان‌طور که توسط احزاب ملی کُرد ارائه شده، بر همه‌ی دستورکارهای فمینیستی حاکم است. این چارچوب سیاسی فراگیر با وفاداری مادام‌العمر به احزاب سیاسی کرد خاص همراه است و غالباً نیز وارد رابطه‌ی خویشاوندی‌مانند پیچیده‌ای می‌شود که زنان در آن نقش اساسی دارند. گسستن این مرزها و وفاداری‌های صلبی ایدئولوژیک، اقدامی جسورانه و مخاطره‌آمیز است. یکی از کنشگران زن کُرد تجربه‌ی خود را از نشست افتتاحیه‌ی یک سازمان پان-کُرد اروپایی[۱۵] این‌گونه بیان می‌کند:

> احزاب سیاسی کُرد فعال در اروپا پیش از هرچیز باید برخی از قوانین برابری جنسیتی را رعایت کنند؛ در غیر این صورت نمی‌توانند به فعالیت خود ادامه دهند. با این حال، با وجود این‌که برخی واقعاً مایلند به اصل برابری جنسیتی پایبند باشند، اما از قوانین تشریفاتی پیروی می‌کنند. ما هر چند وقت یک‌بار دعوت‌نامه‌ی جلسات برنامه‌ریزی آن‌ها را دریافت می‌کنیم. گروهی از ما تصمیم گرفتیم دعوت‌نامه‌ی حضور در اولین نشست ایجاد یک سازمان پان-کُرد اروپایی را بپذیریم. در این جلسه، یکی از شرکت‌کنندگان مرد پیشنهاد داد که در ابتدای هر رویداد از پرچم و سرود کُردی استفاده کنیم. پرچم پیشنهادی به وضوح نشانگر یک حزب سیاسی مشخص بود. یکی از زنان کُرد به شدت با این امر مخالفت کرد و گفت که [آن‌ها] از چیزی که مربوط به مبارزه‌ی زنان کُرد است، به عنوان نماد ناسیونالیسم استفاده کنند. اعتراض او چنان غوغایی در بین مردان گروه ایجاد کرد که ما تصمیم گرفتیم دیگر کافی است: چقدر باید به گوش دادن و گرفتن دستور از مردان نیاز داشته باشیم؟ پس [ما] تصمیم گرفتیم که سازمان خود را ایجاد کنیم.

زنان کُردی که در دو دهه‌ی گذشته سعی کرده‌اند تا فضای فمینیستی «مستقلی» را برای خود ایجاد کنند، با چالش‌های زیادی مواجه شده‌اند. آن‌ها خصومت ناسیونالیسم مردسالارانه، از طرد شدن

---

[۱۵] برای محفوظ بودن هویت مصاحبه‌شونده، همه‌ی شناسه‌ها، مانند نام احزاب سیاسی خاص و مکان و مشخصه‌های گردهمایی حذف شده است.

از جماعت گرفته تا بدنام شدن یا حتی در برخی مواقع تهدیدهای جسمی را به طور کامل تجربه کرده‌اند. بهتر است گوشه‌ای از مصاحبه‌ی من با یکی از کنشگران زن کُرد را بخوانید:

> در سال‌های ۱۹۹۸-۱۹۹۷، گروهی از ما تصمیم گرفتیم که یک گروه زنان کُرد تأسیس کنیم و بر سر سازمان‌دهی رویدادی به نام «در همبستگی با زنان کُرد» به توافق رسیدیم. من بر اساس سال‌ها تجربه می‌دانستم که این مسئولیت بزرگی است. هر زمان که می‌خواستیم کاری برای زنان کُرد انجام دهیم، احزاب سیاسی می‌خواستند مطمئن شوند که این کار در چارچوب ایدئولوژیک آن‌ها باقی می‌ماند. نخبگان کُرد می‌خواستند عضویت آن را به افراد حرفه‌ای و روشنفکر محدود کنند و جماعت به طور کلی علیه آن مبارزه می‌کرد و می‌گفت که سازمان‌های زنان با اخلاق خانوادگی در تقابلند یا ضد مردان هستند. حتی برخی از زنان نیز برخوردهای مشابهی داشتند. به نظر من پشت همه‌ی این افکار احزاب سیاسی کُردی قرار داشتند که نمی‌توانستند یک موجودیت فمینیستی مستقل را درک کنند. با وجود همه‌ی نابرابری‌ها، توانستیم خود را تثبیت کنیم و کارزاری علیه قتل ناموسی برپا کنیم. موفق‌ترین رویدادی که سازماندهی کردیم، سمیناری بود که در آن رهبران دو حزب بزرگ کُردی عراق را پای میز مذاکره آوردیم و آن‌ها را وادار کردیم تا پیرامون موضع حزبی خود در مورد وضعیت زنان کُرد بحث کنند. این رویداد زمانی اتفاق افتاد که دو طرف درگیر جنگ داخلی بودند. با وجود موفقیت ما، مردان همچنان در امور ما دخالت می‌کردند و طوری رفتار می‌کردند که گویی در موقعیت رهبری سازمان ما هستند.

تلاش‌های سازمان‌دهی زنان کُرد در دیاسپورا در دوره‌ی دوازده‌ساله‌ی میان اولین جنگ خلیج فارس (۱۹۹۱) تا زمان اشغال عراق توسط ایالات متحده (۲۰۰۳)، نمونه‌ی ارزشمندی از سازمان‌دهی فمینیستی فراملی و پیچیدگی‌های ناسیونالیسم، استعمار و امپریالیسم به تصویر می‌کشد. ظهور ان‌جی‌اوهای زنان در کُردستان عراق، شکوفایی مطبوعات زنان[۱۶] و حضور زنان در پست‌های کابینه، عرصه‌های جدیدی را برای کنشگری زنان کُرد منطقه و همچنین دیاسپورا گشود. ساختار دولت‌مانند منطقه‌ی کُردی شمال عراق به کنشگری زنان مشروعیت بخشید. در دیاسپورا نیز رژیم حقوق‌محور اروپا برخی از مواد مربوط به برابری را به شرایط تأمین بودجه‌ی سازمان‌های کُردی افزود. برخی از زنان کنشگر کُرد، با پی بردن به روابط تنگاتنگ سیاست سرزمین مادری- میزبان، با ایجاد گروهی

---

[۱۶] به Mojab, 2004 مراجعه کنید

اضطراری به نام *شبکه‌ی منشور زنان کُرد* برای تدوین منشور حقوق زنان کُرد، حرکت جسورانه‌ای را انجام دادند. این گروه بعدها نام خود را به *پروژه‌ی زنان کُرد* تغییر داد. هدف آن ایجاد سندی بود که مرزها را پشت سر بگذارد و شامل همه‌ی کُردهایی شود که در مرزهای دولت-ملت در غرب آسیا و همچنین در دیاسپورا زندگی می‌کنند.

در ۲۲ ژوئن ۲۰۰۴ «منشور حقوق و آزادی‌های زنان در مناطق کُردنشین و دیاسپورا» (که از این پس *منشور* نامیده می‌شود) به طوری رسمی راه‌اندازی شد. (برای مشاهده متن کامل *منشور* به تارنمای www.khrp.org مراجعه کنید) این مراسم با مدیریت لرد ایوبری[۱۷] برگزار شد و مشاور حقوقی ملکه بارونس هلنا کندی[۱۸] نطق اصلی را ارائه کرد. در پیشگفتار *منشور* آمده است که (Charter: 9):

> این *منشور* علاوه بر شهروندان مناطق کُردی، به سازمان‌های بین‌المللی، ملی و غیردولتی در مناطق و دیاسپورا، از جمله *سازمان ملل*، *پارلمان اروپا*، سازمان‌های حقوق بشر و حقوق زنان، احزاب سیاسی، سازمان‌های فرهنگی و مؤسسات آکادمیک نیز ارائه می‌شود... امید است که نهادهای مربوطه، به ویژه پارلمان کُردستان و *دولت اقلیم کُردستان*، از این سند برای حقوق زنان در مناطق کُردی و دیاسپورا حمایت کنند. از این ارگان‌ها خواسته می‌شود تا تلفیق حقوق و نیازهای مشخص‌شده در *منشور* را به طور جدی، چه از لحاظ واژگان و چه معنایی، در متن قانون لحاظ کنند.

منشور به طور گسترده مورد مشورت قرار گرفت و پیش‌نویس‌های اولیه‌ی آن در استکهلم (می و جولای ۲۰۰۱)، سلیمانیه و اربیل (جولای ۲۰۰۱)، گوتنبرگ (اکتبر ۲۰۰۱) و لندن (دسامبر ۲۰۰۱ و مارس ۲۰۰۲) ارائه شد. این *منشور* به زبان انگلیسی و به دو گویش اصلی زبان کُردی یعنی کرمانجی و سورانی نوشته شده است.

دو نکته‌ی مهم در مورد *منشور* وجود دارد. یکی، همان‌طور که در بالا اشاره شد، این است که این سند برای همه‌ی کُردها صرف‌نظر از موقعیت جغرافیایی آن‌ها به کار می‌رود و حقیقتاً پروژه‌ای «فراملی» است. دوم این‌که محتوای آن از اسناد بین‌المللی شناخته‌شده و مورد پذیرش گسترده‌ی حقوق زنان از جمله «کنوانسیون رفع همه‌ی اشکال تبعیض علیه زنان» و «اعلامیه‌ی منع خشونت

---

17 Lord Avebury
18 Helena Kennedy

علیه زنان»[19] استفاده کرده است. این *منشور* نسبتاً کوتاه اما موجز است و ۹ ماده را دربرمی‌گیرد: (۱) برابری قانونی؛ (۲) حذف تبعیض در زندگی عمومی و سیاسی؛ (۳) رفع تبعیض در قانون احوال شخصیه ؛ (۴) دسترسی برابر به اشتغال و خدمات مربوط به شغل؛ (۵) حذف خشونت علیه زنان در وسیع‌ترین معنای آن؛ (۶) حذف استثمار جنسی و قاچاق زنان و دختران؛ (۷) فرصت‌های آموزشی برابر؛ (۸) دسترسی برابر به سلامت؛ و (۹) دسترسی و حقوق اقتصادی برابر در زمینه‌ی خدمات و مزایای اجتماعی.

این سند خواستار جداسازی دولت و دین به عنوان «تنها ... ضامن جامعه‌ای آزاد و دموکراتیک» است و این «دغدغه را دارد که مذهب اغلب به منظور مشروعیت بخشیدن به نقض حقوق تضمین‌شده در یک جامعه‌ی دموکراتیک مورد سوءاستفاده قرار می‌گیرد و تبعیض علیه زنان را تقویت می‌کند.» (Charter:11) برخلاف بسیاری از دولت‌های خاورمیانه که «کنوانسیون رفع همه‌ی اشکال تبعیض علیه زنان» را با قید و شرط امضا یا تصویب کرده‌اند (Mayer, 1999)، *منشور* هیچ استثنائی را در نظر نمی‌گیرد و در واقع، بسیاری از تبعیض‌های مورد تصریح شریعت مانند چندزنی، ازدواج موقت و کنترل حقوق باروری را مردود می‌شمارد و همچنین همه‌ی اشکال خشونت مردانه را ممنوع می‌کند.

سکولاریسم *منشور* مدیون موقعیت تدوین‌کنندگان آن در کشورهای سکولار اروپایی نیست. همان‌طور که قبلاً ذکر شد، ناسیونالیسم کُردی از دهه‌ی ۱۹۴۰ عمدتاً سکولار بوده است. زنان کُردستان عراق یعنی جایی که ایالات متحده در حال تجدید ساختار دولت-ملت عراق در راستای ادغام دولت و دین است، به اسلامی‌سازی روابط جنسیتی اعتراض کرده‌اند. مبارزه برای برابری جنسیتی در اوایل قرن بیستم در امپراتوری عثمانی آغاز شد. همان‌طور که در فصل‌های پیش اشاره شد، دین از اجزای اصلی ملت‌بودن و زنانگی نبود، زیرا کُردها نیز مانند دشمن خود یعنی دولت عثمانی، عمدتاً مسلمان بودند.

جمع‌بندی: فراملی‌گرایی در تقابل با انترناسیونالیسم

تأکید اصلی این فصل بر آن است که آن دسته از نظریه‌های دیاسپورا و فراملی بودن که روابط پیچیده‌ی سرزمین مادری-میزبان را به فرهنگ و هویت تقلیل می‌دهند، برای کُردها موضوعیتی ندارد. برای نظریه‌پردازی در این مورد، باید به این نکات توجه ویژه‌ای داشت:

---

[19] Declaration on the Elimination of Violence against Women

نخستین مورد، وجود یک شکاف بزرگ خیالی بین شرق و غرب است. با وجود این‌که نمی‌توان تاریخ پرثمری از کارهای نظری فمینیستی پیرامون روابط جنسیتی را در هیچ یک از چهار کشور میزبان کُردها در خاورمیانه مستند کرد، اما چالش‌هایی که در بالا به طور خلاصه بیان شد، به مبارزه‌ی پیوسته و آگاهانه برای حقوق زنان و علیه خشونت مردانه در کشورهایی اشاره می‌کند که جامعه‌ی مدنی آن توسط دولت خاموش شده است. برای مثال، سابقه‌ی مطبوعات زنان امپراتوری عثمانی به بخش دوم قرن نوزدهم برمی‌گردد. در ۱۹۱۱، یکی از اعضای مجلس تازه‌تأسیس ایران برای حق رأی زنان کارزاری به راه انداخت. در ترکیه، این حقوق در ۱۹۳۲ اعطا شد. در ایران، دولت خودمختار آذربایجان که بر استان‌های شمال غربی این کشور حاکم بود، در ۱۹۴۶ به زنان حق رأی اعطا کرد.

با این حال، چند موجودیت سیاسی از جمله دولت‌های غربی، گروه‌های نژادپرست و اسلام‌هراس و رسانه‌های جریان اصلی این تاریخ صدساله‌ی جنبش‌های زنان را بخشی از تاریخ کُردها و دیگر مردمان منطقه نمی‌دانند و با مردسالاری و خشونت آن به عنوان عنصر مقدس، بدون مناقشه، ضروری و ذاتی تشکیل‌دهنده‌ی روابط جنسیتی مهاجران برخورد می‌کنند. در عین حال، بسیاری از نظریه‌پردازی‌های پسااستعماری و پست‌مدرنیستی نیز فمینیسم را «گفتمانی تقلیدی» می‌دانند که از غرب آمده و آلوده به سوگیری‌های غربی است. این ادعا در میان اسلام‌گرایان، ناسیونالیست‌ها و بومی‌گرایان جهان سوم حاضر در جهان غیرغربی مشترک است.

این دیدگاه‌های مشترک در مورد موجودیت‌های سیاسی دارای منافع متضاد، ذات‌گرایی کردن برخی از مردمان و دیاسپوراها تحت عنوان اسلامی را زیر سؤال می‌برد. در عین حال، شرق و غرب در مورد فمینیسم‌ستیزی اشتراک عقیده دارند. برای مثال، این ضدیت گسترده با فمینیسم را می‌توان در فرهنگ و رسانه‌های عمومی آمریکای شمالی هم دید. (Hammer, 2002) محافظه‌کاران غربی آنارشیسم، فمینیسم، سوسیالیسم، کمونیسم، مارکسیسم یا حتی *سازمان ملل* را بخشی از فرهنگ یا «حکم تمدن غرب» نمی‌دانند. حتی منازعه بر سر جدایی دولت از دین نیز پایان نیافته است. اگر در عراق، اسلام‌گرایان برای استقرار رژیم تئوکراتیک به رقابت مشغولند، در اروپا نیز برخی از ایالت‌ها خواستار پذیرش مسیحیت به عنوان دین رسمی در قانون اساسی آینده‌ی اروپا هستند.

دوم این‌که در مورد کُردها، ذات‌گرایی کردن پست‌مدرنیستی جهان معاصر به عنوان موجودیت‌هایی چندپاره، غیرمتمرکز و سیال که دولت-ملت‌های آن در آستانه‌ی فروپاشی قرار دارند را به چالش می‌کشد. درحالی‌که الگوهای پویایی معاصر جهانی‌سازی سرمایه‌دارانه، به ویژه در قلمرو فرهنگ و ارتباطات، به گریز از مرکز متمایل است، حق حاکمیت دولت کماکان مقدس تلقی می‌شود. ایالات متحده، به عنوان قدرتمندترین کشور دنیا، از تصویب «کنوانسیون رفع همه‌ی اشکال تبعیض علیه زنان» خودداری کرده تا زنان آمریکایی نتوانند در خارج از سپهر دولت ملی به دنبال عدالت باشند.

این دولت همچنین در برابر تشکیل *دادگاه جنایی بین‌المللی*[۲۰] که هدف آن مجازات عاملان نسل‌کشی و جنایت علیه بشریت است، سرسختانه مقاومت می‌کند.

واقعیت این است که «منشور حقوق زنان کُرد» در غیاب دولتی که چنین حقوق را اعطا کند، تنها تکه‌ای کاغذ باقی خواهد ماند. دولت کُردستان عراق ممکن است از بازسازی‌های مکرر دولت عراق جان سالم به در نبرد. بدون شک، زنان و سایر جنبش‌های اجتماعی در کُردستان و دیاسپورا می‌توانند این سند را به ابزاری برای افزایش آگاهی در مورد برابری و عدالت جنسیتی تبدیل کنند. با این حال، این حقوق تنها در صورتی اثرگذار است که توسط دولت به رسمیت شناخته شده، اعطا و تصویب و اعمال شود. بنابراین، درحالی‌که بخش اعظم نظریه‌ی فمینیستی دولت و نهاد حقوق را مردسالار می‌داند، اما از طریق همین نهادهای مردسالار است که می‌توان حقوق زنان را محقق کرد. در غیاب یک دولت کُردی یا حتی خودمختاری منطقه‌ای، توانایی زنان کُرد برای تصویب، اصلاح و اجرای این *منشور* و متونی از این دست با محدودیت جدی مواجه است. تنها بدیل آن‌ها این است که حقوق خود را نه به عنوان اعضای یک ملت کُرد، که به عنوان شهروندان دولت‌های منفرد ارتقا دهند. همین امر به سهم خود قدرت چهار دولت-ملت خاورمیانه در شکل دادن به زندگی دیاسپورایی را نشان می‌دهد.

سوم این‌که تجربیات دیاسپوراهای کُرد، محدودیت‌های مفهوم «فراملی بودن» را آشکار می‌کند. کُردها در درجه‌ی نخست، ملتی فراملی هستند. فراملی‌گرایی با انترناسیونالیسم و پروژه‌ی آن برای حذف مرزهای ملی متمایز است و نوعی ناسیونالیسم چندپاره محسوب می‌شود. فراملی‌گرایی یک تشکیلات ملی است که توسط مرزهای ملی از هم گسیخته است؛ هرچند این مرزها برای ملت‌های «دیگر» هستند. تقریباً نیمی از مردم کُرد، که از ۱۹۱۸ در میان چهار دولت تقسیم شده‌اند، در خارج از کُردستان، در یکی از این دولت‌ها و یا به صورت پراکنده در سراسر جهان زندگی می‌کنند. این تضادها برجسته هستند. دیاسپوراها ملت کُرد و پروژه‌ی ناسیونالیسم آن برای خودگردانی را بازتولید می‌کنند؛ و در همین زمان، چهار دولت حاکم بر کُردها همچنان مرزهای خود در دیاسپورا را بازتولید می‌کنند و *منشور* و پروژه‌های مشابه را به آثاری تخیلی تبدیل می‌کنند.

و سرانجام، دیاسپوراهای کُردی مسلماً از نظر سیاست، ترکیب طبقاتی، فرهنگ، زبان و گویش و دین پیچیده هستند. تا زمانی که دین در مقابل مؤلفه‌ی ناسیونالیسم نقشی حاشیه‌ای دارد، نمی‌توان این دیاسپوراها را تحت عنوان اسلامی طبقه‌بندی کرد و نمی‌توان پیچیدگی زندگی در دوران (پست)مدرن را از این طریق توضیح داد. توضیح نقش حاشیه‌ای دین در زندگی کُردها دشوار نیست. ناسیونالیسم کُردی با دولت‌هایی که اسلامی هستند (تئوکراسی ایران) یا با آن‌هایی که دین غالب آن‌ها اسلام است

[20] International Criminal Court

(عرب‌ها، فارس‌ها و ترک‌ها) در تنازع است. داشتن همین زمینه‌ی دینی مشترک باعث شده که اسلام به محلی برای منازعه‌ی بین کُردها و دولت-ملت‌هایی که به آن‌ها ستم می‌کنند، تبدیل نشود.

فراملی‌سازی کُردها به‌وسیله‌ی الزامات سرمایه‌داری جهانی ایجاد می‌شود؛ از جمله مهاجرت نیروی کار (کارگران مهمان)، آواره‌سازی جمعیت در ترکیه (یکی از شبکه‌های بزرگ برق‌آبی و آبیاری جهان یعنی پروژه‌ی جنوب شرق آناتولی در ۱۹۸۳ راه‌اندازی شد)، توسعه‌ی اقتصادی نابرابر، جنگ و نظامی‌سازی. این **فراملی‌سازی** با انترناسیونالیسم، چه از نوع سوسیالیستی یا فمینیستی در تضاد است. برای مثال، کارگران مهمان کرد در آلمان، عمدتاً از محیط کُردهایی می‌آیند که در غرب ترکیه اسکان مجدد یافته‌اند؛ یعنی جایی که کُردها به طور کلی در جمعیت ترک همگون‌سازی شده بودند. با این حال، بسیاری از آن‌ها آگاهی ناسیونالیستی کُردی خود را در آلمان به دست آورده‌اند. آن‌ها در جنبش‌های کارگری آلمان یا اروپا، همبستگی با جنبش‌های کارگری یا سوسیالیستی سرزمین مادری، یا همبستگی فمینیستی مشارکتی ندارند یا حضورشان تحت الشعاع مشغولیت آن‌ها با سیاست‌های ناسیونالیستی کُردی قرار دارد. بنابراین، جوامع دیاسپورایی در ناسیونالیسم غوطه‌ور شده‌اند و کمتر تحت تأثیر فمینیسم رادیکال قرار گرفته‌اند. افزون بر این، درهم‌آمیزی کُردها پیش از این تا جایی جلو رفته که برخی از اعضای نسل اول و دوم دیاسپورا خود را با عناوین دارای خط فاصله مانند کُرد-آمریکایی، کُرد-یورو یا کُرد-سوئدی معرفی می‌کنند. با این حال، این درهم‌آمیزی‌ها در چارچوب ناسیونالیسم‌های کشور میزبان پدیدار می‌شود.

در نهایت، درک مفیدتر از «دیاسپورا» در رابطه با سازمان‌یابی فمینیستی این است که از آن به عنوان پدیده‌ای تاریخی و نه فرهنگی یاد کنیم. (Anthias, 1998) درک تاریخی از دیاسپورا بر رویدادها و پیش‌زمینه‌های جنگ یا سرکوب (پیش از پراکندگی، اگر وجود داشته باشد) یا ستم (در خود دیاسپورا) متمرکز می‌شود. این‌ها برخی از رویدادهای تاریخی هستند که یک اجتماع خود را از طریق آن‌ها به عنوان موجودیتی سیاسی درک می‌کند. **فرهنگی‌سازی** دیاسپورا با در نظر گرفتن سازمان‌یابی فمینیست‌های کُرد در زمینه‌ی اروپایی آشکار می‌شود: آن‌ها در نگاه سیاست‌گذاران و رسانه‌های اروپایی، عمدتاً به عنوان ضمائم فرهنگی اجتماع کُردی که مردانه تعریف شده، در نظر گرفته می‌شوند. اما با توجه به جمعیت زنان پناهنده‌ی **سیاسی**، این امر متناقض به نظر می‌رسد. در واقع این‌گونه استدلال شده که ترومای ناشی از اسکان مجدد دیاسپورای کُردی باید به عنوان تغییری در فرهنگ **سیاسی** مورد درک قرار بگیرد. (Sheikhmous, 2000)

منابع

Alakom, R. (1995). *Kurdish Women: A New Force in Kurdistan* (in Kurdish), Spånga, Sweden.

Alvarez, S. (2000). 'Translating the global: Effects of transnational organizing on local feminist discourses and practices in Latin America', *Meridians: Feminism, Race, Transnationalism* 1(1): 29–67.

Anthias, F. (1998). 'Evaluating "diaspora": Beyond ethnicity?' *Sociology* 32(3): 557–80.

Brah, A. (1996). *Cartographies of Diaspora: Contesting Identities*, London and New York: Routledge.

Charles, C. (1995). 'Gender and the politics of contemporary Haiti: The Duvalierist state, transnationalism and the emergence of a new feminism (1980–1990)', *Feminist Studies*, 21(1), Spring: 135–64.

Çingiyanî, C. (1993). 'An interview with four women belonging to the Union of the Women of Kurdistan' (in Kurdish), *Xermane*, Nos. 9–10: 122, 124.

Gorman and Mojab (2007a) 'Dispersed nationalism: War, diaspora and Kurdish women's organizing', *Journal of Middle East Women's Studies*.

—— (2009b) 'War, diaspora, learning and women's standpoint', in Maroussia Hajdukowski-Ahmed and Nazilla Khanlou(eds) *Not Born a Refugee Woman: Reclaiming Identities: Challenges, Implications and Transformations in Research, Education, Policy and Creativity*, Oxford: Oxford University Press.

Grewal, I. and Kaplan, C. (eds). (1994). Introduction: Transnational feminist practices and questions of postmodernity, in *Scattered Hegemonies: Postmodernity and Transnational Feminist Practices*, Minnesota: Minnesota University Press.

—— (2000). Postcolonial studies and transnational feminist practices, Online. Available HTTP:
   http://socialchass.ncsu.edu/jouvert/v5i1/grewal.htm
   (accessed July 2002).

Hall, S. (1994). 'Cultural identity and diaspora', in P. Williams and L. Chrisman (eds). *Colonial Discourse and Post-Colonial Theory: A Reader*, New York: Harvester Wheatsheaf.

Hammer, R. (2002). Antifeminism and Family Terrorism: A Critical Feminist Perspective, Lanham, Maryland: Rowman and Littlefield Publishers. Institut kurde de Paris (IKP). (2005) The Kurdish diaspora. Online. Available http://www.institutkurde.org/en/kurdorama/ (accessed 16 December 2005).

Itzigsohn, J. (2000). 'Immigration and the boundaries of citizenship: The institutions of immigrants' political transnationalism', *International Migration Review*, 34(4): 1126 –54.

Khayati, K. (2000). 'Diasporic consciousness among Kurdish refugees and immigrants', Paper presented at IMER conference, KHRP (Kurdish Human Rights Project) 1996 *Kurds in the Former Soviet Union*, London: KHRP.

McDowall, D. (2000). *A Modern History of the Kurds*, London: I.B. Tauris.

Mayer, A. E. (1999). 'Religious reservations to the Convention on the Elimination of All Forms of Discrimination Against Women: What do they really mean?' in Courtney Howland(ed.) *Religious Fundamentalisms and the Human Rights of Women*, New York, St Martin's Press, pp. 105–16.

Meho, Lokman, (2001). 'The Kurds in Lebanon: An overview', in Meho, Lokman and Maglaughlin, Kelly (eds) *Kurdish Culture and Society: An Annotated Bibliography*, Westport, Connecticut: Greenwood Press, pp. 27–47.

Moghissi, H. (1999). *Feminism and Islamic Fundamentalism: The Limits of Postmodern Analysis*, London: Zed Press.

Mohanty, C. T. (2003). *Feminism Without Borders: Decolonizing Theory, Participatory Solidarity*, Durham & London: Duke University Press.

Mojab, S. (1997). 'Crossing boundaries of nationalism, patriarchy, and Eurocentrism: The struggle for a Kurdish Women Studies Network', *Canadian Woman Studies* 17(2): 68–72.

—— (2000a) 'Doing fieldwork on women in theocratic Islamic states,' *Resources for Feminist Research*, Spring/Summer, 28(1–2): 81–98.

—— (2000b) 'The feminist project in cyberspace and civil society', *Convergence*, 33 (1–2): 106–19.

——(2000c). 'Educational voyaging in a globalizing planet: The conference of the rich, the poor, and the oppressed', *Atlantis: A Women's Studies Journal* 24(2): 123–34.

——(2001a). 'Theorizing the politics of "Islamic Feminism"', *Feminist Review*, Winter, No. 69: 124–46.

——(2001b). 'Introduction: The solitude of the stateless: Kurdish women at the margins of feminist knowledge', in Mojab, S. (ed.) *Women of a Non-State Nation: The Kurds*, Costa Mesa, California: MAZDA Publishers, pp. 1–21.

——(2001c). 'The politics of "cyberfeminism" in the Middle East: The case of Kurdish women', *Journal of Race, Gender, and Class* 8(4): 42–61.

——(2004). No "Safe Haven" for women: Violence against women in Iraqi Kurdistan, in W. Giles and J. Hyndman (eds) *Sites of Violence: Gender and Identity in Conflict Zones*, Berkeley: University of California Press, pp. 108–33.

—— (2005). Kurdish women and women in Kurdish national politics, in Suad Joseph (ed.) *Encyclopedia of Women and Islamic Cultures*, The Netherlands: Brill Academic Publishers, pp. 358–66.

—— (2005). Kurdish women, in Suad Joseph (ed.), *Encyclopedia of Women and Islamic Cultures*. Volume II, Family, Law and Politics. Brill: Leiden-Boston, pp. 358–366.

Mojab, S. and Hassanpour, A. (2002). The politics and culture of "honour" killing: The murder of Fadime Sahindal, *Pakistan Journal of Women's Studies: Alam-e-Niswan*, June, (9)1: 57–77.

Mojab, S. and Hassanpour, A. (2004). Kurdish diaspora, in Ian Skoggard (ed.) *Encyclopedia of Diasporas*, Human Relations Area Files, Inc.: New Haven, Connecticut, pp. 214–24.

Müller, D. (2000). The Kurds of Soviet Azerbaijan, 1920–91, *Central Asian Survey*, 19(1): 41–77.

Ong, A. and Nonini, D. (1997). Toward a cultural politics of diaspora and transnationalism, in A. Ong and D. M. Nonini (eds) *Underground Empires: The Cultural Politics of Modern Chinese Transnationalism*, New York: Routledge.

Portes, A., Guarnizo, L. and Landolt, P. (1999). The study of transnationalism: Pitfalls of an emergent research field', *Ethnic and Racial Studies*, 22(2): 217–37.

Reinharz, S. (1992). *Feminist Methods in Social Research*, Oxford University Press.

Said, E. (1978) *Orientalism*, New York: Pantheon Books.

——(2002). Impossible histories: Why the many Islams cannot be simplified, *Harper's Magazine,* July: 69–74.

Sassen, Saskia. (1998). *Globalization and its Discontents: Essays on the New Mobility of People and Money*. New York: The New Press.

Sassen, S. (2001). Cracked casings: Notes towards and analytics for studying transnational processes, in Ludger Pries (ed.) *New Transnational Social Spaces: International Migration and Transnational Companies in the Early Twenty-first Centuries*, London and New York: Routledge.

Sheikhmous, O. (2000). *Crystallization of a New Diaspora: Migration and Political Culture Among the Kurds of Europe*, Stockholm: Centre for Research in International Migration and Ethic Relations.

Spivak, G. (1997). 'Diasporas old and new: Women in the transnational world', in A. Kumar (ed.) *Class Issues: Pedagogy, Cultural Studies, and the Public Sphere*, New York and London: New York University Press.

Stansfield, G. R. V. (2003). *Iraqi Kurdistan: Political Development and Emergent Democracy*, London and New York: Routledge Curzon.

Suzuki, N. (2000). Between two shores: Transnational projects and Filipino wives in/from Japan', *Women's Studies International Forum* 23(4): 431–44.

Zubaida, S. (1995). Is there a Muslim society? Ernest Gellner's sociology of Islam, *Economy and Society*, Vol. 42, No, 2, May.

——(1998). Muslim societies: Unity or diversity, *ISIM Newsletter*, No. 1, October, 1.

معرفی و اثرشناسی نویسنده

دکتر شهرزاد مجاب محقق، آموزگار و کنشگر سرشناس ایرانی-کانادایی، استاد آموزش بزرگسالان و توسعه‌ی اجتماعی و همچنین مطالعات زنان و جنسیت دانشگاه تورنتواست. مجاب از معدود پژوهشگران زن غیرکُرد مطالعات کُردستان و تنها پژوهشگری است که در سه دهه‌ی گذشته، به طور مستمر در فضای آکادمی، به مطالعه و واکاوی مسائل مربوط به زنان کُردستان در ایران، ترکیه، عراق، سوریه و همچنین دیاسپورا پرداخته است. او همچنین یکی از بنیان‌گذاران *شبکه‌ی بین‌المللی مطالعات زنان کُرد*[1] است که در ۱۹۹۷ در پاسخ به نیاز فزاینده‌ای به گشودن فضایی برای مطالعات زنان کُرد در مباحثات بین‌المللی حقوق زنان و ارتقای برابری جنسیتی در اجتماعات کُرد، دیاسپورا و خاورمیانه تأسیس شد. این شبکه از سال ۲۰۲۲ فعالیت خود را پس از وقفه‌ای چندساله با نام *شبکه‌ی مطالعات جنسیتی کُرد*[2] از سر گرفته است.

مجاب در طول سال‌های پژوهشگری و کنشگری خود به تأثیر جنگ، آواره‌سازی و خشونت بر یادگیری و آموزش زنان و مباحثی چون جنسیت، دولت، مهاجرت، دیاسپورا و پداگوژی مارکسیستی فمینیستی و ضدنژادپرستانه در سطح بین‌المللی پرداخته و آثار متعددی در این زمینه‌ها تألیف کرده که برخی از آن‌ها به زبان‌های کُردی، ترکی، فارسی، عربی، آلمانی، فرانسه و سوئدی ترجمه شده است. با این حال، اثرشناسی زیر بر اساس آن دسته از تألیفات مجاب تدوین شده که به طور مستقیم با موضوع «زنان کُرد» در ارتباط است.

---

[1] International Kurdish Women's Studies Network
[2] Kurdish Gender Studies Network

زنان کُرد در بطن تضاد تاریخی فمینیسم و ناسیونالیسم

کتاب

2021   Mojab, S. and Amir Hassanpour. *Women of Kurdistan: A Historical and Bibliographical Study*. London: Transnational Press, 367 pages.

2001   *Women of a Non-State Nation: The Kurds* (ed.) Costa Mesa, California: MAZDA Publishers, 263 pages. Translated in Turkish in 2005, Devletsiz Ulusun Kadınları: Kürt Kadını Üzerine Araştırmalar, Istanbul: Avesta.

مقاله

2007   "Dispersed Nationalism: War, Diaspora and Kurdish Women's Organizing," with Rachel Gorman in "Transnational theory, national politics and gender in the contemporary Middle East/North Africa," *Journal of Middle East Women's Studies*, 3 (1), Winter: 58-85.

2005   "Kurdish women," in Suad Joseph (ed.), *Encyclopedia of Women and Islamic Cultures*. Volume II, Family, Law and Politics. Brill: Leiden-Boston, pp. 358-366.

2004   "Layla Zana," in Philip Mattar (ed.) *Encyclopedia of the Modern Middle East and North Africa*, Vol. 4, 2nd Edition. Detroit, Michigan: Mcmillan Reference USA, p. 2423.

Mojab, S. and A. Hassanpour "Kurdish diaspora," in Ian Skoggard (ed.) *Encyclopedia of Diasporas*. Diasporas. Human Relations Area Files, Inc: New Haven, Connecticut: 214-224.

2003   "Kurdish women in the zone of genocide and gendercide," *Al-Raida Magazine*, Institute for Women's Studies in the Arab World, Lebanese American University, Vol. XXI, No. 103: 20-25.

2002	Mojab, S. and A. Hassanpour "The politics and culture of 'honour killing:' The murder of Fadime Sahindal," *Pakistan Journal of Women's Studies: Alam-e-Niswan*, June, (9) 1:57-77.
	"'Honor Killing': Culture, politics and theory." *Middle East Women's Studies Review*, Spring/Summer 17 (1&2): 1-7.
	Mojab, S. and A. Hassanpour "Thoughts on the struggle against 'honour killing'," *The International Journal of Kurdish Studies*, (16) 1 & 2: 83-97. Translated in Farsi by Farideh Fatah Ghazi in *Rawangeh*, (4) 18.
2001	"The politics of 'cyberfeminism' in the Middle East: The Case of Kurdish Women," *Journal of Race, Gender, and Class*, 8 (4): 42-61.
2000	"Vengeance and violence: Kurdish women recount the war," *Canadian Woman Studies Journal*. 19 (4), Winter: 89-94. Also, is translated into German, "Rache und Gewalt: Kurdische Frauen erinnern den Krieg, *Kurdische Studien* 1 (2001) 1: 53-63.

فصل‌ها در کتاب

2009	"Imperialism, 'Post-war Reconstruction' and Kurdish Women's NGOs," Nadje Al-Ali and Nicola Pratt (eds.) *Women and War in the Middle East: Transnational Perspectives*. London, UK: Zed Books Publishers: 99-128.
2006	"Gender, nation and diaspora: Kurdish women in feminist transnational struggles," in Haideh Moghissi (ed.) *Muslim Diaspora: Gender, Culture and Identity*. London: Routledge: 116-132.

2004 "No 'Safe Haven'for women: Violence against women in Iraqi Kurdistan," in W. Giles and J. Hyndman (eds.) *Sites of Violence: Gender and Identity in Conflict Zones*. Berkeley: University of California Press, pp. 108-133.

2001 Mojab, S. "Conflicting Loyalties: Nationalism and gender relations in Kurdistan," in Bannerji, H., S. Mojab and J. Whitehead (eds.) *Of Property and Propriety: The Role of Gender and Class in Imperialism and Nationalism*. Toronto: University of Toronto Press, pp. 116-152.

"Introduction: The solitude of the stateless: Kurdish women at the margins of feminist knowledge." In Mojab, S. (ed.) *Women of a Non-State Nation: The Kurds*. Costa Mesa, California: MAZDA Publishers, pp. 1-21.

"Women and nationalism in Kurdish Republic of 1946." In Mojab, S. (ed.) *Women of a Non-State Nation: The Kurds*. Costa Mesa, California: MAZDA Publishers, pp. 71-91.

همان‌طور که در آغاز کتاب آمده است، بخش‌هایی از دیباچه و فصل نخست این کتاب برگرفته از اثر مشترک شهرزاد مجاب و امیر حسن‌پور با عنوان *زنان گردستان: مطالعه‌ای تاریخی و کتاب‌شناختی* است که اخیراً به زبان انگلیسی منتشر شده است. دکتر امیر حسن‌پور (۲۰۱۷-۱۹۴۳)، محقق و متفکر انقلابی مارکسیست، استاد مطالعات خاورمیانه دانشگاه تورنتو و پیش از آن استاد مطالعات ارتباطی در دانشگاه‌های کنکُردیا و ویندزر بود.

پژوهش‌ها و آثار متعددی از او پیرامون موضوعاتی مانند جنبش‌های اجتماعی، نظریه‌ی مارکسیستی، جامعه‌شناسی زبان و نسل‌کشی به انگلیسی، کُردی و فارسی به جا مانده است. دو کتاب *مقالاتی درباره‌ی گردها: تاریخ‌نگاری، فرهنگ شفاهی و ناسیونالیسم* و *ناسیونالیسم و زبان در گردستان ۱۹۸۵-۱۹۱۸* از جمله آثار مهمی است که حسن‌پور درباره‌ی زبان‌شناسی اجتماعی کُرد، تاریخ و ناسیونالیسم کُردستان، جنبش‌های دهقانی و اجتماعی، مبارزه‌ی طبقاتی و روابط جنسیتی در خاورمیانه و کُردستان به رشته‌ی تحریر درآورده است.

کتاب

به فارسی

امیر حسن‌پور (۱۳۹۶). *بر فراز موج نوین کمونیسم*. رم: انتشارات حزب کمونیست ایران (مارکسیست، لنینیست، مائوئیست).

امیر حسن‌پور (۱۳۹۷) . *آریان پور و جامعه شناسی مارکسیستی: تاریخ، طبقهٔ اجتماعی و دیالکتیک*. تورنتو، کتاب ایران نامگ.

امیر حسن‌پور (۱۴۰۰). *شورش دهقانان مُکریان ۱۳۳۱-۱۳۳۲ ش* .جلد اول، تورنتو، کتاب ایران نامگ.

امیر حسن‌پور (۱۴۰۱). *شورش دهقانان مُکریان ۱۳۳۱-۱۳۳۲ ش: اسناد کنسولگری، مکاتبات دیپلماتیک وگزارش روزنامه ها*. تورنتو، کتاب آسمانا.

به انگلیسی

2021 Mojab, S. and Amir Hassanpour. *Women of Kurdistan: A Historical and Bibliographical Study*. London: Transnational Press.

2020 *Essays on Kurds Historiography, Orality, and Nationalism*. New York: Peter Lang International Academic Publisher.

1992 *Nationalism and Language in Kurdistan, 1918-1985*. San Francisco: Mellen Research University Press.

مفاهیم کلیدی

آواره‌سازی (displacement)

آواره‌سازی یا آوارگی اجباری به جابه‌جایی غیرارادی یا قهری فرد یا گروهی از منطقه‌ی بومی یا وطن گفته می‌شود. بر اساس تعریف کمیساریای عالی پناهندگان سازمان ملل (UNHCR) «در نتیجه‌ی آزار و شکنجه، منازعه، خشونت عمومی یا نقض حقوق بشر» صورت می‌گیرد.

امارت (principality)

به دولتی گفته می‌شود که توسط یک امیر (شاهزاده) اداره می‌شود و معمولاً یک دولت نسبتاً کوچک یا دولتی است که در یک دولت بزرگ‌تر مانند یک امپراتوری قرار می‌گیرد. این واژه در متون فارسی به شاهزاده‌نشین نیز برگردانده شده است. امارت در این کتاب به واحدهای سیاسی مشخصی در سرزمین کُردستان اشاره دارد. «فرایند پیدایش امارت‌های کُردی در قرون پانزدهم و شانزدهم میلادی آغاز شد و ادامه یافت، به قسمی که در قرن هفدهم قریب ۴۰ امارت کوچک و بزرگ فئودالی مستقر شده بود. این تحول اجتماعی اقتصادی بر اثر ساکن شدن عشایر کُرد و اشتغال روزافزون آن‌ها به کشاورزی شکل گرفت. گاه نیز سلطه‌ی عشیره‌ی کُرد بر جمعیت کشاورز غیرکُرد و به منظور کُردی‌سازی آنان اعمال شده است. امارت‌ها این خصوصیات را داشتند: ۱) حکومت موروثی بود و از پدر به پسر می‌رسید؛ ۲) هر امارت قلمرو مشخصی داشت که شامل تعداد معینی دهات بود و دهقانان و عشایر تابع امیر بودند؛ ۳) امارت‌ها حاکمیت سیاسی را به درجات متفاوت اعمال می‌کردند. بعضی‌ها مستقل، برخی نیمه‌مستقل و بعضی تابع امیران یا پادشاهان دیگر بودند؛ ۴) در هر امارت، امیر یا خان یا بگ یا آغا فئودال بزرگ و حاکم اصلی بود و فئودال‌ها و رؤسای عشایر کوچک‌تر از او تابع او بودند؛ ۵) هر امارت ارتش فئودالی خود را داشت که وظیفه‌ی آن حفظ حاکمیت امیر در

مقابل توده‌ی مردم دهقان، در مقابله با دشمن خارجی، و نیز تجاوز به سرزمین‌های اطراف و گسترش قلمرو فئودالی بود؛ ۶. امارت‌های بزرگتر دارای پرچم و سکه بودند و خطبهٔ جمعه به نام امیر خوانده می‌شد؛ و ۷) پراکندگی فئودالی در سراسر کُردستان حاکم بود.»[۱]

تئوکراسی (theocracy)

شکلی از حکمرانی که شالوده‌ی آن بر قوانین مذهب معینی استوار است. مثلاً در جمهوری اسلامی ایران حکمرانی بر اساس قوانین شاخهٔ شیعه در اسلام است. در تئوکراسی، قشر روحانیون یک مذهب خاص، به عنوان متخصصین تفسیر و اجرای قانون در راس قوه‌ی قضاییه قرار می‌گیرند و معمولاً، هرچند نه لزوماً، مدعی این هستند که اساساً از جانب یک قوه‌ی الهی عمل می‌کنند. این واژه در برخی متون فارسی به دین‌سالاری یا حکومت دین‌مدار برگردانده شده است.

جماعت (community)

یک واحد اجتماعی است که اعضای آن در ویژگی‌های مرتبط با هنجارها، دین، ارزشها، آداب و رسوم یا هویت مشترک هستند. روابط پایدار، احساسات مشترک در زمینه‌ی هویت، عمل و نقش و در غالب موارد اشتراک محیط زندگی (مانند همسایگی) از ویژگی‌های جماعت‌ها است. این واژه در برگردان فارسی یک برابر رسا و قطعی ندارد و بر اساس متن به اجتماع، جماعت و جمعیت برگردانده شده است.

استقلال در حاکمیت (sovereignty)

مفهومی که در نظریه‌ی سیاسی به قدرت مسلط یا اقتدار برتری اشاره دارد که حکمرانی، تصمیم‌گیری دولتی و حفظ نظم عمومی را بر عهده دارد و در این زمینه با استقلال کامل عمل می‌کند. *سازمان ملل* یک ملت دارای حاکمیت مستقل را به عنوان ملتی تعریف می‌کند که کنترل کامل امور داخل مرزهای خود (بدون هیچ‌گونه دخالت خارجی) را در دست دارد.

---

[۱] برگرفته از مقاله‌ی آشکال ناسیونالیسم، نوشته‌ی امیر حسن‌پور، *ایران نامگ* (سال ۵، شمارهٔ ۴، زمستان ۱۳۹۹ / ۲۰۲۰)

خودگردانی (self-rule)

کنترل و حکمرانی بر یک سرزمین، اجتماع یا گروه قومی توسط اعضای خود به منظور اعمال کلیه‌ی وظایف ضروری تنظیمی بدون دخالت یک اقتدار بیرونی است.

خودمختاری (autonomy) شرایطی است که در آن اجتماع مشخصی دارای قدرت حقوقی تثبیت‌شده است که بر اساس آن می‌تواند به انجام وظایف سیاست‌گذاری عمومی از نوع قانون‌گذاری، اجرایی و/یا قضایی / یا فرهنگی مستقل از سایر منابع قدرت دولت مسلط بپردازد، اما تابع نظم قانونی کلی دولت است.

دولت-ملت (nation-state)

به شکل خاصی از دولت و حکومتی اشاره دارد که در حقوق و روابط بین‌الملل مشروعیت خود را از اعمال حق حاکمیت ملی در یک قلمرو ارضی مشخص کسب می‌کند. این اصطلاح در حال حاضر، به واحد سیاسی-جغرافیایی گفته می‌شود که نظام حقوقی، سیاسی، اقتصادی، نظامی و فرهنگی بین‌المللی را تشکیل می‌دهد و شکل و ماهیت این واحد را از دیگر اشکال تاریخی دولت (که دیگر وجود ندارند) و از واحدهای «غیر-دولتی» فعال در صحنه بین‌المللی متمایز می‌کند. معادل فارسی متداول این اصطلاح یعنی دولت-ملت با صورت اصلی آن همخوان نیست و ملت-دولت از نظر ترکیب واژگانی معادل درست‌تری به نظر می‌رسد. بر این اساس است که اظهار نظر کنایی دوغو ارگیل (1996) که در یکی از پانویس‌های فصل دوم آمده «ما ترک‌ها به جای یک ملت-دولت به یک دولت-ملت تعلق داریم» معنا پیدا می‌کند. با این حال، به دلیل متداول بودن این معادل در کلیه‌ی متون و البته دور نبودن آن از ماهیت واقعی این موجودیت سیاسی از همان برگردان رایج استفاده شده است.

دیاسپورا (diaspora)

بیشتر مباحثات اولیه در مورد دیاسپورا در ابتدا مستقیماً به نمونه‌ی کلاسیک «یهودی‌ها» معطوف بود. اما با گسترش و تکثر مفهوم دیاسپورا موارد دیگر را نیز شامل شد و ارجاع به موارد پارادایمی مشخص به تدریج تضعیف شد. امروزه با وجود تنوع نظری پیرامون این مفهوم، می‌توان کلیت آن را بر اساس سه مؤلفه‌ی اصلی روشن کرد: ۱) پراکندگی به عنوان پذیرفته‌شده‌ترین و روشن‌ترین ویژگی

دیاسپورا که ممکن است به عنوان نوعی پراکندگی اجباری یا تروماتیک یا در قالب هر نوع پراکندگی در فضا که از مرزهای دولتی گذر کند، بروز یابد. این ویژگی دیاسپورا را به عنوان بخشی از مردم که در خارج از وطن خود زندگی می‌کنند، تعریف می‌کند. به این معنا که حتی جمعیت‌های کاملاً مقیم و همگون‌سازی‌شده نیز به عنوان جمعیتی که به عنوان یک اقلیت در خارج وطن قومی-ملی خود زندگی می کنند، دیاسپورا محسوب شوند. ۲) مفهوم سرزمین مادری و گرایش به آن به عنوان نوعی وطن واقعی یا خیالی به عنوان یک منبع معتبر از ارزش‌ها، هویت و وفاداری است. ۳) حفظ مرز که شامل حفظ یک هویت متمایز در جوامع میزبان می‌شود. این مرزها می‌توانند از طریق مقاومت آگاهانه نسبت به همگون‌سازی از طریق درون‌همسری و سایر اشکال جدایی گزینی خودخواسته یا در نتیجه‌ی طرد اجتماعی، حفظ شوند. در بیشتر موارد حفظ مرزها به عنوان مشخصه‌ی ضروری برای دیاسپورا در نظر گرفته می‌شوند. این همان چیزی که است که فرد را قادر می‌سازد تا از دیاسپورا به عنوان یک جماعت متمایز حرف بزند.

ذات‌گرایی (essentialism)

دیدگاهی فلسفی به این معنا که سرشت و ذات پیشاپیش و به طور تغییرناپذیر بخشی از هر هستی و هویتی است. در همین راستا، ذات‌گرایی کردن (essentialization) یعنی صفات و ویژگی‌هایی را به عنوان ذات برای اجتماعات، اقوام یا گروه‌ها در نظر گرفتن، بدون این که آن‌ها تحولات و تغییرات دائمی زمینه‌یابی کنیم.

فراملی‌گرایی (transnationalism)

فراملی‌گرایی به انتشار و گسترش فرایندهای اجتماعی، سیاسی، اقتصادی در بین و فراتر از مرزهای قضایی حاکمیتی دولت-ملت‌ها اشاره دارد. موقعیتی که با تضعیف کنترل یک دولت-ملت بر مرزها، ساکنان و قلمرو خود همراه است و فرایندهای بین‌المللی در آن به طور فزاینده‌ای توسط بازیگران غیردولتی و سازمان‌های بین‌المللی اداره و اجرا می‌شود.

همگون‌سازی (assimilation)

این مفهوم مفاهیمی مانند **ادغام کردن** (integration) و **متجانس‌سازی** (homogenization) که در همین کتاب نیز مورد استفاده قرار گرفته‌اند، دقیق‌تر تعریف می کند. ادغام کردن به فرایندی اشاره

دارد که افراد در طی آن ضمن حفظ فرهنگ سرزمین مادری، قادر به پذیرش و انطباق با فرهنگ میزبان می‌شوند. متجانس‌سازی فرایند فروکاستن گوناگونی فرهنگی از طریق ترویج نمادهای فرهنگی مشخص است که باعث می‌شود فرهنگ‌ها بیش از پیش به یکدیگر شباهت پیدا کنند. درحالی‌که همگون‌سازی به عنوان شدیدترین حالت فرهنگ‌پذیری به فرایندی اشاره دارد که موجب بریدن کامل از فرهنگ سرزمین مادری و حل شدن در فرهنگ جامعه‌ی میزبان می‌شود. در این مرحله افراد ویژگی‌های فرهنگ میزبان را به حدی از آن خود می‌کنند که تشخیص آن‌ها از سایر اعضای جامعه‌ی میزبان دشوار می‌شود.

Kurdish Women at the Core of the Historical Contradictions on Feminism and Nationalism

Shahrzad Mojab

Asemana Books

2023

-----------------------------------Asemana Books-------------------------------------